文史典故 8

妙語啓示錄

朱培庚編著

文史哲出版社印行

卷首獻言

一、中華文化，博廣精深；妙語佳言，孳蕃茂富。《論語先進》篇中，孔子且將「言語」科列爲教學四門之一，值得大家探索研習。

二、我們有幸或是不幸，生就了一張快嘴，隨時都在講話。但話多不如話少，話少不如話好。子路片言可以折獄（見《論語．顏淵》篇），定公一言可以興邦（見《論語．子路》篇）。倘若說者言簡意賅，聽者聞聲慕善，那才稱得上是達士高人。

三、說話是傳述自己的意見。言出我口，聽入你耳。如果你談鋒利健，論述精明，別人聽來，自會欣然順受；既不會萌生誤解，而且將有所回應。這才是說話的目的和功效。

四、說話有剛柔之分，更有工拙之別。何時該給警語，何事可吐諍言，這要審度機宜，靈通活用。如果能進一步從本書各篇中悟得其弦外之音，察覺其唾餘之義，見賢而思齊，貫通又融會，則臻於化境了。

五、現代工商社會，人人都忙。諸如孔子言語科高才學生子貢（姓端木，名賜，字子貢）週遊各國，在一趟解析申說之下，竟能存魯亂齊破吳強晉而霸越（見《史記仲尼弟子》傳）。又如諸葛亮舌戰群儒，在一場言談辯論之中，說服了吳國張昭虞翻步隲薛綜陸績嚴畯程德樞等名士（見《三國演義》第四十三回）。他們對話精彩，詞鋒尖銳；唯因篇幅太長，本書未便採用。只想另外提供一些較爲精短且寓有趣味化、生活化、人性化、寫實化的溫言雋語，讓你我在欣閱之餘，能夠免除枯澀寂悶，得到親切有益的體認。

六、本書擷取古今說話的實例，也含有少數國外人士的雄談妙語。其中若是雅言，我們要記著來仿傚；或也夾有粗話，我們要懂得如何去回應；便可博聞廣識，多練勤摹，陶冶既深，自可達於至善。

七、坊間有關述說前賢語言逸事的大著甚多，但所記事蹟常未敘明出處；是否憑空揑造，或更添油加醋？致使眞假難辨而貶低了價值。本書則詳註來源，絕非杜撰。而且引錄原文，俾與白話參對。淺嚐者每喜語體，深研者愛究原文，似可各適其意。

八、爲欲學習文詞之排比對仗，有關篇目之命名，筆者嘗試作成兩兩對偶之儷辭，合二篇爲一聯。例如「埘掌」譏評孟夫子，「論衡」究問孔聖人之類。唯因邯鄲學步，恐有畫虎不成之誚。

九、書中顯露人性，有剛直的、幽默的、驕橫的、寬厚的、果斷的、卑鄙的、陰險的、貪婪的，蔚爲大觀，各自獨立，讀者毋須依從順序觀看，翻到任何一篇，都可開始。倘無興趣，不妨跳過（例如第一二兩篇，如不想看，可以免閱）。既能消食，又可增慧，諒當有益於心腦健康，不妨抽閒一試。

十、篇末附有「書名索引」，按經史子集列序，可據以查閱有關之原文。例如想要了解甚麼是「厚黑學」?可自索引中查到屬於第十四篇，應能在該篇詳悉其解釋。

十、如果你喜歡某人，可自附錄的「人名索引」中快速查到。例如想要知道八仙中的曹國舅究竟是誰?可自人名索引中查得十一畫曹國舅在七十七篇中。該篇述說原來眞名乃是曹谷就，這才是他的正身。

十一、筆者不敏，敢於輯述百則「妙」人雋「語」，「啓」開視聽之窗，「示」以賢佞之辨，「錄」請高賢匡正。所愧者、個人識陋才疏，詞文欠洽，漏誤之處，定然不少。敬祈大雅宏達，不吝指教，是所至盼。

中華民國九十九（二〇一〇）年孟春 朱培庚 敬識於台北

妙語啓示錄 篇目

善者不辯，辯者不善；窮當益堅，老當益壯；德之不修，學之不講；言不苟出，行不苟為。

一 善言雅語都該看

我們每天都在講話。當彼此面敘時，用口舌直接來溝通，稱爲對「話」；遇到時間或空間有隔距時，就改用書面間接來傳述，可叫筆「談」（就是書寫的語言），兩者都是思想的表達（思想是無聲的語言，是語言的源頭）。這是人類比其他動物超卓之特點。但不論出之於嘴或筆之於書，都不可夸夸其「譚」，囂囂其「論」；更不宜黑白亂「講」，胡「說」妄「道」；這是犯了「語」病，讓人抓到「話」柄，形成嘴「誤」，謂之失「言」。最好愼思明辨（辯）以避之。

從古到今，流傳下來有許多端「言」雋「語」，可以益智，可以進德，可以勵學，可以革心，對我們大有警醒啓示之功，保證不賠只賺。今特引述若干短條，錄請讀者參覽。佳話取之不盡，遺漏必多，這裡只是拋磚而已。

一、《尚書・周書・周官》：「戒爾卿士（告誡你們公卿士大夫），功崇惟志（想要功高，唯有志意堅正），業廣惟勤（業績若要宏廣，唯有勤勉力行），恭儉惟德（要恭要儉須由立德入手）無載爾僞（不要承擔你的姦僞），作德心逸日休（立德的人，心中逸豫，名望天天增美），作僞心勞日拙（虛僞的人用心勞苦，每天顯得困鈍）。」

二、《詩經・大雅・抑》：「愼爾出話（謹愼你的出口說話），敬爾威儀。白圭之玷，尚可磨也，斯言之玷（這一句壞話說來引起的污辱），不可爲也。」

三、《易經・繫辭下・末章》：「將叛者其辭慚（將欲違叛的人，說話語含羞愧），中心疑者其辭枝（心有疑惑的人，出語枝蔓分散），吉人之辭寡（善賢士人言端話少），躁人之辭多（浮躁的人話多），誣善之人其辭游（誣罔好人者發言浮游虛漫），失其守者其辭屈（不能守護他的初志之人，言談虧屈）。」

四、《禮記・雜記》：「君子有三患：未之聞，患弗得聞也（沒有聽到的，擔憂聽不到）；既聞之，患弗得學也（已經聽到了擔憂學不到）；既學之，患弗得行也（已經學到了擔憂做不到）。」

五、《左傳・襄公三十一年》：「子產曰：吾聞君子、務知大者遠者。小人、務知小者近者。」

六、《國策・魏・信陵君殺晉鄙》：「人之憎我也，不可不知也；我憎人也，不可得而知也；人之有德於我也，不可忘也；吾有德於人也，不可不忘也。」

七、大成至聖先師孔子說：「德之不修，學之不講，聞義不能徙，不善不能改，是吾憂也。」《論語・述而篇》

八、亞聖孟子說：「天將降大任於是人也，必先苦其心志，勞其筋骨，餓其體膚，空乏其身，行拂亂其所爲，所以動心忍性，增益其所不能。」《孟子・告子下》

九、老子說：「信言不美，美言不信。善者不辯，辯者不善。知者不博，博者不知。既以爲人己愈有，既以與人己愈多。」《老子道德經・第八十一章》

十、莊子說：「世之所貴者、書也，書不過語。語之所貴者、意也，意有所隨。意之所隨者，不可以言傳也。」《莊子南華經・天道篇》

十一、荀子說：「有人非我者（有人說我錯了）、吾師也。是我者（贊同我的人）、吾友也。諂諛我者（奉承我的人）、吾賊也。」《荀子孫卿書・修身篇》

十二、韓非子說：「良藥苦于口，智者飲之，知其可以癒疾也。忠言拂于耳，明主聽之，知其可以致功也。」《韓非子・外儲說左上篇》

十三、漢代馬援（元前一四—公元四九）說：「丈夫爲志，窮當益堅，老當益壯。」「凡殖貨財者，貴能施賑，否則守財奴耳。」「當今之世，非獨君擇臣，臣亦當擇君而事。」《後漢書・卷五十四・馬援傳》又見《資治通鑑・漢紀・光武帝》

十四、晉代陶侃（二五九—三三四）他搬磚習勤，愛惜光陰。曾說：「我輩若生而無益於時，死亦無聞於後，乃是自棄也。」《晉書・陶侃傳》

十五、唐代李元紘，一生剛直，官任司戶參軍時，太平公主強佔民間碾米的石磨，李元紘判決要還給民人。他的長官竇懷貞見判大驚，要李元紘改判。李在判紙後大書說：

「南山可移，判不能改。」《新唐書・李元紘傳》又見趙伯平《通鑑雋語・唐紀・中宗》

十七、宋代理學家朱熹（一一三〇—一二〇〇）輯成《四書章句集注》。他有警句自勉說：「日月逝矣，歲不我延，嗚呼老矣，是誰之愆？」（朱子《勸學文》）

十八、明人鄭瑄，撰有《昨非庵日纂》，共二十章。其中「內省第十三」章記載：「君子有三惜：此身不學、一可惜；此日閒過、二可惜；此身一敗、三可惜。」（商務《歷代小說筆記・明》第二冊）

朱熹

十九、清代曾國藩（一八一一—一八七二）勉勵後進：「爲學譬如煮粥，起先須用猛火煮，然後再用慢火溫。用功譬若掘井，與其多掘而皆不及泉，不如只掘一井，力求及泉而用之不竭乎？」（《曾文正公全集》）

二十、清末民初的連橫（一八七八—一九三六），撰有《台灣通史》說：「國可滅，史不可滅。史者、民族之精神，而人群之龜鑑也。」（連著《台灣通史》序言）

廿一、前總統蔣經國（一九一〇—一九八八）在台灣推行十大建設，使我國成爲亞洲四小龍之首。他說：「有些事，今天不做，明天就會後悔。」（《經國先生言論集》）

廿二、台灣台塑集團創建者王永慶（一九一七—二〇〇八），生於台北縣新店市，畢生自力奮鬥，楷模足式。他說：「勤勞不是天生的，是因需要而產生的。台灣變得富足以

後，年輕人就不再勤勞了。」（《經營之神・白手起家的王永慶》）

廿三、台灣「慈濟功德會」創立人比丘尼證嚴上人（一九三七—　）俗姓王，生於台中縣清水鎮。她説：「別人因爲『沒有』，才要佔我便宜；我卻因爲『有』，才有便宜讓人佔。」（證嚴上人《靜思語》）

廿四、其他精短的範言，如《左傳・襄公十五年》「言之無文，行之不遠。」《穀梁傳・僖公二十二年》「言而不信，何以爲言。」《荀子》「言必當理，事必當務。」《鄧析子》「惡言不出口，苟語不留耳。」《淮南子・主術訓》「言不苟出，行不苟爲。」《孔叢子》「言不在多，在於當理。」《呂氏春秋・淫詞》「言行相詭，不祥莫大焉。」東漢《崔瑗・座右銘》「無道人之短，無説己之長。」都是言簡意賅的金玉之語。

以上列舉了多種銘言，有點像是獺祭。披閱時請不要以爲它説得正經八百而引來煩厭。也不要以爲都是過時的陳腐之言而置之腦後，要知道：語言沒有新舊，只有對錯。再則這些嘉句，都能夠開啓我們閉塞的心扉，指引瞀昧的迷津；只要挑選記住其中喜歡的一二句而終身行之，就受用不盡了。

《易經・繫辭上・十二章》子曰：「書不盡言，言不盡意。」是説言之所傳者淺，意之所慮者深。文字不如口講的通達，口講又不及心想的週全。言有盡而意無窮，説話務請謹慎。（請併同本篇第十條對比觀賞）

三國演義：關公沒有頭；西遊記：七十里變三十里；儒林外史：蘇軾不來考；鏡花緣：求之與唸永之與。

二　謬說訛談總是愆

言語是依隨思想來表達心意的。《易經・頤・象》說：「君子愼於言語。」又東漢許愼《說文解字》有云：「直言曰言，論難曰語。」也可顚倒說成語言，《禮記・五帝德》云：「吾欲以語言取人。」又南朝時代徐陵《玉臺新詠・孔雀東南飛》說：「遣丞爲媒人，主簿通語言。」推究起來，語言也有好壞之分，好的方面如：

雅語、警語、莊語、妙語、溫語、吉語、褒語；又有：

格言、金言、良言、名言、忠言、善言、好言；還有：

雄談、直談、深談、佳談、益談、健談、美談；再有：

偉論、定論、篤論、正論、高論、讜論、確論，等等。

至於對照來看，壞的方面，自也不少，例如：

怨語、佞語、悖語、謾語、冷語、諷語、澆語；又有：

妄言、讒言、陋言、狂言、諛言、虛言、讕言；還有：

鄙談、誹談、空談、訛談、愆談、瑣談、怪談；再有：謬論、夸論、泛論、僞論、迂論、侈論、謗論，等等。

上篇「善言雅語都該看」述說的是好話，包括端語雋語逸語；這篇「謬說訛談總是愆」述說的是壞話，包括錯話假話蠢話。今且在下面摘記若干實例，以資參證。

一、關公喊還我頭來——明人羅貫中《三國演義》第七十七回「玉泉山關公顯聖」敘述關公被孫權斬首，並將頭顱送給曹操之後：「卻說關公陰魂不散，蕩蕩悠悠，直至玉泉山，向老僧普靜大呼曰：『還我頭來！』普靜仰面諦視，認得是關公，遂加開導，關公大悟，稽首而去。」——這段敘述，應是誤語。錯處有三：第一、關公無頭，怎能大喊？第二、沒頭沒臉，普靜怎會認得出是關公？第三、既然無頭，何能稽「首」？

二、林冲，識不識字——明人施耐庵《水滸傳》第八回「林教頭刺配滄州道」，述及那八十萬禁軍教頭林冲，受冤要罰遣到遠方，他好意讓妻子改嫁，甘願寫下休書：「當時尋來一個會寫文書的人，買了一張紙來，林冲唸，那人寫。」這是說林冲不識字，不會寫離婚書契，要請人代筆。但《水滸傳》往後的第十一回「林冲雪夜上梁山」卻說到林冲喝了酒，悶上心來，向酒保借筆，在牆上題詩一首抒憤：「仗義是林冲，爲人最朴忠；江湖馳譽望，京國顯英雄。身世悲浮梗，功名類轉蓬，他年若得志，威鎮泰山東。」——這首五律，文詞氣概兩皆豪壯，提筆就寫，一氣呵成，簡直就是個飽學的詩人。他原任八十萬禁軍教頭，不識字豈能幹得下去？這兩段話先後不相符，前段應是錯言。

三、豹頭山忽遠忽近——明代吳承恩《西遊記》第八十八回述說：「豬八戒的九齒釘鈀，沙悟淨的降妖寶杖，孫悟空的金箍棒，各重一萬三千斤，都放置在王府內。由於三件寶物霞光耀眼，瑞氣衝天，惹來另一妖精、離城『七十里』豹頭山的那個妖精，趁夜都竊去了。」接敘到八十九回續說：「孫行者悟空言道：『定是那妖精偷去了，等我老孫去尋找回來！』好猴王唿哨一聲，早跨到豹頭山上，原來離城只有『三十里』，瞬間即到。」——這是謬談：七十里與三十里，必有一說錯了。

四、石頭記全刻在石頭上——清代曹雪芹《紅樓夢》第一回緣起說：「女媧氏煉石補天，用掉了三萬六千塊石頭，最後剩下一塊，棄在青梗峰下。不知過了幾世幾劫，有個空空道人，經過青埂峰下，見到這塊頑石，上面字跡分明，敘述倒還全備。便將這『石頭記』從頭至尾，抄寫回來。後由曹雪芹披閱十載，增刪五次，纂成目錄，分出章回。這便是『石頭記』的緣起。」又該書寫到最末的第一百二十回也說：「空空道人見那補天未用之石，上面字跡依然，便就抄了，見到曹雪芹，擲下抄本，飄然而去。」——這兩段話似是夢語幻談。何以故？請看這石頭記，經曹氏十年修纂，仍然留存了一百二十回，約計有九十多萬字。即使用十四級的小字體來刊印，也該有一千多頁。請問九十萬字的一本書，哪能在一塊石頭上全部刻完（即令減掉高鶚續寫的後四十回也不行）。這恐怕是假話吧？

五、蘇軾不敢來應考——清代吳敬梓《儒林外史》第七回，敘述滿清朝代的某位學官，奉派到四川去主持考試，老師何景明設宴爲他餞行。何老師醉了，對他吐露：「四川如有像蘇軾的文章，便應該錄取。」這位學官暗地記住了（蘇軾是四川人）。過了三年回來，返報恩師何大人說：「學生在四川主考了三年，各處細查，一直未見蘇軾來應考，想是他臨場害怕，不敢來了！」——這是謔語。所謂主考官，負有典試掄才大任，基本上必須進士科舉出身，一生飽熟文史，竟然不知宋代大文豪蘇軾，怎能延續壽命到清代再來應考，豈不是大笑話？不但此也，這故事是說給那也是進士出身且是眞實的主考官范進聽的。這位范大人，既沒有點破對方的妄言，反而語帶附和，原文第七回范進接著說：「蘇軾既然文章不好，他不來、查不著，也就算了！」吳敬梓用樸實淺素的筆調，平淡溫厚的敘來，不露一絲輕蔑或譏刺之語，只留給讀者各自去體會，眞是高段。

六、老吾老唸成切吾切——清代李汝珍《鏡花緣》第二十二回，敘述唐敖、林之洋、多九公三人，到了「白民國」，該國人士，假冒都是飽讀詩書，知識淵博的儒者。其中一位老師稱說：「我看你們，若肯在此略住兩年，不是我誇口，我的學問，只要你們稍爲領略，就夠你們終身受用了。」但又認爲他三人不堪造就，被白民國老師逐出屋外。卻聽到那位老師教學生唸書：「唸的是『切吾切，以反人之切。』『永之興，柳興之興。』大家都不懂是甚麼經書名句。」——這是譏談，諷刺謾笑那些表面妄稱博學之士，基本國學都唸出白字，原文本是「老吾老，以及人之老。」。這是《孟子》梁惠王章句上篇。和「求之與，抑與之與。」這是《論語》學而第一的文句。時至今日，有些博士兼教授者，徒擁虛銜，惜無實學，卻在誤人子弟，還請一覽此篇。

七、皇上生子我無功——宋・劉義慶《世說新語》排調第二十五，敘記東晉時代，「晉元帝生了龍子，大爲高興，因對朝廷的官員，普賜喜禮。官任光祿勳的殷洪喬啓奏道：『皇太子誕生，普天同慶。我未出任何微力，沒有功勞，卻領受厚賞，愧不敢當。』晉元帝笑著打趣他說：『這是我生兒子的事，怎麼可能讓你出力呢？』」——這是迂言。「臣無功」之語確是不妥當，本想要討好，說來眞不得體。此事又見於明代曹臣《舌華錄》諧語第七篇中。可證大人物說話，不宜逞口亂講，應請三思。（又唐代包滑《解頤錄》中，同有此事。殷洪喬曰：「慶陛下嗣統之得人，愧微臣無功而受賜。」說詞更雅，意卻欠妥。）

八、遺臭萬年——《晉書》桓溫傳：晉代桓溫（三一二—三七三），官任大司馬，封南郡公，加九錫，權傾一時，把持朝政。他慨然嘆說：「既不能流芳百世，亦不足遺臭萬年耶？」——這是臭話讕言妄談。他陰謀篡奪帝位，尚未成事，死了。這話又見於南朝宋・劉義慶《世說新語》尤悔第三十三，再見於明・曹臣《舌華錄》憒語第十四。

九、三十而立——北宋孫光憲（？—九六八）《北夢瑣言》敘說：「魏博節度使韓簡，是個粗人，未讀書。他每次接見文人，經常不知對方所云，於是請來一位孝廉老師，來講授《論語》。讀到《爲政第二》：『吾十有五而志於學，三十而立（指立身立業），四十而不惑……』。隔天，韓簡對朋友說：『哦，原來古人到了三十歲，才能夠立起來走路。』滿座哄堂。這是噱論，無怪乎招來譏笑。

十、不作詩更好——近代林名峪《歷代趣談》「清朝名流」說：「清末江西臨江府知府王之藩好作歪詩。有一次，他拿著詩集去見李芋仙，李芋仙說：『你是好人。』王之藩追著問：『我問的是詩，不是問人。』李芋仙笑道：『你這個人，能不作詩更好！』——這是冷語，拐個彎來作批評，但表面上沒有傷人。

編者按：壞話不可學，錯話不能講。假大空話不出口，諂譖詭辭不入耳。如果別人說了，我要能夠剖辨：請看《論語・堯曰》最後一節孔子說：「不知言，無以知人也。」就是說不知道別人說話的對錯，就不能分辨賢愚。或者自己犯了，更要能予婉釋。請看《世說新語》「言語第二」中「何嘗見明鏡疲於屢照」（不怕你問得太多，他全都詳細解答）是化解他人的閑話；又該書「排調第二十五」中「漱石枕流」（石頭漱口，流水作枕，都說反了，卻有合理解釋）則是改正自己的失誤。都不妨請多多體會，說話定然更增捷便。

「造口孽是十惡中最大的惡孽。罪大惡極，莫過於此。」諸多佛經中都說：「口孽惡報嚴重，後來受苦無窮。」

——天台山國清寺《因緣集》法語

別笑我講「此間樂」，乃是可以免死；
再答他說「不思蜀」，只為獲得延生。

三　劉阿斗講傻話延命

吾人倘處逆境，言行都該小心，何妨賣傻裝呆，以免招來不測。尤其是那些國已滅又人被俘的末代君王，身陷虎狼險窩，有似籠中困鳥，雖可在小範圍中活動，但一切都在監控之中。這期間，更該謹言愼語，否則就惹禍了。試看那五代時的南唐後主李煜，滅國被俘，由江南北去汴京，鬱鬱寡歡，只因爲寫下「問君能有幾多愁」的詞句，宋太宗認爲他有怨懟之心，竟賜服牽機藥毒死，這就是個顯例。

（一）樂不思蜀

若問本篇劉阿斗是何許人也？他就是三國時代蜀漢後主劉禪（二〇七—二七一），字公嗣，一字升之，小名阿斗。他繼承劉備登位，政務專任丞相諸葛亮全權治理，國內安定，做了四十一年君王，享了傻福。

諸葛亮歿後，蜀漢爲曹魏所滅，阿斗從蜀國四川成都俘到魏國洛陽，封爲安樂縣公，流傳有「樂不思蜀」故事。依據盧弼《三國志集解》卷三十三「蜀書‧後主」傳，原版第二十頁，引東晉習鑿齒「漢晉春秋」注說：

「漢晉春秋曰：司馬文王與禪宴，爲之作故蜀伎。旁人皆爲之感愴，而禪喜笑自若。他日、王問禪曰：『頗思蜀否？』禪曰：『此間樂，不思蜀。』」

這段話，又見於宋代司馬光《資治通鑑》卷七十八、魏紀十，文句相同。所提到的司馬文王，就是司馬昭，那時曹魏朝的國政由他獨斷，他的排場與天子相同，還圖謀篡位稱帝，有「司馬昭之心，路人皆知」的傳言。此時司馬昭設宴款待投降的劉禪，酒席間故意演奏四川巴渝的蜀地歌舞，同席的蜀人都很悲戚，感傷亡國之哀，但劉禪歡樂如常，談笑自若。隔了幾天，司馬昭又探問劉禪：『還想那故國四川不呢？』劉禪答道：「在這裡過得很快樂，不會再想念蜀國了。」

許多人都批評劉阿斗忘本，沉迷安逸，不思振作；指責他沒有頭腦，知覺痲木，只是個大傻瓜，直說他是「扶不起的阿斗」，無藥可救。

（二）阿斗不傻

若要追究劉阿斗是不是個大傻瓜呢？似乎他並不眞傻也。有何解說作證？請參看《三國志集解》卷三十二「先主・劉備」章武三年春三月「先主殂于永安宮」下面細字注中提到的話：

「先主遺詔敕後主曰（劉備逝世前，留下遺囑告諭劉禪說）：『…丞相歎卿（丞相諸葛亮贊歎你），智量甚大（你的智慧和器量都很博大），增修過於所望（增益的及修持的都超過我的期望）。審能如此（倘若你果然能夠有這種表現），吾復何憂（我還有甚麼憂慮呢）？勉之勉之（希望你努力去做吧）！』」

這是劉備留下遺書，囑勉兒子劉禪說：「諸葛亮贊賞你有智有量，還相當宏達（智量甚大），而且屢有增益，比旁人所想望的還要超過（增修過於所望），我不用耽心了。」由這段敘述看來，劉禪定然不傻。請再參證《三國志集解》卷三十三・景耀六年・劉禪受封爲「安樂縣公」這一大段之末，也就是「漢晉春秋」尾部細字之注：

「黃思彤曰：先主遺詔勅後主曰，丞相歎卿…吾復何憂云云（這番遺言，已引述在上段）。武侯非面諛（諸葛亮的贊語，並不是當面隨便說的奉承話），先主非譽兒（劉備也不是信口稱許兒子劉禪），足見後主本非不肖也（足可證明劉禪原本不是不賢或不才呀）。」

在這一段的同一處小字注中，還有于愼行（明代禮部尚書、東閣大學士）對「樂不思蜀」所下的評語，也値得一閱：

「劉禪之對司馬昭，未爲失策也（所答的話沒有不妥當）。思蜀之心，昭之所不欲聞也（若直講我有思戀故土四川蜀國的心向，那是司馬昭所極不願意聽到的話）左右雖笑，不知禪之免死，正以是矣（哪裡知道劉彈的免掉被殺，乃是由於這句傻話答得正好的緣故呀）。」

那位司馬昭，跋扈專横，他殺掉皇帝曹髦，改立元帝曹奐，氣燄不可一世。劉阿斗勢孤力弱，只被視同螻蟻，哪敢吐露眞情？我們要體諒他保身的傻話，也唯有用這句癡騃的謾語來過關，雖然大家嘲笑他，卻可以平安留命，活夠六十六歲，到蜀國滅後八年，才因老病而死，沒有受到殘害。這該是他裝傻避禍的聰明之處吧？譏他是笨瓜未免淺看他了。

（三）岳飛失誤

以上的話，乃是試圖對這宗普通俗見提供反面議論，仍須留請高明指教。此外尚有另一樁公案，那便是南宋抗金名將岳飛，大家尊他爲神，死後與關公併同供奉於關岳廟。談到岳飛的忠心愛國，値得敬仰，沒得話說。但筆者要作反向思考，覺得他未曾認清時勢，以致於莫須有地枉死於風波亭，誠堪浩歎，這也該是他的缺失。何以故？我們看岳飛自撰的《五嶽祠盟記》文中主要的兩句話：

「迎二聖歸京闕，取故地上版圖。」

這第一句將使當今皇帝宋高宗被逼退位，第二句危及宰相秦檜私通敵方金國承諾求和政策跳票性命難保，這兩句都是岳飛的喪命鬼符，不死才怪。

要解釋第一句不難，南宋國勢衰弱，北方金國兵強，金軍攻入汴京，俘虜了宋徽宗宋欽宗北去，岳飛立意要迎回這兩位前代皇帝歸國。試想一想，假如眞的回來了，一位是高宗之父，一位是高宗之兄，不論何人復位，宋高宗必須下臺，請問宋高宗會同意或默許岳飛任他如此膽大妄爲嗎？

第二句危害到秦檜，他是公認的賣國奸賊，爲節省篇幅，毋須多話了。

當代學者南懷瑾也撰文解說：

「宋高宗討厭岳飛，秦檜只是迎合上意，代其承罪而已。岳飛要迎二聖歸國，一是高宗老爸，一是老哥，任誰回來，都必須讓出帝位，豈可任由岳飛行事？」

岳飛應當想一想，如果徽欽二帝回京，宋高宗屈居老三，絕難繼續戀棧，高宗已是當今皇帝，豈會同意？岳飛爲何如此不懂事，有欠深思，造成千古遺恨，只有掩卷太息了。此事筆者在拙撰《試說心語》第九十八篇「十二金牌」文中也有論述。

（四）孟嘗君門下無賢士

以上對劉禪和岳飛的評論，都是從反面立言，而同樣說反面話的，還有宋代王安石寫的《讀孟嘗君傳》，全文不滿百字，已輯入清代吳楚材《古文觀止・卷十一》書中，定爲範本。大意是說：世人都稱贊孟嘗君能得士，天下賢士都歸向他，食客三千人。但孟嘗君卻全靠門下那兩位雞鳴狗盜之徒的宵小混混伎倆才自秦國逃命脫身。如此看來，他不過是這些低卑嘍囉的首領罷了，賢士怎會來呢（原文請見《史記》卷七十五孟嘗君列傳）？王安石的立論，獨自表達了他的識見，既然沒人予以推翻，那他的說詞就確立了。

不講空話的人，一定沒有許多話要說。

——美國發明家愛迪生（Thomas A. Edison 1847-1931）語

夢裡不知身是客，人生長恨水長東；
看花莫待花枝老，朝來寒雨晚來風。（李後主詞摘句）

四　李後主吐怨語喪身

「春花秋月（葉）何時了，往事知多少？
小樓昨夜又東風，故國不堪回首月明中。
雕欄玉砌應猶（依然）在，只是朱顏（山河）改；
問君能（還）有幾（許）多愁？恰似（是）一江春水向東流。」

這首詞，滿懷悲戚，末句九個字要一口氣讀下來，成爲千古名句。全首措詞，含哀帶愁，渾然天成，是最高的藝術表現，是詞史上不朽的佳構。調寄《虞美人》。作者是殘唐五代時期的南唐後主李煜（九三七—九七八）。他天才充沛，擅長書畫，工於賦詩塡詞，尤其精通音律，惜乎治國非其所長。他做了十幾年南唐的國君，首都在金陵（即今南京）。宋太祖派兵南征，滅了南唐，這末代皇帝李後主投降，隨軍帶往北方汴京，封爲違命侯。名雖稱侯，實爲俘虜。

（一）三十年來夢一場

當他投降宋軍隨營北去汴京時，回頭遙望石頭城（即南京），不禁悽然淚下，吟出《渡中江望石頭城泣下》七律一首：

「江南江北舊家鄉，三十年來夢一場；
吳苑宮闈今冷落，廣陵臺殿已荒涼；
雲籠遠岫愁千片，雨打歸舟淚萬行；
兄弟四人三百口，不堪閑坐細商量。」

此詩慷慨悲涼，悽厲不忍卒讀。

李後主投降來到汴京，宋太祖問他：「你才情超逸最得意的詩句是何者？」李後主答道：「我最喜歡那《詠團扇》詩的「揖讓月在手，動搖風滿懷」這兩句。」宋太祖笑道：「好一個翰林學士！」實則譏他只是個作詞高手，而不是個帝王材料。

清末著名文學家王國維評說：「詞至李後主而眼界始大，感慨遂深，遂變伶工之詞，而爲士大夫之詞。尼采（筆者注：德國哲學家及教授 Friedrich Nietzsche 1884—1900）說：「一切文學，我愛以血書者。」今觀李後主之詞，眞所謂以血書者也。

清末明初的西泠十子沈謙說：「李煜疏於治國，但在詞界中不失爲南面王。」因爲他超脫了那晚唐五代香艷的《花間集》（五代後蜀趙崇祚編，後人因稱冶遊享樂風格香艷的詞派爲花間派）詞派，轉爲悽清，更能使人感動。今人余雪曼教授贊美李後主詞既雄奇又幽怨，「可憐薄命作君王」，卻認他是「詞中之帝。」

（二）一江春水向東流

宋太祖歿後，宋太宗繼位，改封李煜爲隴國公。由侯變公，官爵雖升，但自由仍極受限，生活一直悲苦。他在《寄金陵宮人》信裡自述說：「此中日夕以淚洗面」。可見他過的日子很不好受。

由於懷念故國，詞意愈工。本篇首段這闋《虞美人》詞中，「故國不堪回首」之句，引起宋太宗的疑忌。李後主又常喜用「東」字，如「自是人生長恨水常東」「東風惱我」「東風吹水日銜山」「小樓昨夜又東風」「一江春水向東流」似乎都隱射到江東南京，懷疑他有陰謀復國之意。這些政治上的險惡機變，他可能全不懂得，也絲毫沒有警覺。

這年七月七日，正是李煜的生辰，他大辦了一場壽宴會，樂隊極聲鳴奏，響徹雲霄。宋太宗覺得他太放肆了，沒有讓他申訴，就逕派楚王元佐，用牽機藥將他毒死，享年僅四十二歲。

甚麼叫牽機藥？乃是將那種藥摻和在酒中，喝下之後，腹內劇痛，迫使彎身縮腰，頭腳相觸，又因痛徹心肺，致頭腳挺伸，如此往復牽扯，一直到死，狀如織布機梭的動作，故名。

宋代陸游《避暑漫鈔》說：「李煜歸降宋朝後，鬱鬱不樂。時逢七夕，命故妓作樂，聲聞於外。宋太宗怒，又聞『小樓昨夜又東風』『一江春水向東流』，並坐之，遂被禍。」又明代陳霆《唐餘紀傳》也說：『煜以七日生辰燕飲，聲妓徹于禁中，宋太宗銜其有『故國不堪回首』之句，乃命楚王元佐以牽機藥毒死。』

南唐後主李煜，在政治上是失敗的，但在文學上卻是十分成功的帝王詞家。

（三）一把心腸論濁清

筆者按：李後主因「一江春水向東流」之詞句而惹禍，宋太宗認爲他蓄有異志，暗欲圖謀復國，因而賜死，眞是無心之過，冤哉！我們也不妨視爲一件歷史悲例。

降至清朝，滿族入主中國，若干志士內心不服，就藉題發洩不滿，例如當時胡中藻「一把心腸論濁清（清字暗指清朝）」、徐夔「大明天子重相見，且把壺兒擱半邊（壺兒暗指胡兒）」、蔡顯「奪朱非正色，異種也稱王（朱是明朝皇姓）」、汪景琪「皇帝揮毫不值錢（侮辱雍正）」，以及查嗣庭用《大學》「維民所止」之句作科舉考試的命題被檢舉那維止二字隱喻是「雍正」無頭，以上各人，都判斬殺。另有王夫之船山先生《題湘西草堂》詩中有「清風有意難留我，明月無心自照人（清暗示清朝，明指明朝）」，也該像是反詩吧，幸而未被告發論死，他該算是幸運的了。

自幼到老年，以為都懂卻不懂，作文或演講，最好愈短才愈佳。

五　林語堂謙稱甚麼都不懂

林語堂（一八九三—一九七六）福建龍溪（今彰州市）平和縣人。原名和樂，又名玉堂，後改名語堂。民前十七年生，民國六十五年歿，享年八十三歲。他上海聖約翰大學文科畢業，美國哈佛大學碩士，德國萊比錫大學博士。歷任廈門大學文學院院長、南洋大學校長、國際筆會總會副會長、中國分會會長。才智傑出，蜚聲國際。

（一）著作等身

林語堂著作甚多，主要出版書籍有《開明英文讀本》《開明英文文法》《林語堂漢英辭典》《生活的藝術》《吾國與吾民》《蘇東坡評傳》《平心論高鶚》《京華煙雲》《無所不談集》等書，計英文著作三十四種，中文三種。另有翻譯作品，都甚暢銷。

他出生於宗教世家，早年熱衷英文，後來潛心國學。民國二十一年九月，創辦全國第一份幽默半月刊《論語》，人稱幽默大師（林語堂在《論幽默的譯文》中說：「英文 humour 不可譯。華語中的滑稽、詼諧、嘲謔、俏皮、調侃都不妥切。」他用諧音譯為幽默，音義兩全，是意味

深長風趣雋永之意）

（二）有不爲齋

林語堂的書室叫「有不爲齋」。何謂有不爲？他說：「我從不請人題字。我始終背不來總理遺囑。我一生不做官。我沒有寫過一行討好權貴的文字。我從不裝做自己飽學。」來標榜他的有所不爲。

（三）甚麼都不懂

林大師曾經講過一段風趣話，很富哲理，正與他的灑脫個性相符，不可不向大家介紹。那是他有一年十二月八日在復旦大學的演講，他說：

「我小時候，甚麼都不懂。
讀大學時，自以爲甚麼都懂；
畢業之後，才知道甚麼都不懂。
進入中年，又以爲甚麼都懂；
到了晚年，我才又知道其實甚麼都不懂！」

這是他對大衆顯幽默，或是他對自己表謙虛？大概兩者兼備吧！

林語堂

（四）吾有知乎哉

推究來說：淵博的人，不誇自己博學；穎悟的人，謙稱自己不懂，都令人無限欽敬。

試看至聖先師孔子，他在《論語・子罕第九》章中，也有坦然自道的話：

「子曰：『吾有知乎哉？無知也。有鄙夫問於我，空空如也。』」

這段話如果語譯，那便是：

「孔子說：『我有知識嗎？我沒有呀！有個鄉下人來問我，我仍然是空虛空乏空濛空洞的呀！』」

孔子自謙「無知」，但無損於他的聖範。（猜想林語堂也該是孔子的信徒吧）請再看《論語・子罕第九》他的學生顏淵，由於對孔子了解很深，而又求知有得，他發自內心，說了一段贊佩的話：

「顏淵喟然歎曰：『仰之彌高，鑽之彌堅，瞻之在前，忽焉在後。夫子循循然善誘人，博我以文，約我以禮。欲罷不能，……雖欲從之，末由也已。』」

顏淵體會到孔子的學問道德，極高極深，無窮無盡，這是他自發的感歎話。請容筆者粗略譯之如下：

「顏淵歎口氣說：『孔子的學問道德，越仰望它，越顯得高遠而不可及。越鑽研它，越顯得堅牢而不易深入。看見它好像在前面，忽然間又似乎在後面。孔子很有次序的誘導我學習，先廣泛地教我典籍文章，然後用禮來約束我的行爲舉止。我即使想要停下來不學習也不可能了。可是我一心想跟從上去，卻總是感到跟不上進度，還得加一把大勁才是。』」

孔子生於公元前五五一年，即周靈王庚戌二十一年，到現今兩千五百多年了，一直尊爲大成至聖不衰。《孟子・公孫丑上》孟子述志說：「我的心願，便是想學孔子。」

（五）拾到小貝殼

不但此也，連另一位英國偉大的數學家兼物理學家牛頓（Sir Isaac Newton, 1643—1727）也曾謙卑地說道：

「我只不過是一個在海灘上玩耍的小孩，偶然拾到一枚光滑的鵝卵石，或一片美麗的小貝殼。但延伸在我面前的卻是我一無所知而難以探測的浩瀚眞理的知識大海。」

這證明眞正的聖賢哲彥，都是以謙遜爲懷，不勝欽慕。此外，林語堂還另外發表過一段風趣雋語，不愧爲幽默大師。他說：

「我們演講（包括寫文章），要像女人的裙子，愈短愈好。」

（六）賣國賣民

有沒有說風涼話來譏嘲林語堂的呢？當然有。今舉兩事：其一、由於他出版了一部英文著作，書名叫《*My Country and My people*》，中文譯名是《吾國與吾民》，四個月之間加印了七版。有人用諧語諷刺他是「賣（My）國賣（My）民」而名利雙收。但林大師胸懷寬宏，毫不介意。

其二、是郭沫若的污語。林語堂的女兒林太乙在《林語堂傳》中第二〇六頁寫道：左派文藝的「生神」（因魯迅被共黨文人稱爲「死神」）郭沫若，由於我父親一直反共，就在家父文名享譽國際之時，郭沫若詆毀他說：

「林語堂叫青年人讀古書，他自己卻連《易經》也看不懂，而英文也不好。」

我父親表示說：

「我的英文好不好，只有讓英國人美國人來批評，郭沫若是沒有資格批評我的英文的。至於讀《易經》，我是讀了，不敢說懂；郭沫若讀了卻偏說他懂。我與他的分別就是這一點。」

烏雲暫時或能遮日，但終究無損於太陽的元光。

聰明的讀者看了，是不是就可高下立判呢？

林語堂逝世後，他原住台北陽明山的寓所成立了「林語堂先生紀念館」，館址在台北市士林區仰德大道二段一四一號，有市區公車可達。筆者曾往瞻仰，且在館內買了他的英文厚書《京華煙雲》。

附記：郭沫若有多好呢？據另一位翻譯家童錫梁說：「他翻譯了《戰爭與和平》一書，文筆佶屈聱牙，無法看下去。至於軍事術語，由於他不懂，更是錯誤百出，想不到他不通一至於此。沒有誰能看之終卷的。」

——黃文範《戰爭與和平》中譯本序言中的話錄供參閱

劃線打圈再眉批，他已經用心詳閱；
驚奇惶恐加慚愧，我只是信口逞能。

六　黃季陸誇述一切皆全知

年輕人愛「秀（show）」，以爲自己很行，有時卻在關夫子跟前舞大刀，可就不好意思了。請聽黃季陸先生（一八九九—一九八五）毫不忌諱地說出他親身經歷的窘事。

近代史學家吳相湘教授（一九一三—二〇〇七）於民國七十一年撰著《孫逸仙先生傳》上下兩巨册共一七九〇頁，遠東圖書公司出版。黃季陸先生爲該書寫了長序。黃序中說到孫先生奔走革命，顚沛流離，在萬般困頓的情況之下，仍然求知不輟的可欽可敬精神，以及黃先生自己年輕逞能賣弄的自我表白。

原文頗長，不克全錄，今且摘要記述：

（一）新書獲新知

「民國十二年冬，我正從加拿大回國，朋友送我兩本新書，一本是"The New Constitution of Europe"《歐洲新憲法》，另一本是"The Problems of Modern Government"《近代政治問題》，都是出版首日買給我的。我在海洋輪船航行途中（那時還沒有越洋飛機），趁暇將這兩本書都看了。讀完這兩本書後，我認爲已有資格向別人誇耀自己的新知了。現在回想起來，眞覺得幼稚可笑。但像我這樣的妄人，可能還眞不少。

「到了廣州，我去見孫中山先生（一八六六—一九二五）。事畢後，他問我：『你剛從外國回來，最近外國有甚麼新書出版？』我馬上回答說上述的兩本新書，表示我很能跟上時代。孫先生又問：『書中內容如何？』這時我的感覺，正好像學生在考試時遇到了熟知的題目一樣，十分悅樂，便得意地逞口把兩書內容，一一陳述，又特別加上自己認知的意見，而且還作了評斷，顯出我是十分飽學的樣子。

（二）詳讀加批語

「我滔滔不絕地說了半個鐘頭，他一直靜聽，沒有阻撓。等我說完之後，才起身到書櫃中抽出一本書，對我微笑說：『你講的近代政治問題，是不是就是這本？』我一看，果然正是。心中十分驚詫，我猜不到何以他這樣快就有了這本最新出版的書？我又翻檢書頁，只見已經用紅藍鉛筆劃了不少警線，有些地方還打上問號，書頁的天頭也有些打圈打叉的記號，還有批語，這表示他已用心詳讀了。我首先是驚奇，繼之是惶恐，最後轉爲慚愧。驚奇的是孫先生日理萬機，何以有時間來讀這些洋書？惶恐的是我剛才妄發謬論，信口胡言，究竟有無錯誤？慚愧的是他已詳讀了，我卻只是浮光掠影的瀏覽，竟還敢放肆評議，以爲一切我全都通曉，豈不是班門弄斧？

「孫先生沒有批評我，只是慈祥地對我說：『讀書要多讀新出版的「名著」，知識才能淵博，也要多讀「專著」，學問才有系統，不然就跟不上時代。你還年輕，前途無量，要好好多用功！』」

（三）月有買書錢

「他逝世後，我才知道他每月固定有一筆買書的費用。在廣州大本營時代，約爲銀元三百元，值美金幣一百五十多元。而且他還是若干外國書店的長期預約顧客，凡有新書出版，便由書店首先寄給他。

「孫先生在《孫文學說》書中，曾經提示讀書之法，那就是：『要能「用」古人，而不爲古人所「惑」；能「役」古人而不爲古人所「奴」。』

「隨侍他的人，都知道他對中西典籍、報章雜誌，無不閱讀；但無關學術的書，則從未涉獵。他這種讀書原則，眞值得我們效法。」

（四）坦然作表白

以上是黃文的大意。我們知道：黃季陸先生早年留美，獲俄亥俄州立大學碩士，曾任加拿大「醒華日報」總編輯，回國後聘爲成都大學教授、四川大學校長，其後轉任內政

孫中山先生與美國總統林肯合像

部、考選部、教育部部長、國史館館長，總統府資政。

他出生於民國前十二年，這次於民國十二年冬，以加拿大總支部代表的身分回廣州出席國民黨第一次全國代表大會，晉見孫先生時，還只是個二十四歲的年輕小夥子，自以爲學識已夠廣博了。難得的是他這番坦然的自我表白，使我們反而悅服他氣量的寬大。這篇對話，奉請大家值得迴環三讀。

茲再加敘孫先生另一逸事，依據近代朱玖瑩在一九七九年元月二十四日於「史料研究中心」的學術演講（刊載於《譚延闓的生平》書中第二五頁。這場演講，黃季陸也在座）。講詞中有一段說：

「譚延闓先生在廣州大本營時，某次欲在清晨去見孫中山先生，均因室中有客說話而折回。第三次去，遇陳秘書出來，譚問：『孫公何以清早就有客來談話？』答曰：『沒有。』譚云：『我已來過兩次，室內有人講話。』陳答：『是我在讀報紙。孫公每日晨起，在梳洗時，就要聽國內外消息。我先讀大題目，如再有指示，欲明瞭其內容，就再讀細節。』譚隨後語人云：『孫公無時無刻不在用功，宜其起自匹夫，乃能指揮天下事。』」

偉人自有其超逾之處，這也可能給我們以啓示。

明成祖奪位，亟需寫詔一通
方孝孺擲筆，抗拒連誅十族

七　方孝孺怒斥明成祖

恪守正道的讀書人，一生忠耿，反抗不義的逆行，甚至以身殉國也不惜，令人敬仰。試看明代大儒方孝孺的英烈事蹟，他的讜言，震撼千古，洵是極佳的模範。

（一）詔不可寫

方孝孺（一三五七—一四〇二）是明代開國文臣宋濂（一三一〇—一三八一）的學生，恒常以昌明王道引至太平為己任。明太祖朱元璋時為漢中教授，學者尊他為「正學先生」。明惠帝時任為侍講學士，就是皇帝的老師。當時的國家大事，每常向他請教。不久駐北京的明成祖朱棣（一三六〇—一三八一，那時還是燕王）起兵攻打皇都南京要奪帝位。明成祖有位親近的大臣後來又監修《永樂大典》的姚廣孝，先就懇求明成祖說：「明惠帝朝中有個方孝孺，將來城破之日，他必不肯投降。請你務必不要殺他。如果殺了他，天下讀書人的種子就絕滅了。」明成祖點頭答允。

及至攻破南京皇城，明惠帝（又稱建文帝）自焚死了。明成祖承接了帝位，須要昭告天下，乃專請方孝孺起草詔書。明成祖請了三次，方孝孺被迫不已，才披麻戴孝進入殿中，當庭號啕大哭，聲震殿瓦。明成祖步下陛階，柔聲安撫他說：「方侍講先生不必如此悲苦，我只是學那古代的周公輔佐周成王（借用周成王來比喻明惠帝）的故事而已呀！」

方孝孺邊哭邊問：「如今周成王（暗喻惠帝）在哪裡？」

成祖答道：「他自焚，已死了嘛。」

方反問：「爲何不立成王之子（何以不讓惠帝兒子繼承帝位）？」

成祖再解釋：「國家有賴於年歲大經驗多的君王來領導才行呀！」

方又問：「那爲甚麼不擁立成王之弟？」

成祖答說：「這只是我朱府家門內的事，先生就不必多問了吧。」

方孝孺像

明成祖轉頭命令殿中的侍從官，拿來紙筆硯台，請方孝孺動筆。成祖說：「今日我新登帝位，必須普告天下，這通皇誥，只有你寫才妥當，非請先生構思起草不可！」

方孝孺抓起那管筆，用力甩在地上，一面哭，一面罵道：「死就死吧，詔不可草！」

（另外一說：孝孺大書「燕王篡位」四字，擲筆於地）

明成祖生氣了，怒問道：「你不怕反抗皇命，犯了誅殺九族的大罪嗎？」

方孝孺奮然駁斥道：「即使要誅十族，又有何懼？」

明成祖翻臉叱喝：「哪能讓你好死，定要滅你十族。」認定他是十惡不赦大罪，竟然判以五馬分屍的酷刑撕裂而死（就是磔刑），並誅殺了他的十族。宗戚親族學生受株連至死的有幾百人（另有一說：連朋友門生同死八百七十三人）。以後直到明朝福王時代，才追謚方孝孺爲「文正」」。

以上各節，請參見清代王鴻緒《明史稿・第一百三十二卷》、清代張廷玉《明史・一四一》、清代萬斯同《明史・一八三》、清代黃宗羲《明儒學案・四十三》、及明代焦竑《國朝獻徵錄・二十》等史籍。原文種類多且篇幅長，恕難照錄，請讀者對照參看。

（二）十族株連

所謂「九族」，漢・班固《白虎通義》說：「父族四、母族三、妻族二，爲九族。」宋・王應麟《小學紺珠》說「九族者、外祖父、外祖母、從母子、妻父、妻母、姑之子、姊妹之子、女之子、己之同族」共稱九族，這是兼內外姻親而言。通常則是指《書經・堯典》說的「以親九族」，《釋文》解示爲「九族，上自高祖，下至玄孫，凡九族。」也就是《清律

方孝孺（三才圖會人像）

例本宗九族喪服圖》所載自高祖、曾祖、祖、父、己身、子、孫、曾孫、玄孫爲九族，這項解示，才是現今大家所公認。

何謂「十族」？乃是除了正規的宗親九族之外，另行牽強的湊上其門人學生一族，這純然是濫殺無辜。

（三）貞烈永欽

筆者女兒審閱此篇初稿後，深爲方孝孺的壯烈殉節而感悽惻，問我可否避免？這項假設的可能性不高，姑且分三方面來探索：

第一是明成祖方面，首先是他以靖難爲名，奪取帝位，得來不光彩。必須借碩儒大臣的聲望，寫詔公告天下，俾求名正言順，故逼方孝孺就範。豈料方竟抗命，哪得不惱怒殺人？其次是建文帝仍下落不明，一說已自焚而死，一說在亂中自地道逃出埋名做了和尚，又一說已流亡去海外。故明成祖在任內派鄭和七下西洋，且遠到非洲東岸，其秘密任務便是暗中訪尋建文帝，以了心結，但兩事都未能遂其私願。

其二是方孝孺方面，首先是可否苟延性命？只因他以正學儒師自居，反對武力叛亂。若想委曲求生，勢必要在詔書中歌功頌德，把篡位者捧成救世主。這是違背良知而萬難下筆的。即令此刻得以活命，以後也無臉見人，因此說「死就死吧」。

第三是能否在破城時逃走？諒以他一介孤儒，匆促間恐也無此計劃，逃往何處？怎樣在外郡招兵買馬，反攻復國？恐怕都超越了他的書生領域。憑他的滿腔忠義，結局便是一心視死如歸。

筆者又按：方先生爲國捐命，其志節可歌可泣，其偉行人神同敬。南京都城是他的殉身之地，有無衣冠塚供後人憑弔（判以磔刑乃是重罪恐難立塚）？浙江寧海是他的出生之處，有無專祠供大衆瞻仰（追謚文正彰其英烈，應可立祠），都不得而知。筆者不文，謹湊俚句三段，權以爲贊：

孝孺先生，忠耿性成；痛斥邪逆，天下完人。

偉哉孝孺，義無反顧；詔不可草，芬傳百世。

正學方公，一代儒宗；十族陪殉，貞烈永欽。

文末補敘一事陪襯：唐玄宗時代，顏杲卿任常山太守。安祿山造反，率叛軍圍攻常山，糧盡城陷，顏杲卿受擒，逼他投降。杲卿厲罵安祿山曰：「你本是胡兒牧羊奴，國家待你甚厚，何乃謀反？」祿山割斷其舌，曰：「你還敢罵否？」杲卿不稍示弱，怒罵不絕，聲不成言，氣竭而死。此事見於《新唐書‧忠義列傳》。到了宋代，文天祥撰《正氣歌》，寫有「或爲常山舌」之語，便是崇仰顏杲卿的節烈。

聽到別人講的話，即使是「相信（believe）」，中間也藏了個「謊言（lie）」，你可要小心了。

——蘇格蘭諺語（Scotch proverb）

慎爾言行，首長不宜輕率；
調乎鼎鼐，宰相應有擔當。

八　胡漢民反問孫中山

胡漢民先生（一八七八—一九三六），原名衍鴻，字展堂，廣東番禺人。民前三十三年生，畢業於日本東京法政大學，旋加入同盟會，爲孫中山先生從事革命始終襄助的重要人物之一。民國肇建，定都南京後，任國民政府委員會主席，後轉任立法院長。民二十五年，罹患中風猝逝。

依據《胡漢民先生年譜》第二八六頁所記，胡先生與孫中山先生在治理國政上，兩人曾有一段爭辯，錄請閱賞評鑑。大略是：

（一）截留手令

民國十二年，胡漢民擔任大本營的總參議時期，有一天，孫先生有事來到胡先生的辦公室，順手掀開一個公文箱蓋，只見箱裡裝的都是孫先生的手令，塞在箱內沒有交辦。孫先生見此情況，不免怒從心起，對胡先生斥問道：「你爲甚麼擅自截留我的這多手令？」

孫先生愈說愈生氣，一面翻出好些手令，一面數落胡先生的不是，揚聲不停地質問了大約半個小時。

胡先生好整以暇地等孫先生語休了，才開口問道：「你還有話要說嗎？」

孫的發洩已夠，就答道：「我說完了。」

胡先生率性將公文箱翻過來，把文件都倒在桌上，隨手整理，隨口答話，他把近年以來所扣留未發的這一些手令一一拿給孫先生看，同時逐項解釋，說明某項手令關係到陞黜任免，處置不當，於理不應頒發；又某次調兵遣將，不合機宜，發下去勢將貽誤戎機；又某事所撥銀錢過多或過少，應該另行斟酌。胡先生從容解說，無不合理合情。直到最後，胡先生動氣了，反問孫先生道：

「即使從前專制皇威年代，也有朝中大臣封駁（皇帝聖旨錯了，封還駁正）詔書，皇帝收回成命的史事。例如唐文宗要把給事中（官名，在朝規諫聖旨不合者）郭承嘏，外放降職爲華州防禦使，另一位同是給事中的盧載認爲郭承嘏爲官公正，不該貶往外郡，因此就封還這件詔書，唐文宗竟然接納了，且恢復了郭的原職（此事見於《舊唐書．卷一百六十五．列傳第一百一十》）。你孫先生讀過這段歷史嗎？」

孫先生坦然答道：「我讀過。」

胡漢民又說：「當年你孫先生親自撰寫的《中華革

胡漢民像

命黨黨員誓詞》中，有『愼施命令』這句話，你還記得嗎？」

孫先生說：「記得。」

於是胡漢民振振有詞說：「調和鼎鼐，爕理陰陽（比喻宰相治國之道。鼎鼐見《戰國策．楚策四》，爕理見《書經．周官》），本是宰相分內的事。我今雖無宰相之名，應有宰相之實。請問先生：今日之事，是不是我在行使我應有的職權？盡我應盡的責任？」

孫中山先生爲之語塞，沒有回答。

胡又問：「先生，我在請教你呀！」

孫先生只得答道：「你這樣說來說去，我說不過你。」

胡卻緊追不捨：「孫先生應該說一句『你是對的』，方才合理。今只有一句『我說不過你』，那只是先生詞窮理屈，這話還是沒有解決問題。」

此際，辦公室裡的氣氛變得十分緊迫，胡漢民咄咄逼人，孫先生很難下台。幸好斯時有位李宗黃同志也在辦公室，趁機插口說：「現刻已是十二點鐘，要吃午飯了。讓我來作個小東，一同過河去吃肥鴿吧！」

孫先生也展顏笑開了，接口說道：「我們大家都一同去吧。不過，這回該由我作東，因爲今天是我的錯。」（古時主位在東，客位在西，故稱主人曰東。作東或爲東，就是自願當主人來付帳）

胡漢民的怨氣已消，一場風波，就此平息。

以上這段對話，近代史學家吳相湘也引述在他的著作《孫逸仙先生傳》下册第五十章中，認爲孫先生面對屬官認錯，足以證明孫先生度量的寬宏偉大。

但是、筆者覺得，忠心耿耿的部屬，對於不合情理的上級諭示，有責任也有義務要即時面請長官重作考量，而且必須一件一件的馬上反應，不可以一直壓著不辦了事。例如派任新官，是希望他有一番作爲；又如調遣軍隊，事關進攻或防守；再如撥付銀錢，可能要購買軍火。假若胡先生認爲不妥，該當即刻請示或建議改正，以達盡善。如今只是擱置不採行動，豈不令政務癱瘓，或正是貽誤戎機，或將是降低戰力嗎？恐怕這不處理的負面影響會更嚴重吧？

再說孫先生這方面，既然下了手令，總該追蹤其成效才是。倘若新官迄未到任，作戰打了敗仗，軍火久未買到，原因何在？而且經年都無消息，卻放任不察不查，也似乎不太合乎實情吧？但願原來的記述或有誤差，就不致於延生錯覺了。

（二）續有補敘

敘述至此，本該結束，只是覺得孫胡二人，似都微有疏失，或許是上面所記，還不夠周洽，尙有未盡之處吧？後來偶而看到近人杜英穆所編《革命先烈先賢別傳》所述，就有不一樣的描述，宜在文末，續作補充，原文是：

「當年胡漢民任總統府秘書長，既替孫先生受過受謗，也替孫先生分憂分勞。孫先生視他爲左右手，也只有孫先生才配用胡氏這種人，兩位湊在一起，眞是相得益彰。民國十三年，孫先生在廣州任大元帥，因須北上會商國是，且把大元帥職務交由胡氏代理，想見二人情誼之篤也。」

此外，商務版《名人大辭典・民國之部》第五十二頁也有胡氏的生平介紹：

「胡漢民，留學日本，入同盟會，爲國父從事革命始終倚重之同志。國父就任臨時大總統，胡任秘書長。十三年國父北上，明令胡氏代行大元帥職權。民國二十五年，不幸中風逝世。」

請綜合以上各條，互參對看，才不會有「以管窺豹，只見一斑」之弊。

佛門善書《好的語言》教大家如何說話：

傷害人的——不能說　　現在正做的——做了再說

做不到的——別亂說　　未來發生的——將來再說

發脾氣的——狠話柔說　自己犯了錯——道歉先說

看不慣的——重話輕說　別人的隱私——絕對不說

如果——我有不良的言談，請一定要對我說

治國要有方略，方略源自學識；
居馬上而得之，何可馬上自之。

九　豈可馬上治天下

針對皇帝理直氣壯的一句話。竟能用同樣一句話，只改動一個字去破解，使對方無話可答，這才算高招。

（一）能在馬上「得」，豈能在馬上「治」

漢代初年，有位陸賈，以文士客卿身分幫漢高祖劉邦（西元前二八六—前一九五）打下江山，又奉派出使南越，勸降了南越王對漢稱臣。回京後，官拜太中大夫。陸賈推崇儒學，不時向劉邦提示詩經書經中的要旨。但劉邦輕視儒生，鄙視儒學。請看《史記．卷九十七》原文說：

「沛公（指劉邦）不好儒，諸客冠儒冠來者，沛公輒解其冠，溲溺其中。」

這是說：每當儒士來見劉邦，他常把儒士的冠帽摘下來，向帽子裡小便，以示羞辱。如今陸賈說要尊儒，劉邦哪會接受，還破口罵道：「我老子只靠坐在馬上東殺西伐，就奪得了天下，要那些撈什子的詩經書經幹嘛？」（如果換成毛澤東，就會說「槍桿子出政權」

吧？）

陸賈並不氣餒，反問道：「大王你能在馬上得天下，能夠在馬上治天下嗎？」

打天下，互拚輸贏，單憑武力即可，治天下，經緯萬端，卻要多門學驗。劉邦被陸賈這一問，沒法回答，顯得有些慚愧，轉個彎說道：「那你就試著寫下幾篇文章，說說看秦代爲甚麼會滅亡（如果秦始皇行善政以治國，哪有你劉邦今日）？我漢朝又爲甚麼可以崛起（如果沒接納張良蕭何韓信三傑的輔佐哪能打敗項羽開創漢朝天下）？以及前代各國成功失敗的原因何在？給我看看！」

漢高祖像

於是陸賈撰寫了十二篇大文，每次講解一篇，劉邦都沒有不贊好的（劉邦成功因素很多，即時納聽佳言，這是一例）。旁邊的侍從官都高呼萬歲，把陸賈的著作命名爲《新語》（可惜已經失傳了）。

我們不妨再參看《史記・卷九十七》「陸賈列傳」的原文描述：

「陸賈者，以客卿從高祖定天下，爲太中大夫。陸生時時說稱詩書，高帝罵之曰：迺公居馬上而得之，安事詩書？陸生曰：居馬上得之，寧可馬上治之？高帝有慙色。迺曰：試爲我著秦所以失天下，吾所以得之者何？及古今成敗之因。陸生迺著十二篇。每奏一篇，高帝未嘗不稱善。左右呼萬歲。號其書曰新語。」

劉邦說「馬上得之。」陸賈借勢反問「寧可馬上治之？」一句話有似石破天驚，使得劉邦「頓悟」。孔子說「一言而興邦」（見《論語．子路》篇），此篇庶幾近之。

（二）劉邦項羽，原來都不讀書

漢高祖劉邦本是個粗鄙無賴漢（見《史記卷八．高祖本紀．九年》：未央宮成，劉邦向父親敬酒說：「大人常批評我無賴」），沒讀甚麼書，因而唐代章碣《焚書坑儒》詩中就明白說：

「竹帛煙消帝業虛，關河空鎖祖龍居；
坑灰未冷山東亂，劉項原來不讀書。」

清代袁枚《隨園詩話》卷十四第二十二條目朱排山「咏始皇」詩中也有句云：

「詩書何苦遭焚劫，劉項都非識字人。」

按上頁所述《史記》卷九十七，劉拜誇口說：「迺公居馬上而得天下，安事詩書？」又《漢書》卷三十一項羽說：「讀書只是記姓名而已，不願學。」可證兩人都不想讀書。

談到讀書，隋代王劭撰有《讀書志》，宋代眞德秀撰《西山讀書記》，明代薛瑄撰《讀書錄》，清代王念孫撰《讀書雜志》，清代孫志祖撰《讀書脞錄》，清代錢曾撰《讀書敏求記》。而宋代歐陽修《答聖俞》：「多識由於廣讀書。」清代吳嘉紀《贈里人吳秀芝》詩有句云：「不讀詩書形體陋。」更有清代包世臣《贈丁晏》銘聯也說：「讀古人書，友天下士。」身處今日知識爆炸的時代，你我哪能疏忽呢？

孫權勸呂蒙讀書：為何你不自勗勉？
魯肅與阿蒙談話，驚贊他博進精純！

十　已非吳下舊阿蒙

讀書是吸取知識最簡明快捷的方法。想一想：那些前輩高人，把他們艱難珍貴的智慧和經驗，絲毫不留，全盤托出，寫成書籍，廣爲流傳，立德兼又立言，令人欽敬。他們一生的心得，我們一下子輕鬆容易地自書本中全都學到；花極短時間，得極多知識，還有比這更便宜合算的事情嗎？

（一）何必讀書

以上第九篇劉邦就說過「安事詩書」的話，但也有原本認爲何必讀書的人，後經別人勸說，方才發憤，竟然大有成就。今舉《三國志・吳書・五十四卷・呂蒙傳注》的呂大將軍爲例，此事又見於《資治通鑑，卷六十六・漢紀五十八》。而以《三國志・傳注》較詳，原文如下：

「初權謂蒙曰：卿今當塗掌事，宜治學問以自開益。蒙曰：在軍中常苦多務，恐不容讀書。權曰：卿言多務，孰若孤。孤自統事以來，省史家兵書，自以爲大有所益。卿意性朗悟，寧當不爲乎？孔子言：終日不食，以思無益，不如學也。光武當兵馬之務，手不釋卷。孟德亦自謂老而好學。卿何獨不自勉勗邪？蒙始就學，篤志不倦，其所覽見，舊儒不勝。後魯肅過蒙，言議每常受屈。肅撫蒙背曰：吾謂大弟但有武略耳，於今學識英博，非復吳下阿蒙。蒙曰：士別三日，即當刮目相待，大兄何見事之晚乎？肅敬受，遂拜蒙母，結友而別。」

以上所引，如果演繹爲白話文就是說在三國時代，吳國據有長江下游，由孫權（一八二—二五二）開國，稱吳大帝，人才衆多，官任中郎將的呂蒙（一七八—二一九，擒關羽，取荊州，封侯）是衆武將之一。孫權關愛他，勸勉他說：「你現在當路掌權，前程無量，應當充實學問，對自己會有大的助益。」

呂蒙推辭道：「我在軍中常苦於武事太多，恐怕不容許我有閒暇來進修研習。」

孫權說：「你說這話，恐是推諉逃避。你說軍務繁多，哪能比我更忙？我今身居帝位，統理萬機，但仍時常研讀史書兵書，自認爲獲益極大。你心腦朗爽，意念穎悟，怎可藉故不肯讀書？孔子說：『我曾經整天不飲不食，專心去沉思，卻未能獲益，才知道不如求學的好（見《論語，衛靈》篇）』你看那漢光武帝劉秀忙著統率兵馬爭天下，仍然手不釋卷。再看那曹操，他自己說年齡雖老，仍不敢廢學不讀書。唯獨你何可不自動勤勉，力爭上游呢？」

（二）刮目相看

呂蒙深受感動，從此努力讀書，久而不倦。終於使他的眼界和識見日增，讓一般守舊儒士都跟不上。後來，奮武校尉魯肅（一七二—二一七，曾在赤壁破曹，此時代替周瑜為丞相）路過潯陽，會見呂蒙，交談時，論及國情治道，以及史蹟兵事，有時竟受到呂蒙的指正而幾乎詞屈，魯肅大為驚異，拍著呂蒙的肩背贊道：「呂大弟！我原認為賢弟僅知武略，疏於文事，今日相談之下，才知道你現在學識精英廣博，已經不是當年吳邑（江蘇古稱吳地）鄉下的那個阿蒙了！」

呂蒙笑著回應道：「勤於讀書的人，每天都會有進步，只要分手三天不相見，學識就會和往日不相同，恐怕要刮去眼中遮蔽瞳孔的白翳，改用明亮清新的眼光才會看得眞切，魯大哥為何見事如此疏遲呢？」

魯肅心中佩服，便請求拜見呂蒙的老母，進而與呂蒙結為知友才告別。

（三）讀書何用

這個故事，由於受到「你為何不自勉勗」一語的激勵，乃有「非復吳下阿蒙」的贊賞，這當是個佳好的範例。不過，請容筆者放肆笑問各位：讀書有用嗎？回答是當然有用。君不見那深海探油，太空漫步，不讀書懂得新知怎能辦到？但深入再問：讀書眞的有用嗎？沉思之後的回答卻是可能無用。君不見：現今的社會價值顚倒了，文士沒有飯吃，教授沒人尊敬，倒是那些歌星影星舞星脫星，單憑臉蛋兒甜，柳腰兒細，哪管她之無不識，其身價是以百萬元為單位向上起跳。而媒體則常誇耀富商購豪宅一戶億元，貴婦買鑽戒一枚千萬，淳樸風氣不斷被扭曲，有錢最受尊崇。因此遭人反譏：知識一斤能值多少錢？讀書何用？再則由於社會道德鄙薄了，那些高官大貪、海外洗錢、欺詐拐騙、販毒盜賊的不法之徒（這也應算是新興的現代職業），只要有膽，都毋須查驗文憑，學校也沒有這些科系，撈錢既多又易，讀書何用？由此可見：狹隘的正路走來苦哈哈，寬廣的歪道往來坦蕩蕩。聰明人倘能察知這種實際的社會病態，在尚未矯正之前，又何必死讀書呢？

至於現在的學生，由於功課太重，考試太繁，已把讀書視為苦差事。有的受父母之迫而讀書，有的為文憑而讀書，都不是為求知而讀書；只要盼到及格就不錯，能混到文憑就不差。一出校門便把書本丟掉，不肯再摸了。一旦有幸，進入了社會這個大染缸，不論當官也好，做企業伙計也好，趁機會就污錢，有上上級要送禮，有狄斯可要跳舞，有XO要乾杯，有清一色要自摸，有高而富要揮桿，忙得不得了，哪有閒暇再來讀書？不讀書不是也過得甚為寫意？不過、如此一來，德之不修，學之不講，風氣日漸敗壞，人性日漸悖離，行見社會沉淪，民族乖戾，恐怕非國家之福吧！

「污穢的語言，一句不可出口。要說好話，叫那些聽的人得到助益。」

——《聖經・新約・以弗所書》四章廿九節

鄰家怎多雞，乞丐怎多妻？
捐階又完廩，孟子何不疑？

十一　李覯坩掌譏評孟夫子

宋代有位李覯，江西南城縣人，字泰白。文才深厚，從他求學者有數十百人。縣內有條盱江，當時尊他爲盱江先生。蘇東坡看重他，范仲淹更推舉他爲太學助教。李覯喜歡飲酒，有人送給他好幾斗美酒，他自己家中也釀成了好酒。但是他不喜歡孟子。

（一）完廩捐階未可知

有位士人，也好喝酒。知道他家藏有佳釀，便做了好幾首譏評孟子的詩，登門造訪，請他批評指教。其中有一首是：

「完廩捐階未可知（完廩捐階都是舜的弟弟謀害舜的多次陰謀，但此事眞僞難辨），
孟軻深信亦還癡（孟子卻偏信而沒有疑惑，近乎癡矣）；
嶽翁方且爲天子（嶽翁就是岳父，舜的岳父是帝堯，貴爲天子），
女婿爲何弟殺之（舜是天子的女婿，爲甚麼弟弟多次要謀殺他呢）？」

李覯見詩，十分喜賞，留下他喝酒談話，把家藏的美酒都喝完了才告辭離去。

這段故實，見於宋代邢居實所撰「李泰白」條，載於《拊掌錄》書中，原文是：

「李覯，字泰伯，盱江人。賢而有文章，蘇子瞻諸公極推重之。不喜孟子，好飲酒，有人送酒數斗，泰伯家釀亦熟。一士人知其家富於酒，乃作詩數首譏罵孟子。其一云：『完廩捐階未可知，孟軻深信亦還癡，嶽翁方且爲天子，女婿爲何弟殺之？』李見詩大喜，留連數日，酒盡乃辭去。」

（二）鄰家哪有許多雞

筆者按：孟子是戰國時代今山東鄒國人（約公元前三七二—約元前二八九）。他常作義利之辯，大概有人也不悅於他，以致另有挑剔者以詩嘲之曰：

「鄰家哪有許多雞？
乞人哪有許多妻？
當時尚有周天子，
何必喁喁獨向齊？」

這詩的首句是指《孟子．滕文公下》孟子說：有人每天偷鄰家一隻雞，打算偷上一年云云。那就要請問鄰家會有這麼多的雞嗎（戰國時代大概還沒有專業的大養雞場吧）？第二句是指《孟子，離婁下》說：一個齊國窮人，擁有一妻一妾，丈夫卻常去墳場乞討祭墳的剩酒剩肉，吃飽了才回家云云。這就得請問身爲乞丐，怎麼可能既娶妻又納妾？第三四句是說那時的東周天子仍在

孟子

位，爲何狹隘的只愛提及七雄之一的齊國呢？

（三）「刺孟」「問孔」及「惑經」

孟子是儒家的傳人，他提出「人性本善」之說，首倡「民爲貴，社稷次之，君爲輕」之論，在那個君王專制時代，大膽縱談「民貴君輕」，實是振聾啓聵，石破天驚之壯語。他揭櫫的「王何必曰利，亦有仁義而已矣」的讜言，也誠是擲地有聲，難能可貴。我們多讀《孟子》章句，就能夠分辨是非，認清對錯，這是朱熹將《孟子》列爲「四書」之一的原故。而且書中議論宏暢，言詞鋒利，不但語意雄奇，而且波濤翻滾，有老儒認爲初學者應該先讀《孟子》才有長進。歷代以亞聖尊仰，誰曰不宜？

附註一：東漢王充《論衡》一書，也有「刺孟」一章。刺是譏刺，孟指孟軻。王充列舉《孟子》書中「王何必曰利」「辭十萬而受萬」「燕可伐歟」「五百年必有王者興」諸問題，逐項提出詰難。其論斷是耶非耶？敬請讀者自判。

附註二：本篇是「刺孟」，下篇是「問孔」；還有唐代史學理論家劉知幾（六六一—七二一）撰有《史通》二十卷，分內外篇。其中「惑經」一章，對經書提出不少疑問：「其所未諭者有十二」、「其虛美者有五」。說來都頗有見識。但因文長，不便引錄。倘有興趣，請閱看原書。

富與貴，是人之所欲也，不以其道，得之不居也；
貧與賤，是人之所惡也，不以其道，得之不去也。

十二　王充「論衡」究問孔聖人

上篇是「譏評孟夫子」，因此本篇「請問孔聖人」也得一述，用作陪襯。

東漢王充（公元二七—九七），浙江上虞人。師事班彪（班固班昭之父），博聞強識。他的思想偏向於自然論，反對盲從迷信，富於批判精神，他費時三十多年，撰著《論衡》一書。《後漢書》有王充傳。

王充是東漢時代傑出的思想家，那位核定六經文字，刻寫立碑爲「熹平石經」的蔡邕到了浙江見到《論衡》一書，嘆爲卓越之作。另外清代宋恕在《六齋卑議》中也贊道：「曠世超奇出上虞（上虞縣出了個奇人王充），論衡精處古今無。」足證這本書甚有價值。

（一）不以其道得之，不去也

這部《論衡》全書三十卷，共含八十五篇，二十餘

孔子圖（三才圖會）

萬字，論述廣泛。其中第九卷之第二十八篇名「問孔」，論辯新穎，不惜繁詞，開頭就說：

「今世的儒生和學者，都喜歡迷信名師，而以古爲是，認爲聖賢所講的話都沒有錯。只專心照著聽講，照著傳習，卻不敢辯問。殊不知聖賢們提筆著書，尚不見得句句都是正確的，何況在匆忙中吐話，哪會完全不錯？那時的人不知道去問難、反詰，也不願意去探討、研究……。」

以上是筆者語譯，請與縮影附刊的原文對看。王充在這篇文裡提出二十個疑點，其中第四個疑點便是就《論語·里仁第四》中孔子所講的一段話來作辯問，王充說：

「孔子曰：『富與貴，是人之所欲也。不以其道得之不居也。貧與賤，是人之所惡也，不以其道得之，不去也。』（以上是《論語》裡孔子的原文，以下是王充的話）孔子此言，蓋謂吾人當由道義以得富貴，不當苟取富貴。或當守節安貧，不當妄去貧賤也。夫言『不以其道得富貴、不居』，可也。『不以其道得貧賤』，如何？富貴顧可去，去貧賤何之？貧賤何故當言『得之』？顧當言『貧與賤，是人之所惡也，不以其道去之，則不去也』。當言

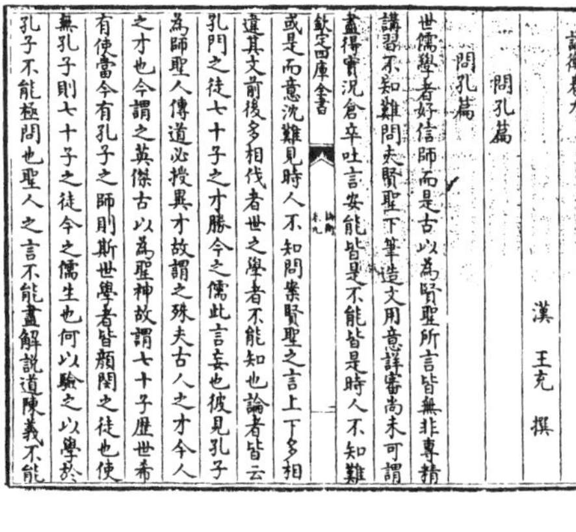

欽定四庫全書

論衡卷九

漢　王充　撰

問孔篇

問孔篇

世儒學者好信師而是古以為賢聖所言皆無非專精講習不知難問夫賢聖下筆造文用意詳審尚未可謂盡得實況倉卒吐言安能皆是不能皆是時人不知難

欽定四庫全書　論衡 卷九

或是而意沈難見時人不知問案賢聖之言上下多相違其文前後多相伐者世之學者不能知也論者皆云孔門之徒七十子之才勝今之儒此言妄也彼見孔子為師聖人傳道必授異才故謂之殊夫古人之才今人之才也今謂之英傑古以為聖神故謂七十子歷世希有使當今有孔子之師則斯世學者皆顏閔之徒也使無孔子則七十子之徒今之儒生也何以驗之以學於孔子不能極問也聖人之言不能盡解說道陳義不能

『去』，不當言『得』。七十子既不問，世之學者亦不疑，使此言之意不解而文不分，何哉？」

這段話是王充提出的質問之詞。理由是：孔子說：「富和貴，都是大家所想要的。但如果用不正當的方法而獲得了富貴，正人君子是不會安心享受這種富貴的。貧和賤，則是大家所厭惡的，但如果不由正當的方法而得到了貧賤，就不會脫離這種貧賤。（以上是《論語》原文的白話語譯，以下是王充替孔子的解釋）：

孔子的本意是說：「應當經由公道正義而得到富貴，不可使用不正當的方法去獲得富貴。另外則應該謹守節操，安貧樂道，不可以不擇手段妄想脫去貧賤」。（以下是王充的質問）：

以上的話，立意本好，但只是上一半正確，下一半有問題。何故？請看孔子說『不以其道而倖致富貴，就不要它』，這是對的。有問題的是下一句「不由正當途徑而『獲得』貧賤」，這是何意（原文是「不以其道『得』之」欠通嘛）？富貴是可以擺脫拋棄除去的，但貧賤如何可以用不正當的方法來擺脫除去？除去貧賤後又轉進到哪一層境界了呢？再者、貧賤怎麼可以說「不由正當的方法而『獲得』貧賤」？這話有毛病，應該修正說：「貧和賤是人人所厭惡的，但如果不是用正當方法脫去它，就不要脫去。」應說「脫去」，不該說「得到」。原意本是「脫去」，怎可說成「得到」呢。

王充最後結論說：孔子的話，前半段對，後半段不對。他門下的七十多位賢弟子當時既沒有追問，後代學者也不懂得懷疑（朱熹作《四書集注》，也沒有提出問難），以致於這後段話的意思無法理解，而文字又不清楚，這是甚麼緣故呢？（這一大段都是王充質問）

（二）不以其道，得之不去也

以上是王充對孔子所說的富貴貧賤之「得」與「去」提出質疑。他的意見，當然言之成理。不過此處另有闡釋，就把這樁錯誤化解而消失了，允宜在下面說出來，提請讀者細心鑑裁評斷。

古書由於沒有標點，有時會把文句誤讀誤解，使文意錯亂、相反、甚至不通。例如《老子道德經》第一章說「故常無欲以觀其妙，常有欲以觀其徼。」可斷句為「故常無，欲以觀其妙；常有，欲以觀其徼。」又可斷句為「故常無欲，以觀其妙；常有欲，以觀其徼。」又例如孫中山先生有句銘言「要立志做大事，不要做大官。」有人故意斷句為「要立志做大事？不、要做大官！」更有一趣例：丈夫寫一字條給太太：「男人如果沒有了，女人就活不下去。」太太改動標點，就唸成「男人如果沒有了女人，就活不下去。」這都是證明斷句不同，意義就相離或者相反了。

王充所指《論語》這段原文本應斷句為「富與貴，是人之所欲也；不以其道，得之不處也。貧與賤，是人之所惡也，不以其道，得之不去也。」王充將「得之」兩字連著上文「不以其道」算成一句連著讀，意義當然就變得解釋不通了。這是「句讀」沒有弄正確之故。孔子原意是說：「富與貴是人人所想要的，如果不經由正當途徑而能獲得富貴的話，則我雖能得到富貴，我還是不會要它。反之，貧與賤是人人所不喜的，如果不經由正當途徑而能解除貧賤的話，則我仍會謹守我素來得到的貧賤而不會悖理脫離它。」依此斷句，意才通；作此解釋，理才合。這也正是士君子要謹愼於富貴之倖「得」，和安居於貧賤之不「去」的至意。

筆者附註：王充《問孔》，並不是反孔，但他不贊成「聖人所言皆無非」的迷信。他在《論衡．定賢第八十》篇中就充分表達了「尊孔」之意。此外、問孔的不僅只他一人，東晉葛洪撰有《抱朴子》，也有一篇「辯問孔聖」之文，篇中舉出十事，如「苛政猛如虎」「顏淵偷飯」「受困於匡」「問禮老子」「鳳兮鳳兮」「子見南子」等項，似乎較爲淺易，這裡免贅。如有意究探，請參閱拙撰《風雨見龍蛇》一五三篇。台北文史哲出版社民八十八年發行。國際書號爲：ISBN 957-549-230-7。

英國哲學家及作家佛蘭西斯．培根（Franeis Bacon 1561-1616）說：

「有些書、淺嚐一下就可以了；

有些書、可以呑嚥；

有少數的書、則必須多加咀嚼，再要把它消化。」

王充《論衡》應屬於上述的第三種書。

蘇秦倡「合縱」，憑巧辯佩掛六國相印；
張儀銜「連横」，仗權勢完成一統江山。

十三　蘇季子講縱横術未能保命

在國與國之間，用利害關係來游說，以進行聯合或分化，就叫縱横。縱横又稱從横或從衡。《漢書・藝文志》說：「『從横』家、古九流之一，言其權事制宜，此其所長也。」漢・陸賈《新語・辨惑》說：「因其剛柔之勢，爲作『縱横』之術。」西漢・劉安《淮南子・泰族》則說：「『從衡』之事，爲傾覆之謀，濁亂天下，撓滑諸侯。」這是說他們都長於觀察當時各國之間的政治關係，審時度勢，以游說爲能事者也。

談到縱横家的代表人物，要算戰國時代的蘇秦和張儀。太史公司馬遷在《史記》中都替他倆個別寫有傳記。

（一）蘇秦説六國締合縱

先介紹這位蘇秦（西元前？——前三一七），字季子，和同學張儀（西元前？——前三〇九），一齊受教於鬼谷先生，學縱横術（《史記》引述《集解》之說，據東漢應劭《風俗通義》云：鬼谷先生是六國時的從横家之祖）。那時代，戰國七雄爭強，秦國位在西邊，其他六國在東邊。

六國依南北縱向結盟抗秦就叫合縱，若依東西橫向連合事秦則叫連橫。而善於游說來推銷此術的人就稱爲縱橫之士。

我們看那蘇秦，他認爲已經研習得差不多了，可以獨自販賣縱橫之術了，就前往秦國去游說，引來一段極爲沮喪難受卻又揚眉吐氣的史話。請看《戰國策・秦策》「蘇秦始將連橫說秦」篇中所述，其經過譯述如下：

蘇秦起初將「連橫」的主張去游說秦惠王，如能採用，就可以併吞六國，統一天下。他舉出許多理由，發揮他的雄辯專才，想用高言偉論，說動秦惠王。前後長談了不下十次，都未採納。蘇秦穿的黑貂皮的裘袍都磨破了，帶來一百斤黃金也花完了，只好離開秦國黯然回家。

戰國策寫出他在歸途上的狼狽情況：但見他纏著綁腿，踏著草鞋，背著書袋，挑著行李，身形枯槁，臉面墨黑，充滿了慚愧之色（原文是：羸縢履蹻，負書擔橐，形容枯槁，面目犁黑，狀有愧色）。回到家中，妻在織布，沒有停機理會他，嫂子不給他做飯，父母不跟他談話。蘇秦長歎道：「妻不以我爲夫，嫂不以我爲叔，父母不以我爲子，是皆秦國之罪也。」於是連夜翻尋書籍，在十幾個書箱裡，找到姜太公的「陰符」奇書，發狠研讀。倦了想睡，就用利錐尖頭，猛刺腿股，讓鮮血流到腳跟也不管，只說：「我把它讀熟了，學成了，憑這去游說君主，哪可不換來金玉錦繡，取得公卿宰相的高位呢？」

經過一年，學識精進了，於是去遊說趙肅侯，雙方交談歡悅，趙肅侯封蘇秦爲武安君，賜他宰相官印，給他兵車一百輛，錦繡一千匹，玉璧一百對，黃金二十萬兩，請他說服了六國合縱，共同抵抗秦國。

當他前往楚國時，要路過他老家洛陽。父母知道了，趕緊清理房舍，掃淨街道，請來樂隊，擺出筵席，全家遠去三十里外迎接蘇秦。妻子不敢正眼看他，只是側著耳朵傾聽，嫂嫂低頭匍匐，蛇行近前，拜了四拜，跪著求恕，要爲以前沒有作飯而請罪。蘇秦問道：「嫂嫂爲甚麼以前瞧不起我，現在卻變得這麼恭敬呢（原文是：嫂何前倨而後恭也）？」嫂嫂答說：「就因爲小叔子你官兒大又錢多多嘛（原文是：以季子位尊而多金）！」

蘇秦長歎道：「唉呀！窮困時父母不認兒子，富貴後族戚都欽仰敬畏。人生在世，對權勢、地位、財富、高官，怎麼可以忽視呢？」

原文很長，請自行查對。據《史記・蘇秦傳》說他爲縱約之長，並相六國，合力抗秦，實權比今日的聯合國秘書長還大，壓制秦國不敢出兵東侵達十五年之久。

不過可得注意，他最初本是向秦惠王出售「連橫」術，沒有談成功，才改賣「合縱」術，竟然大發利市；這就看出來他並非爲天下國家謀福，而只是爲自己謀官而已。以故不會有好的下場。依《史記》所載，後來蘇秦在齊國與多位大夫爭權，被人行刺重傷，最後「車裂」而死，這是後話。

（二）張儀仕秦國倡連橫

當蘇秦身佩六國相印時，聰明的他，自然知道合縱締盟的各國之間，大概只是利害的短暫結合，難以堅定持久，而那個秦國又豈會縮著頭一直忍耐沒有作爲？蘇秦當然也了解這種聯盟是很脆弱的，因此他又施展了一樁妙計，在暗中激使張儀去秦國作官掌權，以求彼此呼應。這事記錄在《史記・卷七十・張儀列傳》裡，語譯如下：

張儀也是鬼谷子的學生。但張儀家貧，曾經有高官懷疑他偷了玉璧而被打數百鞭子，受了莫大的羞辱。這時蘇秦身在趙國，且爲六國合縱之長，只是耽心強大的秦國如果出兵攻擊趙國，趙國必敗，縱約可能就會解體，怎麼辦？私下只想要促使一位親近的又能幹的角色，到秦國去掌權，才可安心。而這個人選，唯有張儀最爲合適，但又不好明講，便暗施巧計，使張儀入其彀中。《史記》所述的計謀是：

有個朋友（其實是蘇秦指使的人）勸張儀說：「你和蘇秦原是同窗好友，共拜鬼谷子爲師。如今他官高爵顯，而你卻窮愁潦倒，何不去見見他，好歹總會給你一個像樣的官位幹幹嘛！」

張儀認爲確是善意良言，就專程前去上訪，求見蘇秦。哪知蘇大人官架子十足，要事忙無暇傳話，但又不讓張儀遠離，如此冷落了好幾天，才答允見面。相會時，張儀坐在堂階之下，用僕役吃的粗糧賞他充饑。那蘇秦高踞上廳，還幾度訓斥張儀的許多不是。最後說道：「以你的才幹，怎會困頓受辱到這種地步？我於今也沒法救助你？你太不爭氣了，也不值得我再關心，回家去吧！」

張儀來時，自認爲兩人既是好同學，必會受到照顧，不料反而遭到侮慢，引發了滿腔怒火。心想如要扳倒蘇秦或者要給他顏色看，只有秦國才辦得到。就決定往見秦惠王，尋覓發展機會，將來再圖謀報復。

蘇秦又囑咐另一位舍人某君說：「張儀是天下賢士，我比不上他。幸而我先進入仕途，但能否長保富貴榮華，還須看秦國的決策者是軟是硬而定。環顧當今豪士，能夠說服秦王且能受到重任的，只有張儀具此能耐。但我恐怕他因爲家貧，氣量低卑，只要秦王給他一個芝麻官兒就心滿意足，不思進取，這太小兒科，難成大器。所以我故意羞辱他，激發他的狠勁和鬥志，必得爭個大位才是道理。如今我要派你去接近他，照顧他，還要儘力幫助他。」

於是這位舍人某君，住進張儀的旅舍，由交談相識而成爲好友。某君說要去秦國首都咸陽做貿易，張儀也想前往，於是兩人同行。一路上某君出手大方，所有車馬食宿交際費用，都由他獨立支付，張儀非常感激。順利地見到秦惠王，相談大悅，先尊他爲客卿，後任他爲丞相，進一步商談討伐鄰國之大計。到這時，某君卻聲明要告辭回趙國去了。

張儀說：「你我已是知交好友，一路上仰仗你的照拂，我才得有今日，正想要怎樣來報答你的恩惠，爲甚麼就要辭別呢？」

某君答道：「講實在話，我還不夠格做你的知己好友，你的知己好友乃是蘇秦。他擔憂秦國會攻打趙國，會把合縱條約毀掉。他也判斷唯有你才可以掌握到秦國的軍政決策大權，因此他故意激怒你，又叫我幫你遠來秦國，前後所有的花費，都是他奉送的，一切安排，都是他設計的，而且都按照步驟一一實現。現在你已榮任秦國的宰相，我就可以回去面復蘇丞相，他的企圖都已達成了呀！」

張儀這時才恍然大悟，答道：「唉呀！這件事，我矇在鼓裡而不自知，蘇同學智慮高明，我比他差太遠了。如今我才新受秦惠王的寵信，哪能一開始就派遣大兵去攻打趙國？請你回去轉告蘇秦學長，我要深深地感謝他。當他在位之時，我哪敢亂出主意發動軍事進擊？而且，只要他相位仍在，憑他的足智多謀，我哪有必勝的把握呢？請他放心好了。」

果然這兩人暗中的默契大爲奏效，張儀在秦國一直等到蘇秦死後，才施展出離間游說，倡議「連橫」，瓦解了「合縱」之約，以後陸續併滅了六國，統一了天下，但這也是後話。

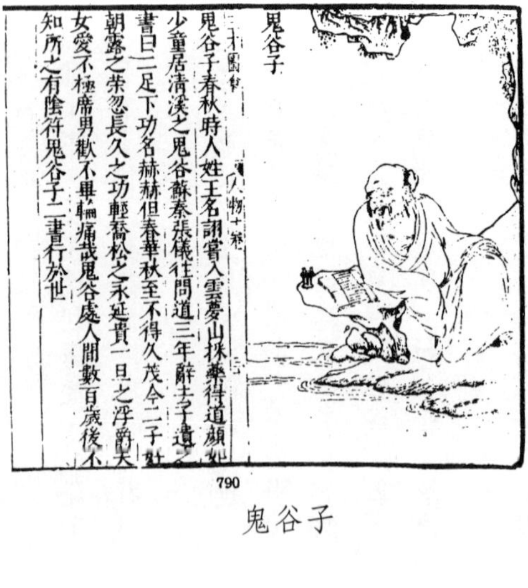

790

鬼谷子

（三）蘇張都是傾危游士

以上是述說在戰國末期，天下紛紛擾擾，就是被這兩位玩弄縱橫術的哥兒們操縱了相當長的一段歲月。太史公在《史記》中對蘇秦的評語說：「蘇秦以游說諸侯顯名，其術長於權變，天下共笑之，諱學其術（忌諱而不願公開學習）。」又評張儀說：「夫張儀之行事，甚於蘇秦。然世惡蘇秦者，以其先死，而張儀暴其短，以成其連橫之道。要之，此兩人眞傾危之士哉！」

唐代學士司馬貞，撰史記《索隱》，也有對蘇秦的評語：「季子周人，師事鬼谷，揣摩既就，陰符伏讀；合縱離橫，佩印者六。」及評張儀語：「儀未遭時，頻被困辱；及相秦惠，先韓後蜀；連衡齊魏，傾危誑惑。」請與太史公之評合觀，可知語中多少含有若干貶意。降至清代，王永彬撰《圍爐夜話》第七條也有警語說：「人皆欲會說話，蘇秦乃因會說而殺身；人皆欲多積財，石崇乃因多積而喪命。」詞簡意永，確是良言。

走筆至此，篇幅已長，筆者不文，豈敢妄下結論？還當留請高明的讀者自作度量，只猜想各人的體驗恐不盡相同。或者有對「錐刺股」之舉萌生警惕的，或者對「我比不上你」之言滋生佩慰的，或者對「勢位富厚」之語橫生鄙厭的，又或者對「此兩人是傾危游士」之評頻生感慨的。大家各飲一瓢，冷暖自知，趁此就擱筆吧。

厚臉皮，厚似城墻，厚再加硬，哪管他笑駡嗔怒；
黑心腸，黑如煤炭，黑得透亮，只要我升官發財。

十四　李宗吾倡厚黑學缺少傳人

怪傑李宗吾（一八七九—一九四四），四川富順人，他創《厚黑學》，撰《厚黑經》，傳《厚黑錄》，講《厚黑史》，自稱厚黑教主，建立了「厚黑體系」，其核心理論就是臉厚心黑。

（一）英雄都是厚黑家

李宗吾說：「我自讀書以來，就想爲英雄豪傑。求之四書五經，茫無所得；求之諸子百家，與夫二十四史，仍無所得；以爲古之爲英雄豪傑者，必有不傳之秘。窮索冥搜，如是者有年，才恍然大悟曰：得之矣，古之爲英雄豪傑者，不過面厚心黑而已。」他在《厚黑學》中舉例說：

「三國曹操，其心最黑。他殺呂伯奢、殺孔融、殺楊修、殺董承、又殺皇后皇子，悍然不顧，並且昌言說：『寧我負人，毋人負我』。其心之黑，無以復加。」

接著又說：

「劉備臉皮最厚，他依曹操、依呂布、依劉表、依孫權、依袁紹，寄人籬下，恬不知恥，臉皮最厚了。」

他再舉證說：

「項羽之失敗，韓信說他犯了『婦人之仁、匹夫之勇』。婦人之仁是心有不忍，病在心不夠黑。匹夫之勇是受不了氣，病在臉皮不厚。鴻門之宴，項羽不忍殺掉劉邦。垓下之敗，他無面見江東父老，都是心不黑臉不厚之故。」

他分析說：厚黑學分三步工夫：第一是「厚如城墻，黑如煤炭」，這是初階。第二步是「厚而硬，黑而亮」，但仍是有形有色，未臻上乘。第三是「厚而無形，黑而無色」，雖然至厚至黑，但別人以爲不厚不黑，這是最高境界。於是他仿照四書中《中庸》首章前言的句法模式而寫成他的《厚黑經》文說：

「不薄謂之厚，不白謂之黑。厚者天下之厚臉皮，黑者天下之黑心眼。此篇爲古人傳授之心法，宗吾恐其久而差也，故筆之於書……善讀者玩索而得焉，則終身用之，有不能盡者矣。」

（二）求官做官六字訣

李宗吾說：「我用厚黑二字，把一部二十四史，一以貫之，是爲『厚黑史觀』。」他向權威挑戰，說堯舜禪讓的記述，令人生疑（懷疑是假造的）。此外，他在《厚黑錄》中說：「有人問我：『你這門學問太精深，請傳授一點實用技巧才好。』我問他想做甚麼？

他說『想要做官』。於是我傳授求官與做官六字眞言」：

「求官六字眞言：空（讀四聲，音控。一切都放下，才有空閒時間去求）、

貢（見有隙縫就去鑽營）、

沖（讀四聲，音銃。吹噓自己，四川話叫沖殼子）、

捧（捧吹拍馬）、

恐（找長官的軟處痛處戳一下，馬上得官）、

送（最有效的關鍵就是送禮）。」

「做官六字眞言：空（讀一聲。空洞不作主張，暗藏退路，避免犯錯）、

恭（對長官卑恭諂笑）、

繃（對屬民繃著臉，赫然儼然不可侵犯）、

凶（爲達目的，手段惡霸，露出凶像，人人害怕）、

聾（好官我自爲之，笑罵由他，穩坐不動）、

弄（搞錢。上開十一個字，都是爲此而致力。千里來龍，到此結穴）。」

厚黑學還有「辦事二妙法」：一是鋸箭法，只做一半。二是補鍋法，擴大裂痕立功。

李宗吾認爲：「上天生人，給我們一張臉，而厚即在其中。給我們一顆心，而黑即在其中。」爲了不讓旁人識破，他在結論裡還叮嚀說：「實行厚黑術之際，表面上仍必要糊上一層仁義道德。」他這些毫無顧忌戳穿虛僞面具的話，得罪了當朝不少的大人先生，有

位衛道的官人，就反過來寫了一本《薄白學》唱對台戲，卻是少有人欣賞。

（三）裸說厚黑少傳承

總之，我們如能對厚黑學稍加涉獵，應可增闊視野，至少，你學到如何來識破他人的厚黑伎倆，免得上當。請看一看，有些人的行徑，臉既厚而心也黑，這種人是屬於「只做不說」的一類。但李宗吾把厚黑掛在嘴上，而且確是揭發了人性的陰暗面，以致他對自己的一言一行，都會想到是不是又厚又黑，反而不敢隨便亂來，他這個人就屬於「只說不做」的一類了。因此，厚黑之道，乃是「做得卻說不得」的，這就是厚黑學在表面上缺少傳人的原因吧。

（四）厚黑教主不厚黑

國學大師南懷瑾在四川時，是李宗吾的好友，他認爲李宗吾是位怪才，南大師在他自撰的《歷史與人生》書中說：

「有一次，厚黑教主對我說：『我看你將來會有一番作爲的。我想教你一個辦法，可以很快地成功成名，你只要罵人就行。我就是罵人罵出名的，我罵過蔣介石，罵過多個軍閥。你不用罵別人，你就罵我，罵我李宗吾混蛋，該死，你就會出名……』」

但南懷瑾說自己沒有照做，所以也沒有出名，南懷瑾又敘道：

我在與他分手兩年之後，因我有位朋友死在四川自貢市，我去拜墳上香，花費不少，發覺回程八天的盤纏不夠了。突又想起李宗吾的家就在本地，名氣大，一打聽就有了地址。我在門口一喊，迎出來的正是李宗吾。

他很高興，問道：「你怎麼來了？」

我答：「我來看一位死人朋友。」

李以爲我是打趣他，說道：「我還沒有死嘛。」

我趕緊解釋，不是說他。他邀我進屋，招待我吃飯。我說：「教主，我是無事不登三寶殿。實在是因爲回成都沒有路費了。」

他問我：「缺多少？」

我答：「十塊錢。」

他轉身入內，拿了一包大洋遞給我。我一掂，覺得不止十塊。問他多少？他說：「二十塊。」

我說：「太多了呀。」

他說：「都拿去吧！」

我說：「我還不知道甚麼時候能夠還你啦？」

他答道：「先用了再說，不要計較甚麼時候還錢。」

此後三年，南懷瑾仍沒有還錢。不久，李宗吾就過世了。南懷瑾說從那次借錢之事來看，這位厚黑教主的爲人，不但一絲也不厚黑，反而待人誠懇，面善心慈，是位有德的君子，熱腸的豪士。只不過有些人沒有領悟其深一層的寓意，只膚淺地學著用厚臉皮和黑心腸去闖天下，這可就既損己又害人了。

（五）厚黑至今未衰竭

厚黑之學，流傳於大陸、香港、台灣、日本。日本文人勸堂流所撰、謝宗澤翻譯、台灣先智出版公司二〇〇〇年六月出版的《厚黑學演義》書中，更以專章列舉毛澤東搞文化大革命，鬥死林彪、鬥垮彭眞、劃掉羅瑞卿、逼死劉少奇。又另一章列舉鄧小平打倒四人幫，甩掉「鐵血將軍」許世友、「韓戰英雄」楊得志、「東北王」李德生、解決了「國家主席」楊尚昆、罷黜了胡耀邦、撤換了趙紫陽。可以證明毛鄧兩人都是厚黑術的達人，兩手血腥，實踐了厚黑手段的顯例。

厚黑之風，流行不褪。二〇〇九年五月六日台北聯合報 A10 頁「兩岸」版上，頭條標題用粗黑大字說：「潛伏就是厚黑學」。內容敘述中國大陸的電視連續劇「潛伏」自二〇〇八年首播至今一年多，《羊城日報》評說這部電視劇已當成大家的「職場教科書」，津津樂道其中的「厚黑之學」云云。到二〇〇九年九月九日，華西都市報第一版登載「潛伏」獲得長篇電視劇一等獎，可見厚黑之術，甚受歡迎。

筆者按：李宗吾不是壞人，也沒做過壞事。他撰《厚黑學》應是借古諷今，譏刺那些仗勢弄權的人。他說：「我不過是把他們的假面具摘下來，讓大家觀察到他最眞實的臉面而已。」卻被人扣上「危害世道的學問」「亂世的惡魔書」的帽子，恐怕含有偏見吧？

信卡效用過期，付帳改開支票；
簽名真偽求證，字跡請看綠鈔。

十五　蒲部長簽名，現職原就是部長

美國人通常都只帶少許零錢隨身，而常以信用卡或支票付賬，有時不免發生趣遇，下面便是美國記者 Haberman 和 Johnston 在紐約時報（New York Times）刊出的實例。也由英文讀者文摘在 Personal Glimpses 欄中轉載。

（一）蒲財長支票簽字

美國前財政部長蒲魯明索（W. Michael Blumenthal）偕同好友在加州舊金山市一家名叫貝多芬餐廳裡用餐，餐後，蒲部長拿出信用卡付帳。

那位餐廳老闆包曼（Alfred Baumann）眼尖，指著信用卡（credit card）說：「這卡前天已經過期（expired）了呀！」

這位付帳的顧客，如此疏忽大意，竟然沒有檢查信用卡已經過期，他只好再掏出支票簿來，當場開了一張支票（check），簽名後撕下來付帳。

大概蒲部長乃是初次光臨這家餐廳，而老闆包曼也不知道他的身分，因此問道：「請問這位先生，你有沒有任何證件，讓我比對鑑識一下你的簽名好嗎？」

「啊，只有這種證明。」蒲魯明索一面說，一面掏出一張一元鈔票，指著鈔票右下方印就的簽名說：「不知道這樣子可不可以算得上？」

那張綠色一元美鈔，正面中央是美國國父華盛頓像，右下方印著「財政部長（Secretary of the Treasury）」和蒲魯明索的簽署。包老闆深致歉意，連說有眼不識泰山，哪有比這更眞確貴重的呢？

（二）畢大師草圖署名

筆者按：吃頓飯，不過數十美元，收了部長的簽名支票，大可保存來留作紀念，甚至可以框掛起來供作宣傳。若問爲何要這樣？請參看文國書局出版的《歐美捧腹集》中一則西班牙畫家畢加索（Pablo Picasso 1881—1973）溫馨的簽名趣談：

> 「畢加索找來木匠要做個別緻的櫃子。爲了使木匠明白他的心意，他特別親手繪了一幅草圖，以助了解。問木匠：『你要多少工錢？』木匠說：『我不要一毛錢，只請你在這圖上簽個名字給我就行了。』」

立體派畫之創始者畢氏被譽爲是二十世紀最偉大的畫家，國際知名，也到過中國。他的一幅草圖，都是金玉，連木匠都想留作珍寶，值得我們欣羨。前半篇蒲部長「只有這種證明」一語，不也使我們心領神會地覺得他平易近人且又有點自負的幽默之感嗎？

柯林頓戲言：你好在當初嫁給我，你才能夠成為白宮女主人；
希拉蕊妙答：我倘若那時嫁給他，他也必將選上白宮男主角。

十六　柯夫人答話，改嫁仍將作夫人

美國前總統柯林頓（William Jeferson Clinton 1946—），自一九九三—二〇〇一年，做了八年總統，政績還算不賴。

他的夫人希拉蕊（Hillary Rodham Cliton 1947—），後來被選爲參議員，而且在二〇〇八年還參加民主黨未來總統候選人的競選，原先聲勢頗旺，但決選時以微低的差距輸給歐巴馬（Barack Obama），歐巴馬當選總統後，認爲希拉蕊學驗豐博，言談聰敏，敦請她擔任國務卿（Secretary of State），眞不失爲女中之傑，這是後話。

有一次，柯林頓在總統任上，與希拉蕊兩人一同去參加一場宴會，在會場中不期而遇到希拉蕊以前的男朋友。三人本都相識，寒暄一陣之後，雙方離開。柯林頓豪興升起，忍不住對希拉蕊說：

「還好，你當初做了個明智的決定，選擇嫁給了我，所以你就成了白宮的女主人。」

夫人希拉蕊豈是省油的燈，她毫不猶疑，就借著柯林頓的話意含笑回應道：

「這倒很難預料的嘛。假如當初我改變了決定，竟然嫁給了他，那他也就會成爲今天白宮的主人了呀！」

這是引自美國華盛頓郵報（Washington Times）的妙談。這番答話，並未損及對方的面子，笑談中自己卻也毫不示弱，應是順著對方的話以笑語詼言敏捷回敬的對講高手。

希拉蕊像

希拉蕊（Hillary Clinton）
的另一難得一見的神態

我當鄒平縣長，原是乙亥出生，可諧稱鄒平一害，自行逗笑；
你任章邱邑宰，同為乙亥降世，也當叫章邱一害，借來取嘲。

十七 做官自我諷嘲：鄒平一害

清代王士禎，別號漁洋山人。順治年間進士，死後諡爲文簡。詩文爲一代匠宗，與朱彝尊並稱朱王，風節多有可傳者。著作甚多，其中《池北偶談》（王士禎有書庫名池北，常與賓客聚談，故以名書），包含談故、談獻、談異、談藝等共二十六卷，已列入《四庫全書，雜家類第六》。今引其「謔語」一則如下：

「王完虛，明萬曆進士，好詼諧，初仕爲鄒平知縣。縣與章邱接境。一日，與章令相見，令問足下以何年生？對曰『乙亥』。因問章令，答云：『亦乙亥。』王笑云：『某是鄒平一害，兄便是章邱一害』。」

語譯是：

王完虛，後來官任巡撫，稱爲王中丞。他在明代萬曆年間考取了進士。性好詼諧，初仕時，官任山東省鄒平縣縣長。

鄒平縣與章邱縣接境相鄰，有一天，和章邱縣長見面了，兩人閒談，章邱縣長問道：「足下是何年出生？」王完虛回答：「乙亥。」因反問章邱縣長，回答說：「也是乙亥。」

王完虛突然靈感顯現，覺得這「乙亥」二字，唸來與「一害」諧音，就帶笑嘲謔道：「這樣看來，我是鄒平一害，吾兄就是章邱一害了。」

筆者按：從前的地方官，軍政民刑財稅一把抓，權勢極大，壞官作威作福，貪官搜財刮錢，台灣話也有「做官清廉，吃飯拌鹽」的俗言。由此可見，身爲一縣之長，若心懷歪念，便是害人的惡魔了。時至今日，現任的各等官兒，也該警惕誡慎，好自爲之才是。今茲有鑑於那些嚴肅的正經話，例如宋太祖的戒示「爾俸爾祿，民脂民膏，下民易虐，上天難欺」一類的諍銘，偏於冷語說教，不必多寫。錄此風趣短篇，私意乃是讓大家心情，暫時涼快涼快之餘，仍暗含諷諫之微意焉耳。

民初大詩人徐志摩在《話》的文章中說：

「平常對人說話，也該注意——
一句話可以洩露你心靈淺薄，
一句話可以顯現你思想糊塗，
一句話可以印證你的修為，
一句話可以永留你優美的佳範。」

心到眼到口到：朱夫子倡治學；
馬上枕上廁上，歐大人談構思。

十八　求知傳你要訣：董遇三餘

我們要不要吸取知識，學點技能？答案是當然需要。不管你是對付日常事務，例如下個月想去北歐冰島或南半球澳洲度假，這兩國的氣候與治安若何？要靠知識來判斷。又例如打算選擇職業，學牙醫好，還是當律師好？也須賴知識來決定。這不用多說了。那末，怎樣求知呢？且在這裡引介幾項要訣。

（一）求學有三餘

三國時代，有位董遇，自學不倦，《三國志》卷十三有下列記載：

「董遇，字季直，好學。與兄季中采稻負販（採收禾稻販賣賺錢），而常挾持經書，投閒習讀（隨身帶著書册，有閒就讀），其兄笑之，而董遇不改。建安初，舉孝廉。初時，有人從董遇求學，董遇云：『必當先讀百遍。』又曰：『讀書百遍，其義自見（多讀自然就知曉其含義了）。』從學者云：『苦渴無日（無有多餘時間，深感痛苦）。』董遇言：『當以三餘。』或問三餘之意（有人問三餘是何含意）。董遇言：『冬者歲之餘，夜者日之餘，雨者晴之餘也。』」

這段「三餘」的勉勵警語，是說要多方利用各類餘暇時間。在從前農業時代，春耕夏耘，秋收冬藏。冬季是一年歲暮之尾季，天寒地凍，是休憩之末季，此時正好利用這一歲之殘時來讀書，這是第一餘。再者，白天有多事待理，晚上每想休息，若能夜以繼晝求知，這便是第二餘。還有，晴天必有正規工作，遇雨可能被迫停止，倘使利用雨天來進修，這便是第三餘。三餘廣爲利用，學識必將大進。

以上是爭取求知的時間，我們每個人每天都擁有一千四百四十分鐘的時間，只看你如何去支配運用。

（二）讀書有三到

至於求知的方法，這裡也引介一項「三到」之訣。宋代朱熹《訓學齋規・讀書寫文之四》中說：

「余嘗謂讀書有三到，謂心到、眼到、口到……三到之中，心到最爲緊要。」

後來有人認爲親手抄寫，查翻古書及字典也是必要，就加增手到一項，成爲四到，使心眼口手並用，讀書可以成通儒，寫文章也可成熟手。

（三）構思在三上

歐陽修就告訴我們甚麼時候來構思文章，以及設想全篇之佈局，他在《歸田錄序》（列入四庫子部小說家）中自述說：

「……余生平所作文章，多在三上，乃馬上、枕上、廁上也。……」

歐公說得坦白而率眞，當他騎在馬背上徐行，睡在枕頭上迴想，坐在馬桶上沉思，都會獲得靈感，助長文思。我們看到了，聽到了，知道了，也當有所啓發吧。

歐陽修又說：「文貴三多：看多、做多、商量多。」他寫好文章後，就先貼在墻上，坐下來看，站起來看，發現不妥處就改。夫人戲問他：「是不是怕塾師先生打手心？」歐公笑答：「不畏先生嗔，卻怕後生見笑！」

半個世紀前，在北京，有位大衆熟知的文人叫鄧拓（一九一二—一九六六），原名馬南邨。他識見廣博，看事透徹，文筆雄健。自一九六一年起，就連續在「北京晚報」上開闢《燕山夜話》專欄，發表評論。後來輯印成書，共有五集。但他觸怒了毛澤東的酷妻江青，構陷成文字獄，硬把他以及吳晗廖沫沙迫害，鄧吳冤死，這是後話。鄧拓認爲歐陽修「三上」很對，曾在該書第二集末篇中介紹。又這「三上」另可見於宋代董芬《閑燕常談》書中，可見受到多人的認同。

「三餘」是多找閒暇，「三到」是善用感官，「三上」是廣供構思，「三多」是修飾文章：對惜時、求知、作文、講話，都有大助。

（四）君子有三患

有才德的人士，內蘊充盈之後，就該外發爲行動，做點對他人、對大衆、甚至對國家社會有益的事（如果只是爲己圖利，那是有才而缺德）。請參看《禮記・雜記》的戒言：

「君子有三患：未之聞、患弗得聞也。既聞之，患弗得學也。既學之，患弗能行也。」

意思是：尚未見聞的事，耽憂聽不到見不到。等到聽了見了，又耽憂學習不精。直到學成了，又耽憂不能實踐。

（五）三年不窺園

勤於求知的學人，還有一位模範生是漢代官任博士、被尊爲醇儒的董仲舒（元前一七九—前一〇四）。他專心治學，終日閉門苦讀，長達三年之久，足跡從未步入庭園。《史記卷一百二十一・儒林》有他的傳記，《漢書・董仲舒傳》也說：

「仲舒、少治春秋。孝景帝時爲博士，下帷講誦……蓋三年不窺園，其精如此。」

董仲舒精通《春秋》，撰有《春秋繁露》十七卷，是勤學有成的好榜樣。元代監察御史祖常「壯遊詩」咏曰：「三年不窺園，自謂五經笥。」

由此看來，求學當然是必要的，但雖有學識，仍只能算是手段，它的目的爲何？乃是在實際發生躬行力踐的效用。小的效用是自己的志業成功，大的效用則是造福群倫，普惠大衆，你就是一代偉人了。

「何謂君子？君子有其言，而無其行，君子恥之！」

——漢・劉向《說苑》卷十六・說叢

酒以成禮應該拜，偷是違禮毋須拜；
惶悚悖怯汗如漿，惴慄恍惕不敢汗。

十九　該拜不拜鍾毓鍾會禮儀各別

飲酒之前，要拜或不要拜？緊張之際，冒汗或不冒汗？都各有妙語解釋，隨人而異，且都言之成理，足見語言表達是一門大學問，故爾錄供賞鑑。

（一）拜或不拜，兩都合禮

東漢之末，有位鍾繇（一五一—二三〇），字元常，累官尚書、僕射。到三國時代的魏國，進封爲太傅。他長於書法。唐人張懷瓘集錄古今書體，評定品第，撰有《書斷》，稱譽鍾繇爲「隸行入神，八分入妙（小篆與隸書之合體叫八分）。」列爲極品。

他有兩個兒子，大的叫鍾毓，小的叫鍾會。大凡男孩在幼小時，總難免有些調皮。某一天，父親鍾繇正在客廳午睡，兩個小孩便趁機偷嚐那祖先神龕下大櫃裡的藥酒。

這時鍾繇已經覺醒了，還未起身，瞥見這兩個小把戲行動鬼祟，便暫且假裝仍在睡覺，不動聲色，祇微微睜著一線眼縫，瞧瞧這兩小究竟在耍甚麼花樣。

他倆攊上兩個小酒杯，各倒入少許藥酒，準備品嚐。飲前，只見哥哥鍾毓，先行拱手拜揖之後才開始喝酒。弟弟鍾會，卻不拜揖行禮，逕自擎杯就喝，兩人表現不同。父親鍾繇，感到怪異，就起身呼喚兩個兒子近前，先問大兒子爲甚麼先拜而後喝酒？

鍾毓（？—二六三）說：「醳酒乃是正規儀典裡祭天祭神、獻爵獻醻禮節中的一大項目，我要遵禮，所以不敢不拜。」

父親又問小兒子爲甚麼不拜就逕行喝酒？

鍾會（二二五—二六四）答道：「偷酒本就不對。我們只是好奇，想要嚐新品味。行爲已經不合於禮儀了，所以我不必拜揖。」（大兒有些拘謹，小兒顯露黠慧）

這是依據《三國志集解・卷十三・鍾繇》附傳鍾毓的小字增注，以及明・蕭良友《龍文鞭影》初集・卷上「毓會竊飲」而演繹，原文是：

「鍾毓、鍾會，鍾繇之子也。小時，值父晝寢，因共偷飲藥酒。其父已覺，姑託寐以觀之。毓拜而後飲，會飲而不拜。其父異之，召二子來前，問毓何以拜？曰：酒以成禮，不敢不拜。問會何以不拜？曰：偷本非禮，所以不拜。」

這就難分軒輊了，因爲：先拜是遵禮，偷飲已違禮；各人都有理，兩者沒法比。

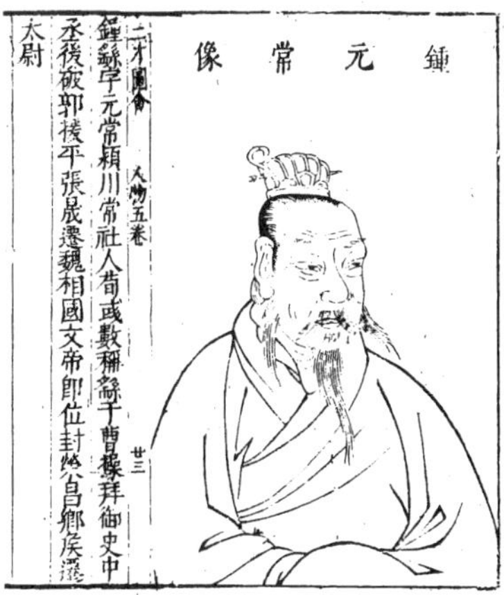

鍾繇，字元常

（二）出不出汗，各有高見

小孩總會長大。盧弼《三國志集解》記載，鍾毓後來官任都督，鍾會後來官任司徒。但他倆在要大不大年歲中，又發生一樁兩不相同的生趣答詞如下：

鍾毓鍾會兩兄弟，從小就很出名，年齡還只有十三四歲時，魏文帝曹丕（他篡奪了漢室江山，行事果斷）都聽聞其名了。有一天，魏文帝對鍾繇（鍾毓鍾會的父親）說：「可以叫你那兩個兒子來見見我！」

皇帝召見，哪敢怠慢？兩個少年遵旨趕忙前來覲見了。在御座之前，鍾毓情緒緊張，心跳急速，大若是沉不住氣，臉上大冒汗珠。魏文帝問道：「你臉上為何出汗？」

鍾毓回稟道：「叩見皇王，悚悚惶惶，唯恐犯禮，汗出如漿！」

魏文帝轉頭再看鍾會，臉上全然無汗。帶疑問道：「你爲何毫不出汗？」

鍾會奏道：「皇威怵惕，戰戰慄慄，毛孔緊收，汗不敢出。」

以上這段，請對照南朝宋・劉義慶《世說新語》言語第二；或：明・曹臣《舌華錄》穎語第十六的原文：

「鍾毓鍾會，少有令譽。年十三，魏文帝聞之，語其父鍾繇曰：可令二子來。於是敕見，毓面有汗。帝曰：卿面何以汗？毓對曰：悚悚惶惶，汗出如漿。復問會，卿何以不汗？會對曰：戰戰慄慄，汗不敢出。」

兩人都有釋語，各有說詞，誰最怕？誰不怕？誰能判斷？有道是：哥哥出大汗，弟弟不出汗，出汗與不汗，很難定好壞。

（三）或倨或恭，因人而異

該拜或不拜的歷史事例，不但只是小孩，大人也有。國子博士徐曠便是：

隋末唐初，有位徐曠，字文遠，博通五經，官任國子博士。隋末時代，群雄紛起，李密（五八二—六一八）擁兵數十萬，被推舉爲王。徐曠爲李密部下俘虜了，押到李密座前，李密很尊敬他，請徐曠南向坐定，李密用學生見老師的禮節來拜見他。徐曠道謝說：「前些時候，我曾經將先王之道教導於你，今日你已擁兵百萬，威振海內，但你還能夠禮敬我這個孤老士人，你的品德和修爲，實在值得稱道了。」

後來李密被自立爲帝的王世充（？—六二一）打敗，王世充也要借重徐曠的才能，徐也只好暫時屈服於新環境之下。

徐曠每次見王世充，都正式的屈膝彎腰行跪拜之禮。他的好友生疑，問他道：「你以前見李密時，每每可以傲慢地踞坐著，伸張兩腿，隨便向李密回話。但如今你見王世充，卻每次都屈節行大禮，不敢馬虎，爲甚麼呢？」

徐曠解釋說：「這要看對象是何等人呀！那李密是個君子正人，胸懷寬廣，有似漢王劉邦（前二四七—前一九五），那劉邦能接受平民布衣酈食其（前？—前二〇三）的拱手長揖就夠了，所以我見李密，不必拘束於禮節。但是，王世充卻是個卑鄙小人，胸懷狹陋，不肯包容；你若稍有疏慢，恐怕就會有殺身之禍。因此這得斟酌對手品格之高下而採取不同的作爲，才可以明哲保身呀！」請參閱歐陽修《新唐書》卷一百九十八，列傳第一百二十三所述：

「徐曠，字文遠。博通五經。爲李密所得。密使文遠南面坐，備弟子禮拜之。文遠謝曰：前日，以先王之道授將軍，今將軍擁兵百萬，威震四海，猶能屈禮老夫，此盛德也。密敗，復爲王世充所得。文遠見輒先拜。或問：君踞見李密而下王世充，何耶？答曰：李密、君子也，能受酈生之揖。王世充、小人也，無容故人義，相時而動可也。」

此事又見於《舊唐書》卷一百八十九、列傳第一百三十九。徐曠的答語，透析扼要，或倨或恭，咸中肯綮。我們一生也會接觸到若干端士或劣民，看罷此篇，該有啓示。

（四）爲何要拜？哪可行禮

第一段提到小孩偷偷飲酒，該拜不拜？無獨有偶，《世說新語・卷上之上・言語第二之第四則》中又有一相似之事：

「東漢孔融、字文舉，有二子，大者六歲，小者五歲。晝日，父眠。小者床頭盜酒，飲之。大兒謂曰：何以不拜？二兒答曰：偷、哪得行禮？」（又見於《龍文鞭影・初集・卷上》，文字相同）

有道是：說話由他胡謅，聽來有理才受，不管年老年幼，只問有無深度。

「昨日本有，我心卻無；今日本無，汝心卻有」；對美妓陪酒，修持互見高下；「一刻之前，吾已放下；一刻之後，你還揹著」；助少女渡河，禪悟各顯淺深。

二〇　有妓無妓程顥程頤感受不同

這裡介紹兩段頗具深度的談話：其一是兩位道學先生，遇到美妓陪酒，各人反應不同。其二是大和尚師父揹少女渡河，小沙彌心生疑慮，師徒正反對話。兩者都可當作趣賞，也可作爲啓示，就看你如何去體會。

（一）座上有妓，心中無妓

先請閱明代鄭瑄《昨非庵日纂》「汪度」（汪是廣大，度是氣量）章所記：

「兩程夫子赴宴，有妓侑觴。伊川拂衣起，明道盡歡而罷。次日，伊川慍猶未解。明道曰：『昨日座中有妓，吾心中卻無妓；今日齋中無妓，汝心中卻有妓。』伊川自謂不及。」

這是說：宋代有兩位道學夫子，倡講性命義理之學，一位是程顥（一〇三二—一〇八五），曾向宋神宗講述正心窒欲的要義，尊爲「明道先生」。另一位是弟弟程頤（一〇三三—一一〇七），也曾向宋哲宗進講應以聖人爲師，世稱「伊川先生」。既然要正心窒欲，尊禮聖哲，這二程定然都該是端莊嚴肅，謹守「非禮勿視，非禮勿聽，非禮勿言，非禮勿動（見《論語・顏淵篇》）」的教條的吧？卻也並不盡然，請看下面的語譯：

有一天，他倆同時應邀去參加一場宴會，哪知席間竟然有美妓出場陪酒。弟弟程頤覺得這樣不成體統，登時拂袖離席，提前回去了。哥哥程顥卻隨和無所謂，留了下來，直到席終盡興才散。

第二天，兩人在書房中。弟弟伊川先生，還記掛著昨天美妓的事，臉上仍然露看不愉悅的慍怒之色。

哥哥明道先生察覺了，因特爲開導解釋說：「昨天，在宴會上，座中雖有妓，但我心中沒有妓（我有免疫力，不會沾惹我）。今天，在書齋中，屋裡沒有妓，但你心中卻有妓（你還放不開，仍舊纏著你）。要知道，昨天這番遭遇，等於是給我們一場考驗，你爲甚麼到今天還不能夠看破放開呢？」

弟弟伊川先生程頤聽罷，驀然一驚。才知道自己的定力和修爲，確實還及不上老哥哥明道先生程顥。暗中叫聲慚愧。

這段逸事，也見於明代曹臣《舌華錄・慧語第一》的「明道伊川」

程顥圖（三才圖會）

程顥圖（三才圖會）

條，原文是：

「明道伊川兄弟同赴一席。頤見座中妓，即拂衣去。獨明道與飲盡歡。明日，明道過伊川齋，伊川猶有怒色。明道笑曰：『昨日本有，心上卻無；今日本無，心上卻有』。」

這段文字，描繪得簡潔精練，尤其那「昨日本有，心上卻無；今日本無，心上卻有」四句話，最是高妙，傳神極了。

（二）一時之前，我已放下

各位讀者倘若意猶未盡，請再看佛經中的另一個故事，寓意略同，譯請續賞：

「老和尚帶著徒弟小和尚，兩人一路下山去化緣。經過小河邊，見到一位姑娘，想要涉水渡河。但因河水湍急，讓她害怕而致踟躕不前。老和尚慈悲爲懷，助人爲善，便揹著她渡河。之後，師徒二人繼續上路，走了一個多小時，徒弟小和尚忍不住請問老和尚道：『師父平日告誡弟子我，不可接近女色，今天師父你爲甚麼還要揹著那位姑娘渡河？』老和尚曉諭他說：『師父一個時辰之前，已將她放下了，爲甚麼你到現在還揹著她呢？』」

美妓困惑了伊川先生，少女困惑了和尚徒弟，大概都由於思想尚未開竅，致使心情受到攪擾，此刻及時聽到了明道先生的悟語，與老和尚的法言，掃清了陰霾，破除了蒙蔽，直如醍醐灌頂，撥雲見日，其效偉哉！

一試豈能酬我志，此行聊慰白頭父；
不道珠江行役苦，祇憂博浪椎難鑄！

二二　黃克強指傷由徐宗漢簽字

黃興與孫文，同被尊爲「開國二元勳」。「孫氏理想，黃氏實行」，黃氏是位革命的實踐家，尤以他領導的廣州「三二九」之役最爲壯烈。

（一）三二九廣州之役斷指

黃興（一八七二—一九一六），字克強，寓「興我中華，克服強暴」之意。湖南善化人，曾留學日本。參加革命後，指揮多次起義之役。一九一一年，克強暗中佈署在廣州起義。但密運多次多批槍械時，爲滿清奸細偵得風聲，清軍展開戒備搜查行動。情勢緊急，總司令黃克強因決定提前於農曆三月廿九日（那時採用陰曆，推算陽曆爲四月廿七日）舉事。他親率革命同志，身先士卒，直攻廣州總督衙門，擊

陸軍總長兼參謀總長黃興

斃大門衛隊管帶金某，衝入二堂續斃十多人，同志也犧牲了杜鳳書、黃鶴鳴等三位。直闖內進，發覺總督張鳴岐不在，乃放火燒衙，又轉往市區南天門進擊。

這時敵我展開激烈巷戰，清廷水師提督李準的部隊趕來增援，黨人被迫沖散，同志林時爽頭部中槍斃命，黃興在戰亂中右手不幸中彈，斷了食指及中指。

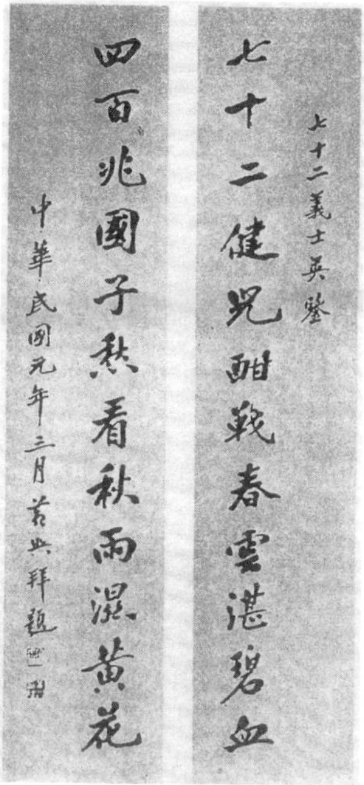

黃興墨跡　七十二義士英鑒：七十二健兒酣戰春雲湛碧血，四百兆國子愁看秋雨濕黃花。中華國民元年三月黃興拜題

此役被捕的同志，如林覺民、方聲洞、喻培倫、李德山、李雁南、宋玉琳、饒國樑、羅仲霍、饒輔廷、陳更新、程良、石經武、李文甫、陳與燊、周增、羅培等同志，都視死如歸，壯烈殉國。事後集得遺骸七十二具，由黨人潘達微收斂，合葬於黃花崗（原紅花岡改名），浩氣長存，光昭萬古。于右任撰詩云：

「黃花岡下路，一步一沾巾；恭展先賢壠，難爲後死身。
當年同作誓，今日羨成仁；採得雞冠子，殷勤寄故人。」

吳稚暉也寫了《黃花岡薤露歌》曰：

「……黃花落，黃花開；花開花落年年在，斯人一去不復回！」

（二）徐宗漢陪同送醫簽字

黃興斷了兩指，傷處十分痛苦。他乘一小船，自廣州到了香港，與同志趙聲相見，抱頭痛哭。嗣後女同志徐宗漢來了，見狀大驚，帶著黃興往香港雅麗士醫院動手術醫治。按照醫院慣例，需要家屬在手術志願書上簽名，因此只好由徐宗漢權宜假充妻子簽字，由此後來結爲夫婦。

隔了半年，辛亥武昌起義，黃興又擔任總司令，革命終於成功，民國政府成立，黃興乃是開國首功，因他少了兩根手指，故譽爲「八指元勳」。

（三）革命起義大都由黃興主導

以上所述，是依據歷史學家吳相湘《孫逸仙先生傳》第二十一章廣州三二九行動而記的，大致沒有離題。另外吳相湘《民國百人傳》第二册「開國元勳黃興」篇中「酣戰春雲湛碧血」一節中也述及此事：

「黃興，字克強。縣考上榜前，有詩句云：『一試豈能酬我志，此行聊慰白頭親』之句。一九〇三年，組成『華興會』，爲同盟會之原動力。革命起義十次，大都由他主導。一九一一年四月二十七日廣州之役，即農曆辛亥三月廿九日，當時採用農曆，故史稱三二九之役。黃興進攻總督衙門，被流彈射斷食指中指。幸而脱險，往香港療傷後，有詞句云；『不道珠江行疫苦，祇憂博浪椎難鑄』以勵志。」

黃興歿後，他的勳功偉績，似乎被人淡忘了。自古英雄多寂寞，不禁悵然久之。

兩陣交兵，我敢挑戰呂布；
三人鬥嘴，你竟只說鬍鬚。

二二 于右任髯美請黃季陸解圍

黨國名人黃季陸，四川人，留學返國，即追隨國父孫中山先生。他有《黃季陸先生懷往文集》行世，其中爲于右任長髯以妙語解圍一事，頗爲有趣，其經過是：

（一）美髯也會惹笑談

于右任先生的長髯是他的一大特徵，亦常常被人們作爲談話的資料。抗戰初期，一群老朋友、老同志們在湖北漢口有一次聚會，大家在閒聊之際，竟然說起譏刺鬍子的笑話來，還接連說了好幾個，弄得寬宏大量的于先生亦微有慍意。

黃季陸先生說：他見我在旁，就要我替他解圍。對我說：

于右任

「老弟，他們都在挖苦我。你的口才好，說個故事替鬍子出口氣吧！」

在他的鼓勵之下，我只好勉力從命，我說：

（二）小劉關張三鬥嘴

三國時代，劉備、關羽、張飛義氣干雲的故事，早已家喻戶曉，到今天似乎已經不新鮮了。至於有關他們下一代的故事，卻知者不多。我要說的就是劉備的兒子劉禪、關羽的兒子關興、張飛的兒子張苞，他們三人之間所發生的故事。

時間是老一代的英雄謝世以後，劉禪、關興、張苞來到他們父親結義的桃園老地方。爲了加強團結，他們亦效法先人結爲兄弟。拜畢天地以後，免不了坐下來閒談，他們自然是不能忘記英雄一世的父親的。於是劉禪首先發言：

「想當年，我父親在虎牢關三戰呂布，飛舞雙股劍，威風八面，天下無敵……。」

張苞很不服氣，打斷劉禪的談話說：

「那不算好本領，俺老子張飛，只須大喊三聲，就把長坂橋前的八十三萬曹操大兵嚇退了！」

關興不甘示弱，說道：

關公像
（明代刻石）

「別的且不說，我父美髯公，誰個不知，哪個不曉……？」話還沒說完，關公英靈從天而降，啪！啪！啪！接連給關興三個耳光，高聲罵道：「人家的兒子都記得他老子的豐功偉蹟，你卻只記得老子的鬍子！」

于先生聽後，掀髯大笑。

（三）元老報人、監察之父、桂冠詩家、草書聖手

筆者按：于右任（一八七九—一九六四）陝西三原人，清代舉人。在民國成立前後，多次辦神州日報、民呼日報、民吁日報、及民立報，他是元老記者、元老報人。又他擔任監察院院長爲時達三十三年，譽爲監察之父。又特擅詩詞，有《半哭半笑樓詩草》，爲張維翰、胡秋原、許君武等所推崇，且榮獲「桂冠詩人」雅號。又他出版《標準草書》的成就，日本人稱他爲「草聖」。

（四）被裡被外

但也有小趣流傳。據說有人請問于右老：「您的美髯這樣長，不知當睡覺時，是將長鬚留置在被子上呢？還是納入到被子下呢？」右老以往對此事未曾在意，經人一提醒，睡覺時竟然陷入兩難了。弄不清被上被下哪個較佳，反而不能成寐。

總之，于右老之風範，令人忻慕。

附記：另有一鬍鬚逸事。《兩般秋雨盦隨筆》說：「清代陳太僕兆崙年逾耳順，鬚尚全黑。裘尚書曰修戲之曰：「吾公之鬚，可謂蒙不白之冤矣。」這也當是妙語。

長文久看心情壞，鬱結填胸難自在；
今且撤除大鮑鍋，端來幾碟清涼菜。

二三　歷代笑談聊供解悶

我國笑話，歷史久，著作多，如後漢邯鄲淳的《笑林》、晉代陸雲的《陸氏笑林》、隋代侯白《啓顏錄》、唐代朱揆《啫噱錄》、宋代高懌《群居解頤》、蘇軾《艾子雜說》、范正敏《諧噱》、呂居仁《軒渠錄》、朱暉《絕倒錄》、周文玘《開顏錄》、徐慥《漫笑錄》、邢居實《拊掌錄》。元代仇遠《稗史志詼》、佚名《笑林藝海》。

明代王世貞《調謔篇》、姚旅《露書諧篇》、劉元卿《應諧錄》、徐渭《諧史》、郭子章《諧語》、浮白齋主人《雅謔》、郎瑛《奇謔篇》、江盈科《談言》、郁履行《謔浪》、鍾惺《諧叢》、趙南星《笑贊》、馮夢龍《笑府》、佚名《諧藪》《明笑林》《噴飯錄》。

清代陳皋謨《笑倒》、張貴勝《遣愁集》、趙恬養《增訂解人頤》、獨逸窩退士《笑笑錄》、遊戲主人《笑林廣記》、俞樾《一笑》、小石道人《嘻談初錄》等等。

笑話裡須要揷入生動雋永的「對話」，才可愉悅吾懷。既要開心，也能解悶；不但微哂，也將大樂；既會諷世，也當警俗；任你捧腹，由他噴飯，這才過癮。讀者諸君子在瀏覽一些正經的大文之餘，難免偏枯乏味，感到疲累。本篇特引錄若干幽默趣談，請欣賞那些精敏的話句，以爲調適舒解之助。不必全覽，跳閱也行。

一、你祖是我孫——甲乙二人，不相識。甲問乙姓，乙曰「孫。」乙因回問甲姓，甲說「不敢。」乙曰：「問君之姓，君何過謙？」甲固稱不敢，乙固問之，甲答曰「祖。」乙始悟其以姓爲戲也（我是你祖，你是我孫）。因回應曰：「此亦何傷乎？君祖我孫，我孫君祖（你祖父是我孫，我的孫是你之祖）而已。」《捧腹錄》

二、兩位夫子，一部春秋——名儒徐老師，文章詩賦，倚馬萬言。時縣中建一孔子關公合祠，欲撰對聯，因孔關兩位聖人志業不同，苦難措詞，乃請於徐老師。徐當衆大書上聯曰：「孔夫子，關夫子，兩位夫子。」觀衆厭其文句太俚俗，且曰：「這樣鄙語，人人能寫。」徐老說：「語固鄙俗，諸君大才，還請對出下聯。」群衆搜索枯腸，卒瞪目無以應。徐老帶笑續書下聯曰：「刪春秋，讀春秋，一部春秋。」衆乃歎服。《遣愁錄》

三、另挖一個太湖——宋代王安石爲宰相，行新法，大講天下水利，甚至有願乾太湖，云：可獲良田數萬頃，但湖水無地可納。人皆笑之。某日，王與客談話，又語及之。時劉貢父學士在座，對曰：此易爲也。王大喜，問曰：有何良法？貢父曰：「只要在太湖旁另掘一新湖納水即可矣。」滿座大笑。《秋暉錄》。此事另有一說：王安石爲相，大講天下水利。一人獻策曰：「決梁山泊八百里爲田，其利大矣。」王安石大喜甚，沉思曰：「湖水何地可容？」適劉貢父在座，曰：「在旁鑿八百里容之可矣。」《諧謔錄》。又見於宋代張來《明道雜志》及近代鄧拓《燕山夜話》。

四、角不角和瓜不瓜——一村學究在家設學塾授徒，有二學生，一眇左目，一眇右目。二人同讀《論語・雍也第六》章，至「齊一變」一節之下，學究外出，二眇生忽然大吵。師母出問何事？一眇生曰：此句明明是「角不角，角吉角吉。」他堅決讀成「瓜不瓜，瓜戈瓜戈。」師母找書一看，笑道：「汝二人各憑一目所視，看偏了，該句原文，本是「觚不觚，觚哉觚哉」呀。」《噴飯錄》

五、誰像你這樣小氣——有一對年輕夫妻，閨房十分恩愛。兩人約定，每次敦倫親熱之後，丈夫就拿出一百元鈔票塞入床頭旁的撲滿盒窄縫口裡，以作交待。如此這般，到了年底，覺得鈔票快塞滿了，兩人同意開啓盒蓋清點一下成果。只見除了一百元鈔之外，還有五百元的，及一千元二千元的大鈔也不少。丈夫詫異問道：「我每次只塞進一百元，怎還會有五百一千二千的鈔票？」妻子回答說：「別人出手都很大方，誰個像你這樣小氣！」《茶餘飯後集》

六、孔子弟子冠者幾人——北齊神武帝時的石動筩，曾於國學太學堂中，見有博士論文云：孔子弟子，通達六藝者七十二人。因問曰：七十二人中，幾人已成年著冠，幾人未成年還未著冠？博士答：經書未載，不知。石動筩曰：已冠者三十人，未冠者四十二人。博士問：據何經典？石答道：「論語先進第十一章云：『冠者五六人』，五乘六得三十；又說『童子六七人』，六乘七得四十二；三十加四十二，其和正是七十二人嘛。」坐中皆大笑。（明・曹

臣《舌華錄》諧語第七）

七、匾上刻的甚麼字——甲乙二人近視，卻都誇目力極好，難分高下。正逢一富家第二天要在大門外門楣上高掛新匾。兩人約定次日中午在門前碰面，誰能看清匾上文字，誰就是贏家。但兩人都憂心匾高字小，看不清楚。甲在先天夜裡，私下從製匾店家打探到匾上的正文，乙更打探到上下款的小型字。第二天會面了，甲遙指門頂說：匾上刻的是「積善之家」四個字，很清楚嘛！乙說：看清大字有何希奇，我還看到右邊的上款，是「朱府君昌楚大善士」，還漆成了金色。甲不信乙，扣門請問主人。主人說：「文字倒是不錯，但因金粉尚未乾透，今天還沒有掛上去。」（清・崔述《考信錄》卷上）

八、三教教主都是女人——唐憲宗生辰，伶人李可及登台演戲，自稱博通三教，無所不知。演員甲問：「佛教教祖釋迦如來是何人？」李答：「是女人。君不見《金剛經・法會因由分第一》說『敷坐而坐』。如果不是女人，幹嘛要說丈夫請坐（敷坐）再要兒子也坐（而坐）呢？」演員乙問：「道教教宗太上老君是何人？」李答：「也是女人。請看《老子道德經，第十三章》他說『吾有大患，爲吾有身』，這不是說我有大災患，因爲我肚中有娠（有身）懷孕了嗎？」演員丙問「儒家孔聖是何人？」李答：「當然仍是女人。孔聖人自己在《論語・子罕》篇中說『沽之哉，我待賈者也』，他自稱是個待嫁（待賈）的人。如果不是女人，爲甚麼要等待出嫁呢？」（唐・高彥休《唐闕史》李可及戲三教篇，又見明・陸楫《古今說海》卷一百二十五）

九、南無唸納摩——有位高僧，兼通儒理。一天，唸《阿彌陀經》，將「南無阿彌陀佛」句中的「南無」唸成「納摩」。被一位秀才聽到，說：「明明是『南無』，你唸成『納摩』，錯了。」高僧答道：「這就正像你們儒士把《大學・右傳之三章》書中的『於戲、前王不忘……』的『於戲』唸成『嗚呼』是一樣的理由呀！」兩人辯論不止，僧人不想抬槓，讓步說：「好了，不必多爭了，等你哪一天唸『於戲』本音的時候，我就也直唸『南無』本字好了！如果你繼續『嗚呼』，那貧僧也只好一直『納摩』呀！」（清・黃協塤《鋤經書舍零墨》僧諺條）

上段讀錯字音的趣談，另外還有一例：有位家庭教師，月初開始教書。他教《大學》教到「於戲，前王不忘」句時把「於戲」二字，照本音唸成「餘係。」學生家長說：「錯了，應該讀『嗚呼』才對。」到了月底，教《論語・鄉黨》「鄉人儺」時，那注解中有「儺雖古禮，而近於戲」之句，這位老師就把「於戲」讀爲「嗚呼」。家長糾正說：「又唸錯了，應讀『餘係』才是。」老師怒道：「你這家長眞太囉嗦，老是變來變去。這『於戲』兩個字，月初要讀『嗚呼』，到月底又要讀『餘係』，爲何這般彆拗？」（宋・朱暉《絕倒錄》）

十、鑰匙還在——有位讀書士子，赴京城去參加吏部任官的銓選。不小心那裝有錢物的皮箱被偷走了。士人慶幸地說：「還好！小偷雖然偷走我的皮箱，但他不能得到任何東西。」旁人問他何故？他解釋道：「你看，鑰匙還掛在我的衣帶上沒丟，小偷怎樣來打開我的皮箱呢？」（唐・張鷟《朝野僉載》，又見：清・獨逸窩退士《笑笑錄》偷袋）

編者按：好的笑話，要雅、要精、要短；不可粗俗，毋須冗長，避免誨淫誨盜。其用意要能引起讀者會心一笑，發揮其調適的效用。因此，最好能符合下列幾個條件：

第一、要含蓄——東漢孝子董永，賣身葬父，感動了玉帝，遣一天上仙女嫁之。天庭中其他衆仙女送行時，囑託道：「仙姊此去凡世人間，若遇到另有行孝者，千萬寄個信來給玉帝知道。」（晉・干寶《搜神記》）

第二、要意在言外——酒徒被邀赴宴，對主人說：「寒夜客來茶當（酒），新春共飲屠蘇（酒）；主人如此慷慨，小民夫復何求。」他就是要喝「酒」。《笑談》

第三、借力使力，製造笑果——昔時，墳墓前的石人銅人叫翁仲。蘇州通判（官名）某君，寡學，不識翁仲，誤唸爲仲翁。有人嘲之以詩：「翁仲如何作仲翁，讀書全未下夫功；想來難以充林翰，只好蘇州作判通。」《嘻談初錄》。另有一例：清初、某國子監祭酒，出試題時，將雕弓（刻花紋的弓）寫成了弓雕（弓上的花紋）。有太學生寫倒字詩嘲笑他說：「雕弓難以作弓雕，如此文才欠致標；若使是人爲酒祭，算來端的負廷朝。」近人李屹之《語林趣話全集》「諷嘲篇」」

第四、要出人意表——女作家蘇青，俏皮的把《禮記・禮運》「飲食男女，人之大欲存焉」，重新斷句爲「飲、食、男，女人之大欲存焉。」（二〇〇八、十一、三、聯合報、副刊版）

第五、透露心底眞話——一位新縣官到任，問屬吏曰：「當官何時可以污錢？」答曰：「頭年心要清廉，二年一半清廉，第三年大可貪錢。」新官嘆道：「教我如何熬得到

第三年？」《絕倒錄》

第六、要餘意不盡——明代祝允明，字枝山，玩世不恭。有一老先生新娶二妾，請祝枝山命名，祝取芳名爲「忠娘」「孝娘」。旁人問何謂也？祝釋曰：「忠當竭力，孝則盡命。」（對忠娘要竭用全力，對孝娘應盡量拚命。請體會文餘之意。）《明笑林》

第七、要似是而非——一老翁、頭髮轉白，叫妻拔掉。妻一審視，白的太多，拔不勝拔，乃將黑的拔去。拔完後，老翁照鏡，見只剩白髮，罵妻不該。妻反問曰：「難道不拔去少的，反而要拔掉多的？」《笑林藝海》

第八、可以藉詞巧釋——周瑜與諸葛亮鬥智屢輸，歎道「既生瑜，何生亮（上天『既』然『生』下我周『瑜』，爲『何』又要『生』下諸葛『亮』來勝過我）？」有人出個謎題：「周瑜和諸葛亮的父親各是誰？」答案竟然是：「周既」生周瑜，「諸葛何」生諸葛亮。《軒渠錄》

第九、自己認爲很有道理——有位妙士，一天外出，途中突然遇雨，妙士仍然安步緩行。有人問他：「下雨了，爲何不快速走避？」妙士答曰：「你看到沒？前面也在下雨，急走何益？」（清・獨逸窩退士《笑笑錄》「徐行雨中」條）

第十、要出其不意——有一窮書生，下雪時只穿夾衣。路人問他：「如此嚴寒，怎麼還只穿件夾衣？」書生答道：「單衣更冷。」《諧謔錄》

十一、纏夾不清——太太叫先生到廚房裡去拿一罐白糖來。先生在廚房裡找了半天，回來說一直找不到。太太說：「怎麼會找不到？就是那個原來盛咖啡的茶褐色瓶子，瓶身

貼著「味精」紙條的，瓶裡裝的就是白糖嘛！」《羊憶蓉隨筆》

十二、好心出主意——魯人有執長竿入城門者（有一山東省人，手擎長竹竿進城），初豎執之不可入，橫執之亦不可入，計無所出（在城門前，先豎拿著竹竿進不去，橫拿也進不了，不知如何是好）。旁有一父老曰：「吾雖非聖人，但見事多矣，何不鋸中截而入（我雖不是聖人，但世事也見得太多了。你何不將竹從中鋸斷成兩截，不就可以入城了嗎）？」遂依而裁之（那人大悟，依言鋸斷，順利入城）。《邯鄲淳・笑林・長竿條》。此外，同這《笑林》裡，還另有內容略異之同一故事，也宜錄如下：魯國一鄉下愚公，持一長竹竿欲入城。初橫執之，不可入。既豎持之，亦不得入，計無所出。城門樓上有一智叟見之，告鄉人曰：「吾雖非聖人，然見事亦多矣。君何不將長竿豎起擎高，由我自城樓上接持，汝但空手入城，余當自城樓外邊豎擎到城樓內邊，再降遞與汝，何如？」鄉下愚公大喜，曰：「吾公精明，我萬不能及也。」依囑而行，長竿乃順利入城矣。

我們都可體會到，現代工商時代，人人忙碌，神經繃得很緊，有時就需要鬆弛一下，偶爾讀讀笑話，便應有調濟之功。既然如此，且湊四句俚言，以表下愚鄙見：笑話一堆多有趣，讀來不再生閒氣；倘能捧腹大開懷，這就正符筆者意。

我說了一大堆話，你聽到了嗎？聽到了、你理解了嗎？
理解了、你贊同了嗎？贊同了、你照著去做了嗎？

——錄自《讀者文摘・文談篇》的話

談話：不講非義之言，不說詭詐之語；
生命：不是它有多長，而是它有多好。

二四　外來嘉話也可格非

好話國外當然有，瀏覽一下也無妨。

古希臘哲學家蘇格拉底（Socrates 470? B.C.—399 B.C.）說：「我比別人聰明一點，因爲我知道自己愚笨，而別人不知道自己愚笨。」

希臘哲學家，也是蘇格拉底的弟子柏拉圖（Plato 428 B.C.—348 B.C.）說：「智者說話，因爲他們有話要說；愚人說話，因爲他們有話想說。」

羅馬政治家和哲學家塞內加（又譯塞尼加 Lucius Annaeus Seneca 4 B.C.—A.D.65）說：「生命如同故事，重要的不是它有多長，而是它有多好。」

英國哲學家佛蘭西斯・培根（Francis Bacon 1561—1616）說：「讀書可以培養出一個完人。」又說：「知識就是力量。」

英國偉大的劇作家（寫了卅七個劇本）詩人（一五四首十四行詩）莎士比亞（William Shakespears 1564—1616）說：「你的優良品德，不可孤芳自賞。那火炬不是爲著要照亮自己。如果你的美德不能推己及人，那就與沒有美德毫無二致。」莎劇「惡有惡報（Measure for Measure）」劇中語。

聖經（The Holy Bible）舊約（Old Testaments）《約伯記（Job）》說：「我的嘴，決不說非義之言；我的舌，也不講詭詐之語。」

又舊約《箴言（The Proverbs）第十五章：「回答柔和，使怒消退；出言暴戾，觸動怒氣。智慧人的舌，啓發知識；愚昧人的嘴，吐出愚昧。」

聖經新約（New Testaments）《保羅達提多書（The Letter of Paul to Titus）》：「你所講的，總要合乎純正的道理，不說讒言。」

又《馬太福音》十六章：「人若賺得全世界，卻賠上了自己的生命，有何益處呢？」

摩門經（The Book of Mormon）《尼腓三書》第十四章：「耶穌說：你希望人怎樣待你，你也必須怎樣待人。」

There is a verse in the Bible which has been translated into more than 1100 languages. It tells of One who loved us with an everlasting love. The verse is here recorded in 27 languages of the world which are understood by more than three-quarters of the earth's population. The verse is John 3:16.

1. AFRIKAANS 南非洲的公用荷蘭文

Want so lief het God die wéreld gehad, dat Hy sy eniggebore Seun gegee het, sodat elkeen wat in Hom glo, nie verlore mag gaan nie, maar die ewige lewe kan hê.

2. ARABIC 阿拉伯文

لأنه هكذا أحب الله العالم حتى بذل ابنه الوحيد
لكي لا يهلك كل من يؤمن به بل تكون له الحياة الأبدية

3. CHINESE 中文

神愛世人、甚至將他的獨生子賜給他們、叫一切信他的、不至滅亡、反得永生

4. DANISH 丹麥文

Thi således elskede Gud verden, at han gav sin Søn den enbårne, for at enhver, som tror på ham, ikke skal fortabes, men have evigt liv.

5. DUTCH 荷蘭文

Want alzo lief heeft God de wereld gehad, dat Hij zijn eniggeboren Zoon gegeven heeft, opdat een ieder, die in Hem gelooft, niet verloren ga, maar eeuwig leven hebbe.

6. ENGLISH 英文

For God so loved the world, that he gave his only begotten Son, that whosoever believeth in him should not perish, but have everlasting life.

7. FINNISH 芬蘭文

Sillä niin on Jumala maailmaa rakastanut, että hän antoi ainokaisen Poikansa, ettei yksikään, joka häneen uskoo, hukkuisi, vaan hänellä olisi iankaikkinen elämä.

8. FRENCH 法文

Car Dieu a tant aimé le monde qu'il a donné son Fils unique, afin que quiconque croit en lui ne périsse point, mais qu'il ait la vie éternelle.

9. GERMAN 德文

Denn also hat Gott die Welt geliebt, daß er seinen eingebornen Sohn gab, auf daß alle, die an ihn glauben, nicht verloren werden, sondern das ewige Leben haben.

聖經已翻譯成1100種文字。上圖係摘譯“約翰福音3章16節”這裡只影印了兩頁。

英國戲劇作家梅德爾敦，另或譯稱密都爾頓（Thomas Middleton 1570?—1627）勉勵大家說：「學習永不嫌老。」

英國數學家、物理學家艾薩克•牛頓（Sir Issac Newton 1643—1727）謙稱：「我不過是個頑皮的小孩，偶然海邊沙灘上拾到幾片美麗的小貝殼而已。」

德國詩人、思想家歌德（Johann Wolfgang von Goethe 1749—1832）熱愛生命。他說：「一個鐘頭有六十分鐘，一天就超過了一千四百分鐘，如果不隨意糟蹋的話，就知道我們可以作出多大的貢獻。」

英國詩壇名列第一的詩人與思想家雪萊（Perey Byshe Shelley 1792—1822）說：「一本好書，就是你最佳的朋友。」

法國詩人及小說家雨果，有人譯作囂俄（Victor Maric Hugo 1802—1885）說：「書籍是改造靈魂的工具。」

蘇俄文學家兼思想家托爾斯泰（Leo Tolstoy 1828—1910）說：「人爲肉體而活，生命是痛苦的；爲靈魂而活，生命是幸福的。」

美國發明家愛迪生（Thomas Alva Edison 1847—1931）說：「失敗也是我所需要的，它和成功一樣對我有價值。」

美國前總統甘迺迪（John F. Kennedy 1917—1963）說：「不要問國家能爲你做甚麼？先要問你自己能爲國家做甚麼？」

美國第一位登陸月球的太空人阿姆斯壯（Niel Armstrong 1930—）說：「對我個人來說，這只是一小步；但對全人類來說，這卻是一大步。」

美國作家戴爾‧卡內基（Dale Carnegie）在他撰著的《人性的弱點》書中說：「美言一句勝過三冬暖，惡語傷人有似兩面刀。」

日本作家村上春樹說：「願意聽別人說話的人並不多。每個人都只想說話，而說的又不是甚麼有內容的話。我也是其中之一。」

筆者按：以上這些正言莊語，或許近乎枯燥。如果讀者能耐著性子看完，那就必有甚大的寬容心和接受力，今後對自己的立身立命，立言立信，以至立業立德，都將大有幫助。如此一來，本篇就不憂悒浪費紙墨了。正是有分教：西洋好話也不少，瀏覽一巡比較好；記取其中兩三條，畢生受用無煩惱。阿里路亞（感謝主），阿們（心願如是）！

當你對人行好，或是勸止他人作惡，你就實行了慈善，便是一種施濟。真主阿拉會賜給你報酬。

——可蘭經‧聖訓

朋友攀緣來相懇，請我替他捧一捧；
美言兩句就封官，問你答允不答允。

二五　挖墳三座都無寶

我們常會遇到朋友拜託引介請求關說的情事。由於你的面子夠大，一經美言推薦，就幫他弄到了一個肥官。以後假如他出了紕漏，你難免又有自從之憾。想當初，如果斷然拒絕，定會有傷情誼，倘若隨便承諾，又會出賣良知，似乎左右爲難吧？如何因應，請看蘇東坡妙言解套。

宋代蘇軾（一〇三六—一一〇一）字子瞻，號東坡居士，在翰林院，任職爲翰林學士。他的弟弟蘇轍（一〇三九—一一一二），字子由，在朝廷中官拜尚書右丞、侍郎。兩人都是大文豪，排入了唐宋八大家之列，名聲很響。

有位他們兩人都熟識的舊朋友，從故鄉來見弟弟蘇轍，想由他的美言介紹，求個官兒幹幹。等了許久，蘇轍不想以權謀私，沒有替他講話，因轉而來找哥哥蘇軾，央求說：「我想請求身居內翰要職的你，能幫我講兩句引薦介紹的話，就可謀到個佳職，你看好不好嘛？」

蘇軾不便直接卻拒，只好轉個圈子，緩慢地回應道：

「請讓我先講個小故事，再來談正題。

「且說從前有個窮人，窮得沒法維持生活，情急之下，打算去盜挖古墳，想得些橫財濟急。首先，他挖開一座墳墓，只見棺材裡的人，全身光光的，衣服都沒穿，坐起來對他開言道：『你沒聽說漢朝的楊王孫嗎（城固人，遺言裸葬，其友祁侯也贊同。其詳說請見《說苑》卷二十三王孫條）？就是我！我一生主張而且實行了裸葬，要來矯正世俗。棺木裡甚麼都沒有，你找錯對象了。』

蘇軾像

「這人只好再花力氣，好不容易，用勁挖開另一個大墓。那是一座皇陵，挖開了，棺柩裡的那人對他降旨開示道：『我乃漢文帝是也。朕的一生，提倡節儉，也主張薄葬。死前且立下了遺詔，棺中不許放置金玉珠寶，只有一些陶瓦器物，無法幫助你呀！』

「這人轉頭再找，見不遠處有兩座墳墓相連，極似一對鴛鴦冢，這總該有些希望。費時甚久，挖進了東邊那一座墳。只見棺中那人，骨瘦如豺，自我介紹道：『我是伯夷（商朝孤竹君的兒子，弟弟叫叔齊，恥食周粟餓死，見《史記》伯夷傳），因爲不願吃食周朝的糧粟，餓死在首陽山下。我自己長久都沒有吃的，比你更慘呢。』

「窮人長歎一聲，自怨道：『白花了這麼多力氣，半點好處也沒撈到，眞是苦命。莫若再挖一挖西邊這座墳，或者能翻撿到一些財寶吧！』但眼前這個瘦骨頭的伯夷好心勸他說：『我看你還是省一省，另外到別處去設法吧！你看我，餓瘦得比你還差。那西邊的墳，乃是我弟弟叔齊，他比我還糟，沒有半點油水，哪有能力幫你。你何必再空費這多力氣呢』？」

那位想謀職的朋友，聽到這個故事，起初還感到有趣，後來才察覺蘇軾、蘇轍兩人都沒有門路，幫不上忙，大笑起來，告辭離開了。

蘇轍像

請對閱宋。張邦基《墨莊漫錄》「蘇子由」條原文：

「蘇子由在政府，子瞻在翰苑。有一故人，與子由兄弟有舊交者，來干子由，求差遣。久而未遂。一日，來見子瞻，且云：某有望內翰（宋代稱翰林學士爲內翰）以一言爲助。子瞻徐曰：舊聞有人貧甚，無以爲生，乃謀伐冢。遂破一墓，見一人裸而坐，曰：爾不聞漢世楊王孫乎？裸葬以矯世，無物以濟汝也。復挖一冢，用力彌艱，既入，見一王者，曰：我漢文帝也。遺詔壙中無納金玉，器皆陶瓦，何以濟汝？復見有二冢相連，乃穿其在東者，久之方透。見一人曰：我伯夷也，面有饑色，餓死於首陽山下，無以應汝之求。其人歎曰：用力之勤，卻無所獲，不若更穿西冢，或冀有得也。伯夷謂曰：勸汝別謀於他所。汝視我瘠瘦如此，舍弟叔齊，豈能爲汝助耶？故友聽畢，大笑而出。」

這裡且略作補充：「厚葬」才會引來掘墳。西漢末年，赤眉軍一再掘陵，到東漢末年，董卓命令呂布挖掘包括「陽陵」（西漢景帝墓）在內的西漢九陵，可見盜墓由來已久。從前還設有官職專司挖墳：《文選・陳琳・爲袁紹檄豫州》文中說：「曹操又置『發丘中郎將』（發掘丘墓的官）、『摸金校尉』（摸取墓中金銀之官），無骸不露。」由於棺中有珍寶，以致誘來偷掘盜挖，讓先人骸骨，曝露於曠野，身爲子孫者，可不慎思乎？

讀了這篇，應有兩點啓示。其一、有人來講私情，拉關係。用婉轉的暗示法，讓他了解到難以幫助，未損對方的自尊，未傷彼此的友誼。這種超脫的說話方式，眞是十分高明，値得我們學習。

其二、《墨莊漫錄》撰此逸事，要找出歷史上眞正的一位裸葬者，一位薄葬者，還要兩位餓死者作陪（恐怕沒有第五位了吧）。既需熟諳歷代的史事，又需挑摘適當的人選，連綴湊成本篇生動的寓言，這種風趣的言談，眞是極有智慧，更値得我們效法。筆者在譯述之餘，同時感受到前人的博學廣知與機靈活用的能耐，願與大家共享。

「好稱人惡，人亦道其惡。好憎人者，亦為人所憎。」

——漢・劉向《說苑》卷十六，說叢

我只喚三通，媽媽便生氣，
你已唸千遍，菩薩該會厭。

二六　唸佛千遍太煩神

（一）稱名唸佛號

佛書《盂蘭盆經・疏記・上》說：「念誦、即是唸佛名經咒。」乃謂口誦佛名、經文、咒文是也。《普賢觀行記》說：「在心曰念，發言曰誦，言由於心，故曰念誦。」佛教中有個宗派叫淨土宗，他們以唸佛往生西方淨土爲宗旨，故又名念佛宗。《大乘起信論》說：「以專意唸佛因緣，隨願得生他方國土。」這種口誦佛陀的名號，叫做「稱名唸佛」。唐朝和尚齊己《和鄭谷幽棲詩》云：「相對唯溪寺，初宵聞唸經。」

有的佛教徒，還備有唸珠，又稱佛珠或數珠，作爲計算唸佛的次數之用。只是尚未信佛的人，每每嫌厭這種噪音，不喜歡如此聒絮，因就引發下列的對話。

（二）無事何頻呼

有位翟永齡，本人未信佛，但他母親信佛很誠，每天要誦唸阿彌陀佛的名號，早晚都唸，久久不止。

翟永齡想要他母親改一改，有一天便故意呼叫媽媽，母親應諾了，翟永齡仍然繼續又再叫。母親生氣了，喝道：「你是怎麼了，又沒有事，爲何一直在叫我，甚麼緣故？」

翟永齡道：「我才叫喚你三四聲，你就對我發脾氣。你叫佛爺菩薩千萬遍，佛爺難道不煩你太聒噪了嗎？」

他母親此後就減少唸佛了。

這事引自明代曹臣《舌華錄》（華字古代與花字相通。舌華就是舌粲蓮花之意）諷語（吳苑曰：諷者、譏之微也）第十二：

「翟永齡不信佛，其母日誦佛不輟聲。永齡佯呼之，母應喏。翟又呼不已。母愠怒曰：無事，何頻呼也？永齡曰：呼母三四便怒，呼佛千萬遍，佛不怒耶？母稍止。」

（三）被你呼千遍

江西省鄱陽縣，有位何梅谷，他太太信佛十分虔誠，每天早晚都要誦唸觀世音菩薩一千遍。何梅谷實在受不了。有一天，何梅谷故意喊他太太的名字，太太答應了，梅谷仍然在喊，而且隨答隨喊，一直不停。

他太太動了肝火，大聲問道：「你這是犯了甚麼神經病？爲甚麼不斷的一直叫我，喧嚷嚷不停不止，是哪根筋不對勁？」

何梅谷慢慢回應道：「我不過叫你幾分鐘，你就來了火，大發脾氣。觀世音菩薩早上被你叫喚一千遍，晚上再叫喚一千遍，她難道不對你厭煩嗎？」

他太太便不再唸佛了。這是依據清代朱秋雲《秋暉雲影錄》的原文：

「鄱陽何梅谷妻好佛，晨夕每唸觀世音菩薩千遍。梅谷一日呼妻，至再至三，隨應隨呼，弗輟。妻怒曰：何聒噪若是耶？梅谷徐應曰：呼僅二三，汝即我怒。觀音菩薩，一日被你呼千遍，安得不怒汝？其妻遂止。」

（四）請你多行善

筆者按：唸佛由來久矣。若謂由於專誠唸佛而求得收心淨念，這當是可能的。若說僅由嘴巴上誦唸佛名就可以超度入西方極樂世界，這宗買賣似乎太便宜了，恐怕不太可能。想想看，你雖是早晚都在口頭上唸佛，卻沒有時間在行爲上去做善事（當個志工也是行善），佛爺就會接納而超度你嗎？若是另一人早晚都在忙著做善事，卻沒有時間去唸佛，佛爺就會排斥而不福佑他嗎？

由此看來，空唸佛號只是表象的外在行爲，實效似乎有限，而唸佛所祈求的，不外是求子求財求祿求壽，光是空求就會靈驗嗎？因而想起某寺有副對聯曰：「燒一炷香，就要求子求財，叫我怎生施捨。唸千遍佛，祇想免災免禍，看你何等嘮叨。」另外一副意味相似的對聯也說：「你也求，他也求，僅有幾文孽錢，給誰是好？朝來拜，夕來拜，不做半點善事，教我如何？」文句雖然俚淺，說得卻有深度。若未從心坎中確立善念，在行爲上多作善事，而僅是在口頭上喃喃唸佛，很可能是徒勞而無功的呢。

長星昨夜墜前營，訃報先生此日傾，
前後出師遺表在，令人一覽淚沾襟。

二七　諸葛亮死生難揣測

唐代詩人元愼，字微之，與白居易齊名，號爲元白。他有詩贊諸葛亮曰：

「撥亂扶危主，慇懃受托孤，英才過管樂，妙策勝孫吳；凜凜出師表，堂堂八陣圖，如公存盛德，應歎古今無。」

（一）隕大星漢丞相歸天

三國時代，蜀魏吳三分天下。蜀國丞相諸葛亮（一八一——二三四），字孔明，官封武鄉侯。當他第六次率兵再出祁山，討伐魏國，在五丈原地方與司馬懿對陣。依《三國志・集解・卷三十五・引自魏漢晉春秋》的記述說：

「亮在軍中，食少事繁，夙興夜寐，凡士兵受責，罰二十大板的罪，都要由他親自核定。」

這就顯得十分辛苦，有害健康。此期間，他還爲了輸送軍糧，自己設計繪圖，在葫蘆谷中，召集工匠，製作了「木牛流馬」，利用這些人造的運輸工具，裝載糧草，自四川劍閣到祁山大寨，人不大勞，牛馬不食，十分便利。可是敵我對峙了三個多月，諸葛亮因過勞而病倒，終於在軍營中辭世了。他臨終之前，還寫下遺言書表，奏報劉後主說：

「伏聞死生有常，難逃定數。臣亮病入膏肓，命垂旦夕；不及終事陛下，飲恨無窮。臣家有桑八百株，薄田十五頃，子孫衣食，自有餘饒。至於臣在外任，別無調度，隨身衣食，悉仰於官，不別治生，以長尺寸。臣死之日，不使內有餘帛，外有贏財，以負陛下也。」

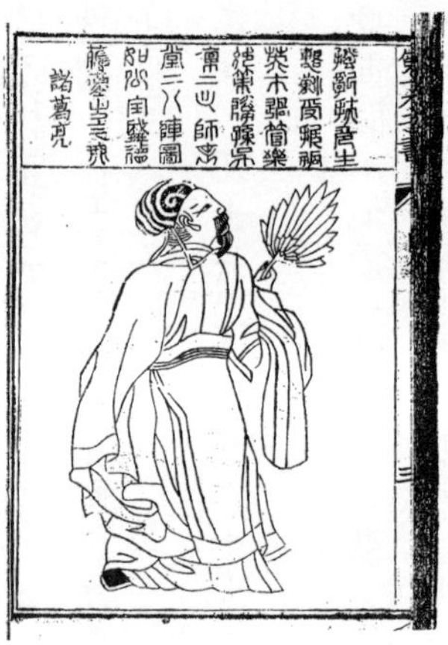

木刻版第一才子書
三國演義諸葛亮像
頂欄為唐代
元稹之贊詩
撥亂扶危主　慇懃受托孤
英才過管樂　妙策勝孫吳
凜凜出師表　堂堂八陣圖
如公全盛德　應嘆古今無

上述木牛流馬、食少事繁及遺言，除記於正史外，也分別見於《三國演義》第一〇二、一〇三、一〇四回中。亮在臨危之時，先分別對姜維、馬岱等人，交待好軍國大事，依據羅貫中《三國演義・第一〇四回》「隕大星漢丞相歸天」所記，亮又囑咐楊儀：

「我死之後，不可發喪。軍中安靜如常，切勿舉哀。退兵之際，可令後軍先行，餘營緩緩而動。若司馬懿來追，汝可迴轉軍旗，佈成陣勢；將先前雕製的我的木像，安置於帥車之上，令大小將士，衛列於左右兩側，推出陣前。司馬懿見之，必會驚駭退去。」

蜀漢建興十二年，諸葛亮去世了，享年五十四歲。杜甫有詩歎曰：

「長星昨夜墜前營，訃報先生此日傾；虎帳不聞施號令，麟臺誰復著勳名；

空餘門下三千客，辜負胸中十萬兵，好看綠陰清晝裡，於今無復迓歌聲。」

還有那「出師未捷身先死，長使英雄淚滿襟」的《蜀相》詩，也是杜甫的名句，由於人皆熟誦，這裡就不複引了，此外白居易也有詩贊：

「先生晦跡臥山林，三顧欣逢傑主尋，魚到南陽方得水，龍飛天外便為霖；

託孤既盡慇懃禮，報國還傾忠義心，前後出師遺表在，令人一覽淚沾襟。」

（二）死諸葛嚇走生仲達

那楊儀領兵扶柩，依孔明遺令，徐徐而退。司馬懿探知敵情，判斷諸葛亮已死，忙率同兒子司馬師與司馬昭領兵追來，望見前方蜀兵不遠，忽然一聲砲響，喊聲大震，只見蜀兵回旗列陣，鼓聲咚咚，展伸出一幅巨大軍旗，正是「漢丞相武鄉侯諸葛亮」一行大字。再定睛看時，只見中軍簇擁出一輛四輪車，車上端坐著孔明，綸巾羽扇，鶴氅皂絲，司馬懿驚道：「諸葛亮沒有死，我墮入他的計謀中了。」勒回馬頭急走。

主帥先逃，魏兵潰敗，司馬懿奔退了五十多里，背後有部將趕上叫道：「都督勿驚！」司馬用手摸著頭問：「我有頭否？」部將說：「都督休怕，蜀兵去遠了。」司馬懿喘息半晌，神色方定。

過了兩天，探子來報：「蜀兵這日哀聲震地，軍中揚起白旗，孔明果然死了。前天車上孔明，乃木雕假人也。」司馬氏歎曰：「吾能料其生，不能料其死也。」蜀人則曰：「死諸葛嚇走生仲達（司馬懿字仲達）。」東晉習鑿齒《漢晉春秋》以及南宋袁樞《通鑑紀事本末》「諸葛亮出師」篇中，也都有同樣的記載。

蜀兵退走後，司馬懿覆驗諸葛亮屯兵的營壘處所，一切都井然有序，縝密週到，不覺贊說：「諸葛亮的諸般佈緒，眞不愧是天下奇才。」

筆者私見：諸葛先生每自比於管仲樂毅，便是具有濟世之才。司馬德操對劉備說：「儒生俗士，豈識時務？識時務者，在乎俊傑。」又說：「諸葛孔明，臥龍也。」（徐庶薦諸葛亮，也用這話推崇）「隆中對策」就已定三分天下之大計。他的名言「鞠躬盡瘁，死而後已」乃千古金句。他不須筆者多作誇贊，即使想要饒舌，對諸葛先生也毫無增損。今但引杜甫《詠懷古跡之五》的四句詩話（見清代蘅塘退士《唐詩三百首》）：「諸葛大名垂宇宙，宗臣遺像肅清高……伯仲之間見伊呂（與伊尹呂尚可以並比），指揮若定失蕭曹（蕭何曹參不足道也）。」就足可概括一切了。

附錄：晉・袁準《袁子正論・卷下》曰：「或問：『諸葛亮何如人也？』袁子曰：『劉備得諸葛亮，群臣悅服。及其受命托孤，專權而不失禮，行君事而國人不疑，用民力而下民不怨。其用兵也，停止如山，進退如風，而人不憂。亮死至今數十年，國人歌思，如周人之思召公也。』這是的論，留供參證。」

民二十的「九一八」，日扶溥儀，衍生西安事變；民廿五之「雙十二」，張抓蔣氏，促成抗日戰爭。

二八　張學良是非欠清明

旅美歷史學家教授唐德剛（一九二〇—二〇〇九），撰有《張學良口述歷史》一書，厚達四百九十三頁。書中有關重要史事以長篇偉論給予直敘的部份，似乎應該讓史學家去研究，這裡就不敘了。倒是其中有若干對談的小事，精短、生動、親切、有趣，好像是滿漢大餐中的幾碟清涼小菜，你如覺得爽口，不妨隨興品味，也可能嚐一臠就窺知張學良的部分性格了也。

（一）是非難定之人物

唐氏在序言中說：張學良（一九〇一—二〇〇一）是現代中國史上一個少有的是非難定的人物，他一手主導了「西安事變」（一九三六年十二月十二日），改寫了中國歷史：

「歷史家很難予以定論。是之者，說他是反抗侵略的抗日英雄，千古功臣，非之者，說他是不知敵我情勢，搞政變誤國的亂臣賊子。」

按「西安事變」發生於民國廿五年十二月十二日，也稱「雙十二事變」。緣因中共紅軍之殘餘部隊逃竄到延安，中央命張學良帶兵赴陝西進剿。蔣介石於十二月四日前往西安視察，不意楊虎城慫恿張學良於十二月十二日劫持蔣。及至張查閱蔣之日記，始知蔣正在積極準備抗日。張愧疚不安，乃於廿五日親送蔣飛返南京，事變結束。張則受到監禁。

（二）自己認是也認非

至於張學良自己，對他發動的「西安事變」，也有是非不定的自我評述：

「如果歷史能走回頭路的話，『西安事變』我還是要發動的。但是，如果我是蔣先生、蔣介石的話，也當會把發動者槍斃的。再者，如果是我的部下幹出這種犯上的事件，我早就把他們槍斃了。也因爲如此，我被蔣關了半個世紀，不但無怨無尤，還尊敬蔣是個抗日救國的統帥，是個大大的民族英雄。」

（三）一輩子沒有上司

唐德剛記述有次與張學良對談，發現張有極強的「自以爲是」的個性。唐說：

張學良先生告訴我說：他的弱點是他一輩子未曾有過「上司」。

「老帥（指張作霖）不就是你的上司嗎？」我（唐德剛）說。

「他是我的父親。」他回答：「父親究竟與上司不同。」

「那蔣（指蔣介石）不是你的上司嗎？」我又問。

「所以他發我脾氣，我就把他抓起來呀！」（指西安事變扣留蔣先生）他說著哈哈大笑一陣。

據張學良透露，在事變前數小時，張召集了一個會議，宣佈這驚人的陰謀。席問于學忠提問說：「少帥，抓起來很容易，您考慮沒有？以後怎麼樣放他呢？」張說：「現在不能考慮到那許多，先把蔣抓起來再說。」就這樣「幹起來了！」

（四）你「又」錯了耶

張學良也告訴我有關他信教的事。

被禁止行動久了，自然地對宗教發生了興趣。他最早的興趣是佛教，並看了些佛經。有次蔣夫人宋美齡女士來看他，發現他信佛，就說：「漢卿哪，你又錯了耶！」

「爲甚麼我『又』錯了？」張學良笑著說：

「她是說我以前上過共產黨的當，這一次『又』要上佛教的當了。」

張學良像

蔣夫人要張走向眞理，去信基督教，張與妻趙四小姐（趙一荻）都成了基督信徒。趙四小姐不同意寫回憶錄，張說並不是搞「辯冤白謗」，只是留下點眞實故事，免得人家胡說罷了。

（五）我是中國人

日本首相田中義一派特使林權助，來爲張作霖的葬禮致奠，想說動張學良反中親日：

在一次酒宴中，林權助說：「我說，這麼大歲數了，我跟你父親是朋友，如今又是首相的特使。我勸你好多的話，你始終不跟我說一句落實的明確的答覆，我回去沒法交待呀！」

我說：「你老先生爲我打算，替我安排比我自己都設想得週到多了。」

他很高興，回道：「那很好啦。」

我說：「有一件事情，你沒有替我想到。」

他問：「是哪一件事情？我很願意知道。」

我直接了當的說：「你忘掉我是中國人。」

林特使不再講話了，我知道我失言了。他回日本後，公開發表談話，說：「日本不要對這個人再有甚麼打算。」所以日本就決心對付我了。

唐德剛教授曾以「倭使誘降」詩贊曰：「東來倭使最喧嘩，幣厚辭甘百寵加；面語輶軒忘一事，封疆原即是中華。」

（六）九一八不抵抗

傅虹霖女博士撰有《張學良的政治生涯》，其中第三篇「東北向何處去」張學良有意見（原係英文版，有漢譯），見《口述歷史》第六章，張說：

「九一八事變中，『不抵抗』是我決定的。所謂不抵抗，就是說：你不要跟他們衝突；他來挑釁，你離開他。」

「我去看閻伯川（閻錫山），我說：『你責備我不抵抗，我不接納，我不服。但我接受下面這個責備：我當一個封疆大吏，我沒把日本看透，我沒想到日本會敢那麼樣來。我情報也不夠。你責備我這個，我絕對接受。』」

「我原是想大事化小，小事化了啊。不要惹事，受點委屈，我們以前都是用這方法嘛。假使我知道這件事情化不了，那我的處置就不同了。人家說我不抵抗，我一點也不服。」

按「九一八事變」是民國二十年九月十八日，日軍無故佔領我瀋陽長春等地，其後擴及遼寧吉林黑龍江熱河諸省淪陷，日軍扶植滿清廢帝溥儀作爲僞「滿州國」傀儡皇帝。那時張學良丟了東北四省，馬君武博士還寫了《哀瀋陽》七絕二首：「趙四風流朱五狂，翩翩胡蝶正當行，溫柔鄉是英雄塚，那管東師入瀋陽」。「告急軍書夜半來，開場弦管又相催，瀋陽已陷休迴顧，更抱阿嬌舞幾回」。這詩是否眞實，留待公斷。

（七）西安事變

西安事變發生於民國廿五（一九三六）年，到一九九六年在美國紐約舉行了「六十週年國際研討會」，諸學者專家提出了各自的論點，也追述了張學良那時的衝動：

一九三六年十二月九日那晚，蔣張二人大吵。張說：「我跟蔣先生痛陳，你這樣下去，不等於投降？蔣駁說：『漢卿（學良字）你眞無恥。我當軍人，從來沒有這個降字。但你叫日本人一點一點蠶食，你豈不比投降還不如。』」

這話說得太過，張氣得要掏手槍打蔣，事後爲顯示緩和，張還去華清池洗了個澡。蔣以爲張的憤怒只是一時情緒激動，那知張回去後，就發動事變，把蔣抓了起來，故蔣也氣自己「信人太過。」

張學良自撰自書「自況聯」曰：「兩字聽人呼不肖，半生誤我是聰明。」倒是坦白的實話。

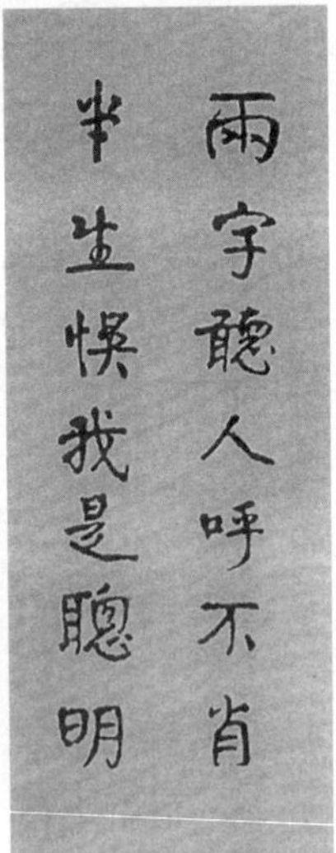

張學良自況聯

學者說西安事變的後果，其一是把蔣委員長當時「先安內而後攘外」的政策中斷了，改變了蔣的剿共大計。替那四面楚歌、危急萬分的紅軍解圍了，有位資深者說：「沒有西安事變，我不相信那一點點共軍消滅不了。（也就不會有中華人民共和國的誕生）」其二、把抗日戰爭提前了。「抗戰到底」是西安事變促成的。而「西安事變」則是張少帥學良和楊老總虎城一時衝動之下幹的，也是蔣委員長大意、單刀赴會、誤入虎穴偶然造成的。

依筆者之淺見，西安事變的發動，乃是張學良激於對國難家仇的義憤，他反對內戰，主張槍口對外，是絕少、甚至完全沒有考慮到私人利益的。至於輕率魯莽，過錯也難卸脫。這番心情，盼望史學家能予察鑑。

櫻桃一籃子，甚麼東西天上飛？
家本蘇吳百，一個孤僧獨自歸。

二九　史逆寫歪詩祖護兒子

唐代史思明（西元？—七六一）初名窣干，唐玄宗賜名思明，是突厥族人。他躁健譎狡，與安祿山同一鄉里，且相友好。安祿山叛亂時（唐明皇逃離京城，楊貴妃在馬嵬坡被殺，白居易寫就長恨歌），史思明是安的大將軍。後來安祿山為兒子安慶緒所弒，史思明乃自立為王，號稱「大燕皇帝」。他的事蹟，列入《新唐書》逆臣傳中。

（一）一半與懷王

史思明的兒子叫史朝義，封為懷王。有一天，史思明寄櫻桃給兒子，一時高興，竟然寫了一首「詩」，文句是：

「櫻桃一籃子，
半青一半黃；
一半與懷王，
一半與周贄。」

有大臣建言說：「皇上的詩寫得十分美妙，若是能將第四句「一半與周贄」改移到第三句「一半與懷王」的前面，這整首詩就非常順口而且諧韻了。」

史思明聞言大怒，斥罵道：「我的兒子是懷王，還是皇帝的繼承人，爵高位崇，怎麼可以紊亂尊卑，把我兒擺在周贄的下面，那成甚麼話？」

此事請閱林明峪《歷代趣談·唐朝》所記。（但《龍文鞭影》二集下卷「祿山詠桃」條則說是安祿山給兒子安慶緒寄的這首詩，字句相同）

（二）殺殺殺殺殺殺殺

無獨有偶，到了明代末葉，流寇李自成張獻忠起兵造反，張且進佔成都，稱「大西國王」，在《明史·流賊》中有他的傳記。張獻忠（一六〇六—一六四六）性情嗜殺，他自撰了三句話，文字是：

「天生萬物以養人，
人無一德以報天，
殺殺殺殺殺殺殺！」

七個字一句，似乎合於詩體吧？但只有三句。還刻石立碑，豎於四川成都，稱爲「七殺碑」。

（三）庭釘掛景春

詩是文之精華，字少而意豐，餘音在言外，還要講求平仄對仗押韻，不是人人都能寫出佳作而成爲詩人的。這必須先天稟賦優異，加上後天學驗淵博才可。但有人就是勉想效顰，固然偶也會有靈思湧現，但也難免發生例如湖海散人《茶餘飯後集》中的故事：

一位學生，想學做詩。老師教他要領說：「詩要簡短精練。」他領教後，苦思數日，寫成五言絕句一首：

「庭釘掛景春，
園竹實我心；
況指扳瑪假，
肉耳掛金眞。」（嚴格來說，此詩平仄不諧，且已出韻，掛字也重複了）

這首嘔心之作，學生興冲冲地獻給老師看，但老師不懂，學生解釋道：

「第一句是說客廳牆上釘了釘子，掛了一幅畫，畫的是春天的風景。
第二句是說在後花園裡栽種綠竹，實在是出於我的心意。
第三句況字分開是二兄，這是說我二哥手上戴的扳指是假的瑪瑙。
第四句肉字分開是內人二字，是說我妻耳朵上掛的耳環那才是眞的黃金做的。」

（四）家本蘇吳白

近人李屹之《語林趣話全集》書中「妙趣詩」篇，述及有如下五律一首，乃是罕見的奇句。「好詩」（？）該請大家分享：

「家本蘇吳百，多兄納掛官；

布從閶店發，綢向浙船寒。

窗菜風吹燥，床柴虱爆乾；

那堪三兩個，天黑吃陳團。

大家看了許久，始終不了解句中之意。作者解釋說：

「（我的）家本（來是）蘇（州）吳（縣的老）百（姓），多（虧）兄（長替我）納（錢買了個）掛（名的）官；

（我家的）布（都是）從（蘇州）閶（門大街那家布）店發（售出去的），

（有一次把）綢（緞運）向浙（江），船（到時，氣候變）寒（綢緞沒人買了）。

窗（戶上掛的蔬）菜（被）風吹（得變乾）燥（了），

（拆了破）床（當）柴（燒，床板縫裡的）虱（子被燒得）爆（裂）乾（死了）；

那堪（我只吃了）三兩個（甚麼東西呢？），

（原來是）天黑（了，所）吃（的是小街上老）陳（賣的芝麻湯）團。」

這裡率性再附帶引述歪詩兩首。第一首是三國名將張飛的傑作，他是武夫，卻也流傳下來他口占的《詠雪》詩（見二〇〇八年十一月號長沙《文萃》月刊）曰：

（五）甚麼東西天上飛

「甚麼東西天上飛？

東一堆來西一堆。

莫非玉皇蓋金殿？
篩石灰呀篩石灰！」

（六）遠看泰山黑糊糊

其次是民初大軍閥韓復榘。憑槍桿作大官，當上山東省主席，可能斗大的字識不到一籮筐。他往遊泰山，口吟一絕（揭露在二〇〇八年十月《文萃》月刊，長沙出版）曰：

「遠看泰山黑糊糊，
上邊細來下邊粗；
有朝一日倒過來，
下邊細來上邊粗。」

（七）一個孤僧獨自歸

再引一首用詞全都重覆的七言絕句來作收尾（刊載於《文萃》月刊二〇〇八年五月號）：

「一個孤僧獨自歸（一個、孤、獨自三詞意義雷同），
關門閉戶掩柴扉（三詞重覆）；
三更半夜子時了（三詞同義），
謝豹子規杜宇啼（謝豹子規杜宇都指杜鵑鳥。但子字犯重複，不妨改用另名催歸）。」

以上所敘，引來捧腹。高明的讀者不妨在瀏覽之餘，與現今一些自銜自誇文士所寫的絕律詩句，試作一番比較。

向熟友質疑：為何你敢進入我的褌內？
請劉伶反省：必然他也同在自己袴中。

三〇　劉伶說妄語戲弄客人

唐代李亢，撰有《獨異志》三卷，《四庫提要》列入「子」部，歸類爲小說家。書中記有「劉伶好酒」的一段，原文是：

（一）爲何你入我褌中

「劉伶好酒（喜歡喝酒），常袒露不挂絲（光身袒露，一絲不挂）。人見而責之。劉伶曰：『我以天地爲棟宇（天地是我房舍），屋室爲裩袴（居室是我褌子。裩音昆，袴與褌同，是有襠的褌子。袴就是褌）。君等無事，何得入我裩袴中？』其人笑而退之。」

這段敘事，又見於南朝宋・劉義慶（四〇三—四四四）《世說新語・任誕第二十三》，文字略有不同：

「劉伶恒縱酒放達（常常縱情酗酒，放蕩而豁達），或脫衣裸形在屋中（脫光衣服，赤身裸體，在室內逍遙）。人見譏之（有人入門看到，譏責他不應如此隨便）。劉伶答曰：『我以天地爲宇棟（我把天地當廬舍），屋室爲幝衣（屋室當褲子。幝音昆，有襠之褲也。幝與褌同，也與裩同）。諸君何爲入我幝中（你們爲何要闖入我的褲襠裡幹啥）？』」

按：西晉名士劉伶（二二一—三〇〇），字伯倫，他放情肆志，尤好飲酒。與阮籍、嵇康、山濤、向秀、阮咸、王戎爲友，寄情於竹林山水之鄉，號爲「竹林七賢」。他常坐著鹿車，車上載著美酒，且遊且飲。還叫人帶鋤鍬跟隨，說：「死便埋我。」二十四史《晉書》卷四十九有「劉伶」傳。

（二）唯酒是務酒德頌

劉伶撰有《酒德頌》，已收入梁・昭明太子蕭統《昭明文選》中，且後來由唐朝草聖張旭書寫，傳爲佳話。頌曰：

「有大人先生（劉伶自喻），以天地爲一朝（把天地開闢以來看作只是一個早上），
萬期爲須臾（把一萬年視爲一刹那），
日月爲扃牖（太陽月亮當作門戶和窗子），
八方爲庭衢（把東西南北、東南東北、西南西北這八方看成是庭院和街衢）……
止則操巵執觚，動則挈榼提壺（不論我停下來或行動時，都是帶著酒器，拿著酒杯，提著酒壺，擎著酒盞），
幕天席地，縱意所如（把蒼天當帷幕，把大地作墊席，任心意之所向，隨遇而棲）。

惟酒是務，焉知其餘（祇是一味喝酒，哪可理會其他的俗事）……」

（三）藉口戒酒騙酒喝

他還有個求酒騙酒的故事，令人啼笑皆非。載於《晉書・卷四十九》，也見於《世說新語・任誕第二十三》，內容是：

「劉伶病酒渴甚，從婦求酒（他嗜酒很過分，酒沒有了，感到喉乾口渴，因向妻子討酒）。婦涕泣諫曰（妻子流著涕淚勸道）：『君飲太過，非攝生之道，必宜戒之（你飲酒逾限太多，這不是養生的正道，必須戒斷才是）。』劉伶曰：『甚善（非常好呀）！我不能自禁（我如要自動自發禁止喝酒，辦不到），唯當祝鬼神，自誓斷之耳（只有當著鬼神之面，由我發誓，祝禱庇佑我戒斷酒癮才行）。便可具酒肉（就由你備辦酒雞魚肉，我好祭神）。』婦曰：『敬聞命。』乃供醴酒釁肉於神前，請劉伶祝誓。伶跪而祝曰：

『天生劉伶，以酒爲名（上天生下我劉伶，是有名的大酒桶。）
一飲一斛，五斗解酲（一次能飲十斗酒，五斗便可祛酒病。）
婦人之言，愼不可聽（女人勸我要戒酒，她的空話不要聽。）』

便飲酒進肉，隗然已醉矣（祝言既畢，喝酒啖肉，竟然醉倒了）。」

唐代徐堅《初學記・十九》有謂：「劉伶放蕩悠焉，獨暢自得。」聲名列爲竹林七賢之一，據悉河南省輝縣建有七賢寺，後來改爲竹林寺，便是紀念他們七人的。

不過，喝酒也可稱賢，似乎尚待商榷吧？這是一疑。再者，劉伶豁達，他以天地為廬舍，以屋宇為褲子，怪別人不該闖入褲襠裡來，大概暗含譏諷之意；但他自己不也同樣身在褲襠裡嗎？如何可以獨責別人？這是二疑。還有，他自誇「一飲一斛（一斛是十斗）。」然而他在拜神之後，只是喝了神壇上小酒杯裡所供的那一點點酒，如何就醉倒了？這是三疑。究竟應該如何解疑，擬留請高明學者來破惑。

漢代劉向《說苑卷十六》講到「說話」的忌諱：
「口者關也，舌者機也。出言不當，四馬不能追也。
口者關也，舌者兵也。出言不當，反自傷也。
言出於己，不可止於人。行發於邇，不可止於遠也。
言者、君子之樞機，榮辱之本也，可不慎乎？
言猶射也，括既離弦，雖有所悔焉，不可從而追已。」

挺秀挺拔，挺腰挺身，挺胸挺臂，挺立千仞；
經典經魁，經笥經苑，經邦經國，經緯萬端。

三二　曾國藩傳「挺經」只講第一條

曾國藩（一八一一—一八七二），平定了太平天國，是清代中興名臣。當他任兩江總督時（轄江蘇安徽江西三省區），駐安徽安慶市，每晚和幕僚一起用餐，席間交談，形式不拘。在《曾國藩》傳中有下列一篇對話：

有一天，同堂吃飯的浙江才子俞樾問道：「十年之前，恩師（指曾國藩）還只是個文官侍郎。這十年間，恩師創建湘軍，克敵致勝，不知恩師何以能建立如此顯赫武功？」

這位問話的俞樾，前在道光二十七年時，以舉人身分到北京參加進士考試，曾國藩爲閱卷大臣。考試的詩題是「淡煙疏雨落花天。」俞樾在試卷上第一句就寫出「花落春猶在」。曾國藩激賞，贊道：「詠落花而沒有衰颯之意，與那『將飛更作回風舞，已落猶成半面妝』十分相似，因就拔置第一。以後俞便將自己的詩文命名爲《春在堂集》，也稱曾爲恩師。

曾國藩答道：「我告訴你，我有一個祕訣。今天傳授給你，你千萬莫輕授別人。」（當衆開示，大家都在聽，哪能叫獨授而不可外洩？一笑）

俞樾說：「就請恩師傳授，門生（俞樾自稱）決不外洩。」

「外人都不知，我有一部兵書，是一位道行精深的仙師傳授給我的（仙師無名無號，恐是假託）。憑著它，我才能帶兵打仗，由文人轉習軍旅統帥之事。」曾說：「這部兵書叫《挺經》。」

曾國藩像

「《挺經》？」幕僚中有人小聲地唸著：「好奇怪的書名，從沒聽人說過。」

「《挺經》有廿四條經文，我先講第一條。」曾國藩接著說出下面的一段情節：

有個老翁，家裡來了貴客，便叫兒子到鎮上去買酒買肉，兒子一大早挑著一擔空籮筐出門去了，直到太陽偏西還不見回來。老翁心急了，自己出去找。在半路上一丘水田的田塍（田與田分界的土埂叫塍，約一尺寬，高出田間水面約半尺）上，見兒子挑着擔子，和另一個挑着京貨擔子的人面對面挺站着，兩人都不相讓，僵立着不動。老翁生了氣，對兒子罵道：「你這不成器的東西，家裡等着你的酒菜，你卻站在這裡不動，幹的甚麼事？」

兒子委屈地訴說：「是他不讓我過來嘛！」

老翁對那人勸道：「老哥，我家中有客，正等著兒子回家做菜。請你步下水田裡讓一讓，讓他過來，你老哥也就可以過去了，豈不是兩人都好？」

那人反問道：「你好偏心，你要我下水，爲甚麼不叫他下水？」

老翁說：「兄弟，你個子高，他年輕個子矮，他下水田，只怕籮筐裡的東西會浸水，就不好了。」

那人不接受，反駁道：「他的擔子裡不過是些魚肉蔬菜水果，即使弄濕了，清洗一下還是可以吃的。我挑的可都是京廣貴貨，浸了水就一錢不値了。我的擔子比他的高貴多了，怎麼只叫我讓路呢？」

老翁覺得空口講話不能說服他，便挺身行動說：「來，來！這麼辦吧！讓我這老頭下到水田裡，你把擔子交給我，我把它頂在頭上，你空著身子從我兒子身邊側著轉過去，我再把擔子交還你，你看怎樣？」老翁還開始脫下鞋襪，準備下水田。

那人見老翁這麼一說，心中過意不去，回道：「好啦，既然老丈要這麼費事，我就先下到水田裡讓路吧！」

曾國藩說：「老翁這般施爲，把那人折服了，也化解了一場爭執。這就是《挺經》的第一條。」

筆者按：以上這段奇妙對話，眞是新鮮，尤其出自莊重的曾國藩之口，更是特異。既然稱之爲「挺經」的第一條，那末其他的二十三條在哪裡？

這一點俞樾也追問過：「恩師，你老剛才講的只是第一條，還有二十三條呢？」曾國藩答道：「今天只講這一條，其他的以後慢慢講。」但以後就迄無下文了。雖然在二〇〇八年內蒙古人民出版社印行了一冊《挺經》，惜乎未曾述明其根源何自。

只是，這挺經第一條的寓意究竟爲何？爲甚麼要強調「挺」？「挺」的要領有哪些？它對曾國藩以及我們有何「啓示」？

再者，誰才是最「挺」的人？若說是挑京貨擔子的人很「挺」，他不是後來軟化讓路不挺了嗎？若說是老翁很「挺」，他不是未能堅持挺到底而答應自己要下水田嗎？唯有那兒子，挺立在田塍上，終於使對方讓開了，他才是勝家。但他僅只挺著，沒有任何動作，似乎令人有毫無作爲而佔到便宜的懷疑吧。

但從另一角度來看：倒是這位老翁，勸說挑擔的下田不成，就改變策略，說要自己下田。這句話感動了對方，得到了讓步，終於在僵持之下找到了解決之道。這種「眼見此話說不通，即時改說其他話」之法，或許這才是最佳的應變之方，不過與「挺」字似乎不太相近而已。

補記：明代馮夢龍《廣笑府》：「有父子俱性剛不肯讓人者。一日、父留客飲，遣子入城買肉。子攜肉回，行窄路，值一人對面而來，兩不相讓，遂挺立良久。父尋至見之，謂子曰：『汝姑持肉回陪客飯，待我與他對立在此』。」錄請讀者參對。

孔蔑就任縣長：抱怨學問漸荒，親情漸疏，朋友漸離，三者皆不滿意；子賤也是邑宰：自慶學問益明，親情益濃，朋友益密，一概都很愜心。

三二　劉子政輯「說苑」共編二十卷

西漢時代的劉向（西元前七七—前六），字子政，是皇帝劉氏的宗族，對圖書涉獵很廣，他採摘了各種傳記及行事，輯成《說苑》《新序》諸書，應是西漢文學大家。據朱熹《名臣言行錄》說：「劉向爲人簡樸，廉靜樂道，不交接世俗，專思經術。白天誦讀經史，夜晚觀察星象，晚上功課未完就不睡，直到天亮。七十二歲才去世。」

劉向《說苑》計二十卷，「說」是講話，「苑」是園林，也指藝文薈萃之意。該書都是掇取前人的嘉言善行，提供我們學習模仿或作爲警惕鑑戒之用。取材豐富，文詞簡鍊。後來唐代劉貺、宋代劉清之，都編有《續說苑》。

明代翰林院何良俊刊刻《說苑》撰序說：「劉子政之書，特爲馴雅。《說苑》二十篇，起自『君道』『臣術』，繼以『建本』『修文』，終於『反質』。蓋述三王之道，又豈後代俗傳所得窺其旨要哉？」書中有許多佳篇，即使到今時，仍有取材之處。諸如：

（一）嘉言摘引多則

•國有三不祥：有賢不知，一不祥。知而不用，二不祥。用而不任，三不祥（你若是部長、總司令、董事長或廠長，請不要犯這三種錯誤）——卷一•君道。

•少而好學如日出，壯而好學如日中，老而好學如炳燭（學問沒有底，不要出了校門就不再學習。那你鐵定落伍，會被時代淘汰）——卷三•建本。

•春風風人，夏雨雨人（春天惠風送來溫暖，夏天時雨滋養萬物。我賜人恩澤，給人幫助，讓對方受益，我也心中高興）——卷五•貴德。

•吳起吮疽，其母泣曰：吾子將戰死（要使部屬效忠於你，你先要貼心愛他，他才會捨命拚死給你回報）——卷六•復恩。

•徙宅而忘其妻（我們常犯的毛病，多半是只記得辦好那次要的事情，例如旅行訂位去歐洲；卻忘記了主要的事情，例如丟下了護照留在旅館裡）——卷十•敬愼。

•橘逾淮爲枳（環境能改變一生，若能引領我變好那是求之不得。但若誤導我變壞可就後悔已遲了呀）——卷十二•奉使。

•楚弓楚得，又何求焉（眼光要高遠，思維要開闊，不能缺少世界觀。若只是小鼻子小眼睛小家子氣，保準你不會成大事，沒有大作爲。這句話很有啓示性）——卷十四•至公。

•彌子瑕啖我餘桃（愛之欲其生，惡之欲其死，這種老闆，喜怒無常，你要伺候他，卻又捉摸不住，可得要小心了）——卷十七•雜言。

書中故事，多有深意，今摘四篇，語譯較易了解。

（二）去越國賣鞋賣帽

山東魯國境內，有一對夫妻，男人最會織製鞋的粗麻繩，妻子最會織絲絹，兩人想要搬家到越國去謀生。

有位朋友忠告他說：「你要搬家去越國，不久就會沒飯吃了。」

這人問道：「爲甚麼？」

朋友說：「你的粗麻繩是編製麻鞋用的，絲絹是縫製帽子用的。可是你不知道我們山東在北方，那越國卻在南方，那裡天氣炎熱，人民多打光腳，不要穿鞋，剪了頭髮，也不要戴帽子。單憑你們這兩項謀生專長，搬去那用不著的國度裡，不餓飯哪可能呢？」

這篇文字短，內容簡，反而清晰，有助於啓示。猶如去尼姑庵賣梳子，向盲人院推銷手電筒，哪有生計？原則是：凡屬沒有弄清情況就貿然去做，那太冒險了（見《說苑》卷二十・反質最末一條）。

（三）貓頭鷹打算遷窩

貓頭鷹在長途飛行中休息時，遇見了班鳩。

班鳩問：「你要飛去哪裡？」

貓頭鷹答：「我打算遷移到那遙遠的東方去住。」

鳩問：「爲甚麼呢？」

貓頭鷹說：「這一帶的人，都討厭我兇戾的噪叫聲，所以我要搬到遠方去。」

班鳩道：「如果你能改掉你那悽啞哀哮令人嫌厭的嚎聲就好了。你遷不遷走和打算遷到任何地方去都會受到歡迎的。如果你不能改變啼聲，即使遷往遙遠的東方，人們還是厭惡你的呀！」

這是個寓言，當然也寓有深意。貓頭鷹就是梟，《說文》云：「梟，不孝鳥也。」傳說梟鳥食母，乃是惡鳥。本段的要旨是：自己有缺點，既不三省吾身，只怪別人不淑，埋怨環境不好，犯這種毛病的人可多了，還是反求諸己吧（見《說苑》卷十六・談叢）。

（四）做官三失和三得

孔子的學生孔蔑和宓子賤，都分別官任縣長，孔子（西元前五五一—前四七九）因趁便去訪問他們。

孔子先見到孔蔑，問道：「自你任官以來，哪些事是有所得，哪些事是有所失呢？」孔蔑回答說：「自我到任以來，沒有所得，但所失卻有三項：國家政務太忙，沒有時間讀書，以致學識未進，所失者一也。俸祿所得太少，不能使親族溫飽，以致日漸疏離，所失者二也。公事每天都忙，還要限期完成，無暇去弔唁死亡和慰問病疾，以致友朋之誼未盡，所失者三也。」

孔子再去看望宓子賤，也問他：「自你到任以來，哪些是有所得，哪些是有所失？」子賤說：「自我到任以來，沒有所失，所得則有三項：以前所學，如今得以實踐，使聖道愈加昌明，所得者一也。俸祿收入，可以普惠戚族，使親情愈加密厚，所得者二也。

公務雖忙，卻使訊息靈便，可及時去弔喪問疾，友誼愈加誠篤，所得者三也。」

孔子贊道：「像你這樣所述，才眞是一位君子呀！」（見《說苑》卷七．政理。又見於宓不齊《宓子》孔子兄子條）

這篇對談，明白易懂，多少仍含有若干啓示意義，它告訴我們對同一事件感受各有差異，有人嫌厭它，有人喜歡它，關鍵是端看你怎樣去看待它，怎樣去正確的評斷它。

（五）苦學成爲皇帝師

遠在戰國時代，中牟地方，有位年輕農夫，名叫甯越。他覺得耕田十分辛苦，因問朋友說：「有甚麼方法，可以免掉下田的勞苦呢？」

朋友指點他說：「莫如讀書求學，讀二十年，就通達一切，還可以助益他人啦。」

甯越答道：「好哇！我打算用十五年來苦學。別人休息，我不休息；別人要大睡，我不敢多睡。我要把二十年該學的在十五年裡完成。」

他苦讀了十三年，學識已大成，西周威公拜他爲老師。

這好比趕路：起步快的人，走了兩里路就停止不前，其成就自屬有限。起步慢的人，走了一百里還不肯停步，其成就自當無限。今以甯越的天資，加上長期的力學，終於成爲帝王的老師，不是理該如此的嗎？（見《說苑》卷三．建本）

求學沒有捷徑，無法取巧。那些追求「速食文化」的人，只可能剽竊到一些皮毛，算不了眞學。本篇已夠冗長，恕不引述原文了。

黨太尉：你凍我的兒，我也凍你的兒；
沈壯威：你打我之子，我也打你之子。

三三　三代同堂家法難違無奈裝傻子

「國之本在家」，孟子垂古訓，
「家和萬事興」，誰人敢不聽？
「孝爲百善首」，晚輩都相信，
「忍讓値千金」，行之事事順。

大家庭人口衆多，能夠和睦相處的雖然不少，但老幼三代同住一個屋頂下生活，難免會發生一些小不如意的事件，做出一些匪夷所思的意外動作。請看明代馮夢龍《廣笑府》中，談到北宋時代有位黨進先生，官拜太尉（又叫大司馬，居三公之首），留下了一段記載：

（一）赤體陪跪雪中

「黨太尉罷衙（太尉黨進在官衙中處理公務完畢後回家），見其子裸體縛跪雪地中（看見兒子脫去上衣赤身綁縛跪在前院裡露天的雪地上）。問之，知其得罪了太夫人（問爲何事？才知是小兒子不聽話開罪了祖母大人），因被縛焉（乃罰他綁手跪雪）。黨太尉也就自動裸體，命左右綁縛於兒身之旁（黨進也脫掉上衣，裸露上體叫家人將他綑綁，陪著跪在兒子身旁）。太夫人問他何故如此（祖母感到奇怪，問他爲何這樣做）？太尉答道：『你凍我兒，我也凍你兒（媽媽，你讓我的兒子受凍，我也就讓你的兒子受凍啦）』。」

北宋距今，已屆千年。那個時代，晚輩只能服從，如果對長輩提出反問指責糾正都算忤逆不孝（請參看《孝經》）。或許黨進只好用自身受虐的傻動作來感動軟化太夫人對孫子過分的施罰吧？相近的事例，宋代呂居仁《軒渠錄》也記述了一椿：

（二）抽打自己屁股

「沈鶴年、沈壯威、沈幼俊是祖、父、孫三代。某一日，孫子沈幼俊言語不遜，頂撞了祖父沈鶴年。鶴年大怒，罰孫子在庭院前雙膝跪下，又用藤條打他屁股。此時沈壯威正自外面歸來，見此情形，也不講話，逕自拿起另一藤條，就在沈鶴年面前，使勁抽打自己的屁股。沈鶴年怪而問他這是何意？沈壯威答曰：『你打我的兒子，我也打你的兒子』！」

上述沈壯威的行爲，可謂是憨厚之極，充滿稚趣，博取讀者開懷一樂是了。至於談到三代同堂，到今天仍然看得到。基本上需要老幼和協，以避免產生「代溝」（generation gap，指兩代之間，對事物的看法，和思想見解都會有差異與溝距），才能長長久久也。

行文至此，餘意未盡，因又記起還有個九代同堂的歷史記錄，奉請續閱。依據的是後晉・劉昫撰《舊唐書》孝友傳・張公藝：

（三）張公九世同堂

「鄆州壽張人（壽張縣屬山東省）張公藝，九代同居（一家九代同住一起）。北齊・東安王・永樂（東安王名高永樂與北齊文宣皇帝高洋同輩，曾任濟州刺史，即今山東濟南市）及隋朝大使梁子恭皆躬親慰撫（高梁二人都親往探問撫慰），並表其門（並且旌表張府大門，以示顯揚）。麟德年間，高宗有事泰山（唐高宗到山東泰山祭天），路過鄆州，親臨其宅（皇帝御駕親到張家），問其義由（詢問他九世同堂的治家之道）。其人請紙筆（張公藝叫人給他紙筆作答），但書百餘『忍』字（他只是連續寫下百多個忍字回覆）。高宗嘉歎，賜給縑帛而去（賞賜許多匹絲絹才離去）。此後張姓稱爲『百忍堂』（百忍則萬事親和）即由此而來。」

以上所述，除載於正史，亦見於《新唐書》孝友傳序，也輯入元代吳亮《忍經》書中，應是眞實不虛的吧。記敘的用意，乃在傳揚齊家睦族的美德，希望收風行草偃之效。用心可佩。

不過，此事雖同見於《舊唐書》《新唐書》及《忍經》，但稍加探究，卻不無疑問存焉。蓋所謂九世同堂，應該是九代同時健在，共住一起；也就是指張家自高祖、曾祖、祖父、父親、己身、兒子、孫子、曾孫、玄孫九代全都活著。假設其間每一代最短相隔十六年的話（下一代由幼至壯，結婚生兒），那傳到第九代最少也要一百二十八載。換言之，當那第九代輩行的玄孫還剛在襁褓中時，身爲第一代高祖的張公藝老先生至少已有一百二十八歲的嵩齡了。他能否依然耳聰目明，心怡手敏，仍可躬身伏案，鋪紙捉筆，連續寫下一百多個「忍」字來，只恐怕有些勉強吧？

附記：明代蕭良有《龍文鞭影・初集・卷下》「公藝百忍」條的原文中另有四起多代同堂的記載，一併錄此，作爲補充：（敍述簡略，是否確鑿，似仍存疑）

（一）、南唐・江州（約今贛鄂之地）陳氏，五代同居。

（二）、南北朝・博陵（屬今山東省）李氏，凡七世，共居，同財。家有二十二房，一百九十八口，長幼濟濟。

（三）、太原（屬今山西省）郭世儁，亦七世同居。

（四）、明初・浦江（在今浙江省中部）鄭氏，同居九世，稱天下第一家。

此外，《清通典・禮典・嘉・優老》（原名《皇朝通典》）也載有：

「乾隆五年，命婦索綽羅氏，年一百有三歲，其子孫五代同堂。萬歲節扶掖入朝，照例旌表，加恩賞賜，並御製詩章獎之。」

不過時至今日，多代同堂已罕見了。

他人跨馬我騎驢，仔細思量愧不如；
回頭又見推車漢，比上不足下有餘。

三四　兩方對比短處易見何必做輸家

俗語說：「人比人，氣死人。」比就是較量。雙方相比，會有高下之分，要不就對自己產生自卑，要不就對別人滋生妒意。以故「比」之為患，使人己都不舒坦，是個相當壞的行為。清人紀曉嵐《閱微草堂筆記》敘述一事：

（一）家財比人少，憂鬱度餘生

「有位富商趙仁基，白手成家，財產已逾千萬，日子過得十分愜意。後來認識另一位同郡的財主，也是白手起家的李義昌，資財竟然上億，勝他十倍。趙仁基洩了氣歎道：『我比他差得太多了，即使我努力賺錢也無法趕上，眞是無可奈何。』由於差距太遠，使他非常沮喪，最後連脾氣也變得煩躁欠寧。他的後半輩子便是在憂鬱不樂中度完的。」

以上是受了『比』較之害，而折磨了自己，此外，當對日抗戰之前，南京中央日報有一則小文，揭露夫妻兩人鬥嘴相比：

（二）我不會燒釆，你也不會賺錢

「孫先生抱怨太太說：『你「比」李太太差多了。你看，她能燒出一桌子好菜，我眞羨慕她的廚藝。』孫太太回譏道：『你不知道我在上班賺錢顧家嗎？我忙都忙死了，哪有閒功夫來捉摸做菜？李太太不要上班，每天沒事可幹，「比」我享福多了。她靠著李先生會掙大錢，位子兒子房子車子銀子都有，五「子」登科，哪像你這窩囊廢？你「比」得上她的李先生嗎』？」

這是兩口子針鋒相對，彼此挑剔對方的痛處，互相傷害，破壞夫妻感情，可能最後反目而分手，這是不能隨興亂「比」的。還有：

（三）你的功課，比你同學爛多了

「周媽媽責備女兒周小俐說：『你看！你的成績單上，紅字這麼多，功課這麼爛，你「比」隔壁你那同學吳幼娟差太遠了。』女兒又羞又愧，不敢還嘴，卻轉而抱恨那可惡的吳幼娟，她的功課太棒了，只希望她哪一天被汽車撞死，就免得我老是『比』不上她。」

這也是「比」。可悲的是：那無辜的吳幼娟完全不知情，爲甚麼要遭到詛咒呢？她並沒有得罪周小俐呀。這只是沒來由的受到「比」的嫁禍。又請看《秋暉雲影錄》中所述：

（四）父子比林肯，都差一大截

「丁尚賢教訓他那不長進的兒子：『林肯在你這個年齡時，早已經是個大律師了。你「比一比」看！』兒子爲了自衛，反駁道：『林肯在你這個年齡時，早已經是大總統了，也請你「比一比」看』！」

兩人都互斥對方不長進。《孟子・離婁上》說：「父子之間不責善。」否則只會使得長幼兩代的自尊心都受到損害，實乃「比」之錯也。回過頭來，我們瀏覽歷史，也可看到一些「比」的故實。今舉兩例，第一例是王徽之、王操之、王獻之三人被謝玄來評比，第二例是李密與楊玄感爲友，由李密面對面來評比兩人。今先引第一例，請見《晉書・王獻之傳》原文：

（五）吉人之辭寡，幼小的最好

「王獻之嘗與兄徽之、操之，俱詣謝安（兄弟三人，同去謁見太傅謝安）。二兄多言俗事，獻之寒溫而已（王獻之只問候起居，就不多講話）。既出，客問謝安王氏兄弟優劣（三兄弟辭出後，客人問謝安何人最優秀）？安曰：『小者佳』（小的最好）。客問其故？安曰：『吉人之辭寡，以其少言，故知之。』（善人賢士都是要言不煩，由於他講話少，所以知道）」

我們說話要「時然後言」，就是該講話時才講。要「言必有中」，就是說話恰當而中肯。要「言簡意賅」，就是說話少但須簡潔扼要。要「慎語寡言」，就是不該發言時少說。謝安將王氏三兄弟一比，認爲少說話的人最爲優秀。「吉人之辭寡」出自《易經・繫辭》。這段故實，又同見於《世說新語・品藻第九》，文詞略異：

「王黃門（王徽之後來官任黃門侍郎，故稱王黃門）兄弟三人，俱詣謝公。子猷（王徽之字子猷）子重（王操之字子重）多說俗事。子敬（王獻之字子敬）寒溫而已（詳見上段）。既出，坐客問謝公：『向三賢孰勝？』謝公曰：『小者最勝。』客曰：『何以知之？』謝公曰：『「吉人之辭寡，躁人之辭多」（急躁的人，講話最多）。推此知之』。」

謝安是打敗苻堅百萬大軍的征討大都督，文韜武略雙優，這番評比，先後見於兩種書中，我們應可借鑑。至於第二例則是唐代李密的自比，請見《舊唐書・卷五十三・列傳第三》也見於《新唐書・李密傳》：

（六）打硬仗我不如你，馭英雄你不如我

「李密，嘗欲尋包愷，乘一黃牛，將《漢書》一帙，掛於牛角上（因稱牛角掛書），翻書讀之。楊素見於道，問曰：『何處書生，勤學若此，所讀何書？』李密答曰：『項羽傳。』楊素奇之，與語大悅。後謂其子玄感曰（後來楊素對兒子楊玄感說）：『吾觀李密識度，汝等不及。』於是玄感傾心結納。嘗私問密曰：『隋曆且不長（隋煬帝的統治時期不會長久了），如中原有警，公與我孰後先（假如天下起了騷動，你和我誰該首先起義）？』密曰：『決兩陣之勝，我不如公（假如兩軍對峙打硬仗，我比不上你）；攬天下英雄馭之，公不如我（招攬天下的英豪傑士，加以駕馭，使他們聽話服從，這方面你比不上我）』。」

李密自己評比自己，口氣著實不小，他胸中自有許多蘊藉，才敢自命不凡。他絕不看

輕自己，洵非池中物也。我們如果也想幹出一番作爲，敬請及時策勵。這段典故，除了在宋・王應麟的《三字經》裡有「如負薪，如掛角」的對句之外，又收集在宋・孔平仲《續世說・卷五・賞譽》篇中較爲詳明：

「李密乘一黃牛，將漢書一帙，掛於角上。一手捉牛靷，一手翻漢書。越國公（即楊素）從後按轡躡之，既及，問何處書生，耽學如此？密識越公，乃下牛再拜，自言姓名。又問所讀何書？李密答曰：項羽傳。越公奇之，與語大悅。謂其子元感（即楊玄感）等曰：吾觀李密識度，汝等不及也。」

以上這些個「比一比」，假如能激起一股奮發圖強的雄心，和絕不認輸的壯志，從而掙得一番成就，那倒是美事一樁，值得贊佩。只怕是一則徒然妒恨別人，再則自己消極洩氣，這就不對了。請讓你我心平氣和地想一想、比一比吧：你比我鈔票多，但擔心搶劫，睡不著覺；我比你錢財少，卻清平寧靜，無慮無憂。你比我官兒大，但名纏利繞，頭早白了；我是個小人物，卻身心安泰，快樂祥和。你飽食肥鮮，但有三高痼病（血壓高、血糖高、膽固醇高）；我粗茶淡飯，一生健康長壽，不看醫生，不服中西藥。長遠相比，我還是贏家，何必自尋煩惱？

美國也流行一句諺語：The grass is always greener on the other side of the fence.意思是說籬墻那邊鄰家院內的草坪，長得總是比我家的草坪更加翠綠。我們倘若時時要與別人來比，哪能事事都比別人強？這該怎麼辦？只有擺脫這個「比」字，從「桎梏」中解放出來，往好的方面去想，不要偏揀那壞的一面來自怨自艾，生活才會舒暢輕快。

更進一步，還可以用「比」來贊美別人：「你打桌球，『比』我精熟多了。」「你的論文寫得太好了，我實在都『比』不上你！」只要不是過分討好獻媚，便是妙語嘉言，賓主皆歡。曾有一位隱名儒者，寫下一段小型對話：

（七）我的中國話，比你差太多

「一位美國教授，訪問一位中國學人。這位中國學人自謙，說道：『我的英語，實在「比」不上你那流利的談吐。』那位美國教授即刻回應說：『哪兒的話。如果跟你的英語相「比」，那我的中國話，簡直只能得個七八分，「比」你差太多了嘛！』兩人互贊對方，這才叫儒雅。」

此一範例，聽到後令人心胸爽暢。這才是我們應效法的嘉言。

註：本篇第（六）節中提及的李密，在歷史上同姓名的有三位：（一）晉代李密（公元二二四—二八七）字令伯，小時由祖母劉氏撫養長大，晉武帝徵召他，李密要奉養祖母，寫《陳情表》辭官，見《晉書．李密傳》。（二）北齊時代李密，字希邕，母病多年，群醫束手。他精研醫藥，把母病治好了，譽爲名醫。後從神武帝起兵有功，封容城縣侯、襄州刺史、散騎常侍。見《北齊書．二十二》。（三）本篇連同第十九篇中所述隋唐時代李密（五八二—六一八），字玄邃，有「牛角掛書」故事。幫助楊玄感起兵，後來歸順唐朝，官光祿卿。見《新唐書．李密傳》。

真戰我都不怕，何況乃是假設；
開頭就説倘若，當然只算虛詞。

三五　斯巴達覆函只用一個字作答

英文《泰西五十軼事（Fifty Stories）》是名著。書中第三十二篇題目是「一個簡明的回答（A Laconic Answer）」。譯如左述：

（一）我不怕你，回函只一個原字

古希臘（Ancient Greece）昔時分裂爲幾個小國家，在南方有個小國叫斯巴達（Spata）。斯巴達人以崇尚簡單爲習慣，又以勇武果敢馳譽四境。他們保有一種奇特的性格，就是說話也十分簡潔，不肯多用一個不需要的字。

希臘北部有個馬其頓王國（Macedon），國王腓力浦（Philip）想做希臘全境的盟主，因起兵對各國作戰，或以危言恫嚇，鄰近的那幾個小國都被迫稱他爲共主。於是他就發送一通外交信函給斯巴達，信中說：「倘若我南進到你們的國土裡來，我將要把你們這座大城剷爲平地（原文是"If I go down into your country, I will level your great city to the ground.）。」

腓力浦王心想：這封通牒送去，斯巴達應會心生恐懼，不戰而降。

幾天之後，回函答覆來了。拆信一看，全函只有一個字：「倘若（If）。」

這就等於是說：「你用這小小的『倘若』寫在你來信句子的開頭，情況止是假設，我們絕不害怕。」

筆者猜斷：這「倘若」一詞（英文只是一個字），僅是如果、或然，擺個假樣子虛張聲勢而已，嚇不到人。對講求實力的斯巴達這一方，會認爲乃是空言漫語，難予重視。因此在覆函中，仍舊複用這個「倘若」字兒作爲回敬，不但含有譏嘲之意，而且把對方的意圖和恫嚇都原封退回去了，簡潔明白，不須更改或再添加另外的贅詞就夠了。憑我斯巴達的國力，隨你施展任何伎倆，我這邊都可接招，毫不膽怯，你看著辦吧！

古希臘地理略圖

（二）我要借宿，答話只講一個字

回答單扼簡要，只說一個字就夠了，而且對方沒法反駁。此例雖是笑談，卻也可供悅賞。這是引自宋代朱暉《絕倒錄》中的一短篇，內容是：

「一秀才長途趕路，天快黑了，想借宿路旁一民家。這家只一婦人在，於門縫中回應道：『我家無人。』秀才駁她說：『你！』婦人又答道：『我家無男人！』秀才又駁她說：『我』！」

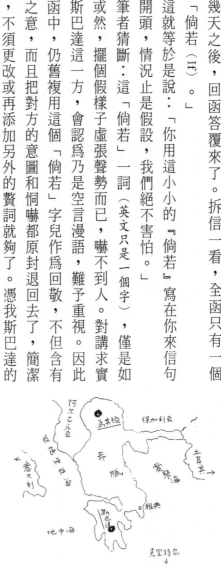

（三）不須文字、電報用符號往來

另外一事，更爲有趣，雙方往來問答，竟然一個字也不必用上，豈可不記？話說法國小說家雨果（Victor Maric Hugo 1802-1885，也有人譯爲囂俄），交由出版公司發行了他的一本新書《悲慘世界》（Les Miserables），隔了三個月，他想知道新書的銷路好不好？就拍去一個電報給出版公司，電文裡只有一個疑問號「？」。出版公司一看，知道是詢問銷售情況，因此立即回答一封電報，同樣簡單，也只有一個驚歎號「！」，乃是說新書暢銷，令人十分滿意。

雨果

我們講話或筆談，當然以簡爲佳，不要囉唆，豈不聞林語堂說：「講話要像女人的裙子，愈短愈好！」

回答「不是」太難，回答「是」很容易。

It is difficult to say "No." It is easy to say "Yea".

——英國前首相布萊爾（Tony Blair）

「傷心枕上三更雨」：清照詞家《添字采桑子》名句
「揉破黃金萬點輕」：易安居士《攤破浣溪沙》雋言

三六　趙明誠作詞僅有三句話最佳

北宋神宗元豐四年，在山明水秀的山東省濟南府，誕生了一位劃時代的女性詞人李清照（一〇八一—一一五一），自號易安居士。她寫的詞，無論在格律上、內涵上、修辭遣句上，都可稱是獨步古今的女作家。

（一）女中詞家李易安

她流傳有專集《漱玉詞》，清代沈謙（字東江）在《塡詞雜說》中評論該詞集云：

「男中李後主，女中李易安，極是當行本色。前此有李太白，故稱爲詞家三李。」

她父親是曾任禮部侍郎且工於文詞的李格非，丈夫是曾任宰相趙挺之之子、撰有《金石錄》的太學生趙明誠。兩家都是望族，夫妻閨房和樂，共同浸潤於文學之探研。南宋陸游《老學庵筆記》引述《才婦錄》的評語說：

「易安居士，能書能畫，又能塡詞，而尤長於文藻。迄今每讀《金石錄序》，頓令我心神開爽。何物老嫗，生此寧馨，大奇大奇。」

（二）事在某書第幾行

趙明誠撰有《金石錄》三十卷。李清照則寫了《金石錄後序》附於書末，證明她也參與了這古代銅器和石刻的考訂辨證工作。這門學問，近人叫做「金石學」，鑾專門的。李清照在序文中，還提到一宗趣事，也該一記。

她說：我們夫妻同住鄉間十年，儘量拿錢去買書，每次書本到手，兩人就輪翻校對。我的記憶力不弱，每在晚餐後，同坐在「歸來堂」品茶，指著收集的古書史籍堆說：某件事應當載在某某書中第幾卷第幾頁的第幾行，用這個方法來比賽。如果誰說對了，就是勝家，可以先飲好茶。我猜中了，舉起茶杯，開懷大笑，一不小心，茶水傾倒，濺透了衣裙，反而飲不到茶了。請對照欣賞那原文：

「後屏居鄉里十年，衣食有餘，竭其俸入以事鉛槧。每獲一書，即同共校勘，指摘疵病。余性偶強記，每飯罷，坐歸來堂烹茶，指堆集書史，言某事在某書某卷第幾頁第幾行，以中否角勝負，爲飲茶先後。中即舉杯大笑，至茶傾覆懷中，反不得飲，甘心老是鄉矣。」

這是深具風趣，十分瀟灑，何等綺麗的閨中樂事。必須兩人都甚爲聰慧、興趣相投、嗜好相同、學識彷彿、記性也相若，才可以拚賭這種學術遊戲。也可見他倆的感情、志趣，都情投意合的了。

（三）卻道是綠肥紅瘦

趙明誠太學生年資滿了，就須離家遠出任官。李清照很想念他，寫了許多懷念的詞章。今舉《如夢令》詞爲例：

「昨夜雨疎風驟／濃睡不消殘酒／試問捲簾人，卻道海棠依舊／知否、知否／應是綠肥紅瘦／」

這首詞只有三十三字，節奏和諧，格律順適，音調明暢，字少意多。捲簾人可能是個小丫鬟。綠肥是葉片腴茂，紅瘦是花朶凋萎，這四字用得清新，有「詞眼」之稱。漁洋山人王士禎評說：「綠肥紅瘦，雕組而不失自然，人工天巧，可稱絕唱。」吟來但覺顏色優美，好似一幅惲南田的彩繪畫圖。

（四）重陽人比黃花瘦

欣逢九月九日重陽節，李清照又塡了《醉花陰》詞寄給丈夫。趙明誠讀罷歎服之餘，每感李易安的才華勝己，自身總是稍遜一籌，心中不服，想要超過她，於是閉門謝客，廢寢忘食，花了三天三夜，寫成了十五首詞，把李清照的這一首《醉花陰》也抄在其中，整個拿給好友陸德夫來評鑑。德夫玩味再三，微笑評說：「只有三句話最佳。」趙問是哪三句？德夫朗吟曰：「莫道不消魂，簾捲西風，人比黃花瘦！」這正是李易安的詞句，趙明誠始終未能超越她。這詞的全文是：

「薄霧濃雲愁永晝／瑞腦銷金獸／佳節又重陽，玉枕紗廚，半

李清照

夜涼初透／東籬把酒黃昏後／有暗香盈袖／莫道不消魂，簾捲西風，人比黃花瘦／」

爲了易懂，略作解釋：①詞旨是詠重陽。②薄霧濃雲據《古今詞統》作薄霧濃雰。從整句來看，濃雲愁三字都是陽平，如換雲爲雰，夾入一個陰平，唱唸時會好聽些。③瑞腦是香料，一名龍瑞腦。④金獸是獸形的銅香爐。⑤玉枕即磁枕。⑥紗廚即紗幮，又稱碧紗幮，即紗帳。⑦東籬是菊花種地。⑧暗香即幽香，指菊香。⑨消魂即銷魂。⑩簾捲西風，即秋風吹掀細竹簾。⑪黃花即菊花。

以上這「只有三句話最佳」之語，是本於元代伊士珍《瑯嬛記・卷中》而來。茲錄原文，請予參對：

「李易安以重陽《醉花陰》詞函致趙明誠。明誠歎賞，自愧弗逮，務欲勝之。一切謝客，忘食忘寢者三日夜，得十五闋，雜易安作，以示友人陸德夫。德夫玩之再三，曰：『只三句絕佳。』明誠詰之，答曰：『莫道不消魂，簾捲西風，人比黃花瘦。』正易安作也。」

由此證明李清照的寫作確是高人一籌，這絕佳的三句也確是至今傳誦不衰。這首詞別人也有評贊：明代王世貞《藝苑卮言》：「康與之『人比梅花瘦幾分』，又『天還知道，和天也瘦』；又此處『人比黃花瘦』，又『應是綠肥紅瘦』，以及『人共博山煙瘦』，瘦字俱妙。」許昂霄說：「結句從『人與綠楊俱瘦』化出，語意更爲工妙。」江賓谷有詩贊云：「漱玉便娟（便音騈讀二聲。便娟是姿態柔美，見《楚辭．屈原．大招》）態有餘，趙家芝草夢非虛；最憐『重九消魂』句，吟『瘦』郎君總不如。」譚玉生也嘉賞此詞云：「『綠肥紅瘦語嫣然，『人比黃花』更可憐；若並詩中論位置，易安居士李青蓮。』」

李清照三十一歲時，照了一張像片，剪水雙眸，盈盈倩影，眞似她自撰的《減字木蘭花》詞中「雲鬢斜簪，徒要教郎比並看」的神態。趙明誠題句說：「清麗其詞，端莊其品，歸去來兮，眞堪偕隱。」論點正確。

（五）尋尋覓覓淒慘戚

其他的詞，也多獲佳譽。清代吳衡照《蓮子居詞話》：「易安『眼波纔動被人猜』矜持得妙。」清代李調元《雨村詞話》。「易安卓然一家，詞無一首不工，不徒俯視巾幗，直欲壓倒鬚眉。」宋代張端義《貴耳集》（書名取貴耳賤目之意）：『易安《聲聲慢》云『尋尋覓覓，冷冷清清，淒淒慘慘戚戚』乃孫大娘舞劍手。本朝非無能詞之士，從未有一口氣下十四個疊字者。婦人中有此奇筆，直如珠走玉盤，古今少有。』這首《聲聲慢》詞屬「長調」，描敘的是「秋情」，內容如下：

「尋尋覓覓／冷冷清清，悽悽慘慘戚戚／乍暖還寒時候，最難將息／三盃兩琖（盞）淡酒，怎敵他晚來風急／雁過也，正（最）傷心，卻是舊時相識／滿地黃花堆積／憔悴損，而今有誰忺（堪）摘／守著窗兒，獨自怎生得黑／梧桐更兼細雨，到黃昏點點滴滴／這次第，怎一個愁字了得！」

易安詞該贊美的，應是他善用人人能懂的白話，如「守著窗兒，獨自怎生得黑？」這「黑」字不許第二人押。「怎一個愁字了得！」用「了得」二字，來增添「愁」的份量，這口語化眞用得自然，好到不得了。

末了，筆者提一個不成熟的小建議：請看宋代胡仔，號苕溪漁隱，著有《苕溪漁隱叢話》，在該書「前集・卷三十七・引古今詩話」中說：「有客謂子野（張先，字子野）曰：『人皆稱汝爲「張三中」，即心中事、眼中淚、意中人也。』子野曰：『何不改稱『張三影？』客不曉。張曰：「我有『雲破月來花弄影』『嬌柔懶起，簾壓捲花影』『柳徑無人，墮風絮無影』等句，此吾生平所得意者也。」如若比照這段稱「張三中」「張三影」的逸話，那對李清照可否比照稱她爲「李三瘦」呢？因爲她寫有「知否知否，應是綠肥紅瘦」「新來瘦，非關病酒，不是悲秋」「莫道不消魂，簾捲西風，人比黃花瘦」等名句，稱她三瘦，應也合宜吧？

盡心了解消化一『頁』書，勝過囫圇吞棗讀完一『本』書。
（A page digested is better than a volume hurriedly read.）
——英國歷史學家麥考萊（Thomas Babington Macaulay 1800-1859）

兩句話、結束半天議論，
三寸舌、強於百萬雄師。

三七　毛遂兩言促成楚趙歃血

說理要明白曉暢，一針見血；論事要抓住重點，不涉枝蔓；才能破解猶疑，立收實效。誰能做到？請看毛遂。他脫穎而出（此典源自毛遂），是說話的好例。

秦昭王十五年（約爲紀元前三二二年，距今已二千三百年了），強大的秦國雄師，攻入趙國，圍住了趙國首都邯鄲。趙惠文王派平原君趙勝（公元前?——前二五一）出國求救，專程往見楚王，請結「合縱」之盟，一同抗秦以解圍。

（一）毛遂自薦，權充備員

那趙國平原君是趙武靈王之子，趙惠文王之弟，封於平原，故號平原君。與齊國孟嘗君、魏國信陵君、楚國春申君號爲四公子。府中廣聚賓客，多到數千。此次專赴楚國作外交特使，須挑選門下允文允武有勇有謀的隨員二十人同行，以壯聲威。可是挑來挑去，只選得十九人。平原君無奈說：「養兵千日，用在一時，我養士三千，卻挑不出二十能士，何其失望？」

這時，末座中有位叫毛遂的自告奮勇，主動趨前訴道：「主君選士，終久還缺一人，權且讓我湊湊數，充個末員前去吧。」（毛遂自薦，典故本此）

門客太多，平原君對毛遂沒有印象，問道：「先生在我門下有多少年了？」

毛遂答：「已經三年了。」

平原君道：「大凡賢能的人，處世行事，就好比將一支錐子放入口袋中一樣，那銳利的錐尖馬上便會戳穿口袋，冒出頭來。今先生在我門下三年，同僚們沒有稱贊過你，我也沒有聽說過你，可見你沒有多少專才特識，你還不能入選，你留下來吧。」

毛遂說：「我是直到今天才請你把我放進口袋中，如果早放進去，那整個錐身全都會露出來，豈止尖端而已。（這便是「脫穎而出」的起源）。」

由於終久無人可選，爲了湊數，只好勉強讓他隨行。但那十九人都認爲毛遂不自量力，互相用白眼譏視他。

平原君到了楚國，向楚王建議兩國合縱結盟，抵抗秦國。在殿堂上自早晨談起，談到中午還毫無結果。毛遂急了，大步闖上殿階，問平原君說：「合縱的得失利弊，兩句話就可說定。今自早上談起，到現在中午還沒有結論，這是甚麼緣故？」

楚王不認識這位不速之客，問平原君道：「這位先生是誰？幹甚麼來的？」

平原君說：「他是隨我而來的門客舍人毛遂。」

既然只是個舍人，怎有資格上殿來揷言質問，楚王衝著毛遂吼道：「還不趕快退下！

我在與你主人談話，討論國際間的大政，你敢擅自跑上來幹嘛？」

毛遂按著腰間寶劍，向前靠近了幾步，對楚王說：「大王，你敢斥罵我，不外是仗著楚國軍隊衆多而且強大。現在我與你相距不過七步，堂下的衛隊救不了你，大王能不能活命就看我要不要抽劍了。你當著我主君之面怒罵我，不是太失禮了嗎？」

楚王不知如何回應，問道：「先生有甚麼意見要說？」

（二）合縱爲楚，非爲趙也

毛遂放言道：「貴邦楚國，國土廣達五千里，精兵多達百萬人，這已經具有獨稱霸主的資格了。但是，那秦國的白起，不過是個無能小子，他只帶了幾萬士兵，與你的百萬楚師對陣，居然一戰就攻破了你楚國的首都鄢郢，再戰又燒燬了你上輩的墓地夷陵，三戰更凌辱了你楚王的前代多位先人，這都是一百輩子的深仇極怨，我趙國都連帶感到羞慚，而你卻忘記了對秦國的大恨。今天我主人來商議合縱結盟，也是爲楚國報仇，哪會單是爲我趙國，大王可要搞清楚呀！」

楚王聽了這番義正詞嚴、斬釘截鐵的讜論，說的都是實情，事事精確，句句扼要，有似醍醐灌頂，猛然醒悟，即刻承諾道：「毛先生這才說到了問題的核心，理由已十分明曉，毋須再談。我就傾全楚國之力，爲合縱而效命就是了。」

毛遂問道：「這合縱之約就說定了？」

楚王說：「決定了！」

毛遂轉頭吩咐：「請快拿牛血馬血上殿來！」

毛先生高捧著盛血的銅盤，先跪向楚王說：「請大王帶頭歃血（古人盟誓，要用牛馬鮮血，塗在嘴唇上，表示說話算話，以昭信守，叫歃血，見《穀梁傳》莊二七年），宣示兩國定盟，合縱約成，永爲信誓。」楚趙之盟，就圓滿締結了。

（三）三寸舌強於百萬師

縱約既成，平原君返回趙國，申言道：「我趙勝觀察別人的賢愚高下，多到千位。自認眼光準確，不會錯失才德之士，如今乃失之於毛遂先生。毛先生出一言，使趙國聲望，重於禹鑄之九鼎；毛先生三寸之舌，強於百萬雄師。我趙勝自今以後，不敢再輕率的妄加評斷他人了。」

即日起，奉毛遂爲上賓。

以上是根據《史記》卷七十六、列傳第十六、平原君列傳轉爲語譯，又同見於司馬光《資治通鑑》卷五、周紀五。今引《史記》原文，以供參對：

「秦圍邯鄲，趙使平原君求救於楚。約門下文武俱備者二十人偕。得十九人。門客毛遂自贊曰：今少一人，願備員而行。平原君曰：先生處門下幾年矣？遂曰：三年矣。平原君曰：夫賢士之處世，若錐處囊中，其末立見，今先生處三年未有所聞，是無所有也，先生留。遂曰：若臣早處囊中，將脫穎而出，豈特末見而已？竟偕。十九人相與目笑之。平原君與楚議合縱，日出而言，日中不決。毛遂歷階而問曰：縱之利害，兩言而決耳。今日中不決何也？楚王曰；客何爲者也？平原君曰：是勝之舍人也。楚王叱曰：胡不下？吾與汝君言，汝何爲者也。遂曰：王叱遂以楚國之衆也。今十步之內，王不得恃楚國之衆也。王之命懸於遂手。吾君在前，叱者何也。今楚地方五千里，持戟百萬，此霸王之資也。白起小豎子耳，率數萬之衆與楚戰，一戰而舉鄢郢，再戰而燒夷陵，三戰而辱王之先人，此百世之怨，而趙之所羞，而王弗知惡焉。合縱爲楚，非爲趙也。楚王曰：誠若先生之言，謹奉社稷以從。遂曰：從定乎？楚王曰：定矣。遂曰：取血來。跪而進楚王曰：王先歃血而定從。平原君歸趙，曰：勝相士多者千人，自以爲不失，今乃失之於毛先生。毛先生一至楚，而使趙重於九鼎，毛先生三寸舌，強於百萬師，勝不敢復相士矣。遂以爲上客。」

（四）平時若無蘊蓄，何能九鼎一言

我們試看：平原君見楚王，可能談的是迂闊之論，楚王反應冷淡。遇到這種對手，必須言詞犀利，瞄準他的痛處，扎下一針，讓他見血心驚，才會猛然警醒。本篇毛遂的一番高論，曉明尖銳：楚國強大，一也；三戰連敗，二也；合縱報仇，三也；盟約利楚，四也。一與二是賓，三與四是主。所謂「兩言而決」，便是「合縱爲楚，非爲趙也」。要語不煩，有似春雷驚蟄；楚王豁然省悟，縱約即日成盟。此蓋胸蘊珠璣，緊要時戳入錐尖，就可切中要害。若非平時之潛觀宏察，何能九鼎一言？妙語聽來，必多啓發。現代政經工商界更加複雜化與多元化了（國與國間的政治軍事財經貿易科技人文的鬥爭愈見頻繁），舊學續應發揚，新知更待追索。一方面要博採廣蒐，一方面宜抽絲剝繭，由豐而約，條析理明，自可說成定論。

上述毛遂在緊要關頭「兩言而決」的壯語，歷史上也不乏同質的實例：

唐太宗李世民（五九八—六四九）未登帝位之前，封爲秦王。他有兩位兄弟，長兄李建成，荒色嗜酒，（死後謚隱）。幼弟李元吉，猜鷙驕侈，（後來追封爲巢王）。兄弟二人，忌憚李世民英明功偉，暗中勾結起來，企圖謀殺李世民。李世民知悉了，在危局中決定反擊，就在準備發動之時，有人請來巫師卜卦，求問神靈，指示凶吉。

李府中有位謀臣張公謹，此時正從外面回來，看到這個場景，他一把將占卦的龜甲筮筴搶過來，砸爛在地上，宣告說：「卜以決疑，不疑何卜？」他接續解釋道：「今日之舉，事有必要，勢在必行，沒有懷疑，不能猶豫，幹嘛要卜？假如卜而不吉，難道就收手不幹了嗎？」

秦王李世民也認爲有理，就照原計劃伏兵於玄武門，一舉滅了建成元吉。以後即位爲唐太宗，開啓了貞觀之治。請見《新唐書》卷八十九、列傳第十四。

還有：本書第三十八篇，甘羅警告張唐：「今文信侯請你相燕而你不肯，我不知你死在何所矣。」又第八十九篇，諸葛亮提示劉琦：「申生居國內命危，重耳在國外身安。」這都是由於兩句緊要話而獲致旋乾轉坤的奇效。

他（武安君）白起（算老三），哪比得（前丞相）范睢（是老二），他敢反范（阻攻趙），終於賜死；
你（大將軍）張唐（小老公），遠不如（今仲父）呂相（稱老大），你若抗呂（不聽話），必會喪生。

三八　甘羅三問，勸服張唐相燕

說話是一門大學問，甚至孔夫子也把「言語」列爲他教學的四大科系之一（請見《論語》先進篇。其他是德行、政事和文學）。

有的人絮絮叨叨，說了半天，仍是言之無物。有的人直搗黃龍，三言兩語，就叫人茅塞頓開。我們生就了一張嘴，就要學會善於講話。甚至一個幼輩青年，竟也是此中老手，謂余不信，請看甘羅。

（一）張唐拒絕受命

秦國丞相呂不韋（元前？—前二三五），封文信侯，官高權大。那時燕國懼怕秦國，把太子送來秦國作抵押，以示結好；秦國也當派一位重要大臣去燕國作相國，既可輔佐燕王，又可監督施政。當時秦朝大臣中，要算那文武兼資的張唐最適合，呂不韋就告知他，請他前往燕國赴任。

不料張唐當面就拒絕了，理由是：「我若前去燕國，必須經過趙國。我以前多次帶兵攻打趙國，結怨很深。趙國出了賞令：凡是捉到我張唐的，可以領到一百里土地的獎賞。這是送死，恐怕不好去吧。」

張唐抗命，沒有接受，呂不韋心中氣忿，不悅之色，掛在臉上。他的門下有位少年才俊，名叫甘羅（甘茂的孫，後來秦國封他爲上卿。《戰國策》說此時他任少庶子）見呂丞相面容極爲不爽，因問道：「丞相今天爲甚麼悶悶不樂，很不愉快？」

呂不韋說：「今天我親自請張唐去燕國爲相，他卻不肯答應。」

甘羅道：「原來是這樁小事，他不肯去，讓我說服他前去就是了。」

這甘羅好大的口氣，年紀輕輕，顯然是少不更事。呂不韋叱責他道：「你這小兒郎懂得多少？膽敢口出大言！我身爲丞相，親口請他都不幹，你乳臭未乾，憑甚麼能說得動他？」

甘羅道：「從前有個神童叫項橐（魯國人。《淮南子．修務》《論衡．實知》都作項託），纔七歲就做了孔子的老師。如今我已經十二歲，比項橐大多了，應該讓我去試一試看，有甚麼好呵叱的呢？」

（二）甘羅一說就通

甘羅去見張唐。張唐知道他是呂丞相的門客，但蔑視他年輕識淺，沒甚麼了不起。隨便問道：「孺子有何見教？」

甘羅劈頭就說：「我是來警告你的！」

張唐不以爲意笑問道：「甚麼事讓你來警告我，說說看。」

甘羅單刀直入，問道：「我先要請教你：你的作戰功勞，與武安君白起將軍（秦國大將白起，一戰就坑殺趙兵四十萬人）比較，誰個爲高？」（一問）

張唐說：「武安君白起，威震多國。他南挫強楚，北破燕趙，無戰不勝，無攻不克。我的功勞比不上他。」

甘羅再問：「以前的丞相、封爲應侯的范雎（策定遠交近攻之方略，深得秦昭王寵信）在我秦國，與現今丞相呂不韋（秦始皇尊他爲仲父，獨攬國政）比較，誰的權大？」（二問）

張唐說：「范雎比今相呂不韋差多了。」

甘羅追問：「你確實知道前丞相范雎一定比不上今丞相呂不韋嗎？」（三問）

張唐答：「這個我的確知道。」

甘羅切入正題，說道：「這就得了！你既然知道你的功勞不如白起，白起比不上范雎，而范雎的權力又不如貴爲仲父的呂不韋，那爲何你還不聽呂丞相的派遣呢？你看：以前范雎叫白起去攻打趙國，白起不願意接受。出城離此地首都咸陽不過七里地，就賜他死了（見《史記》卷七十三白起列傳）。

你剛才比較過了，你與呂丞相之間，相差了好長的四大截，請想一想那個范雎尚且容不下白起，難道呂丞相能夠容得下你嗎？他手操生殺大權，哪肯寬恕抗命的人？他親自面請你去燕國，已經是給你夠大的面子，你不答應，這是自己找死呀，誰都不曉得你這位功勞不如白起的人，會在何時何地被呂丞相砍掉你的腦袋！」

張唐悚然驚悟，連忙接口道：「甘小哥說來確有至理，眞是一言驚醒夢中人，就憑你這一場警語，我決定遵命前去燕國就是了！」

（三）抗命就是找死

以上是《戰國策・秦策・文信侯欲攻趙篇》裡的一段談話，也同時見於《史記・卷七十一・甘茂列傳》所附之甘羅傳，又見於戰國・甘羅《潼山子》。今引《戰國策》原文以供對閱：

「文信侯請張唐相燕，張唐辭曰：燕者必徑於趙，趙人得唐者，受百里之地。文信侯去而不快。少庶子甘羅曰：君侯何不快甚也？文信侯曰：今吾自請張卿相燕而不肯行。甘羅曰：臣請行之。文信侯叱曰：我自請之而不肯，汝安能行之？甘羅曰：夫項橐生七歲而爲孔子師，今臣十二歲矣，君其試臣，奚遽叱也。甘羅見張唐曰：卿之功孰與武安君？唐曰：武安君戰勝攻取，不知其數，臣之功不如武安君也。甘羅曰：應侯之用秦也，孰與文信侯專？曰：應侯不如文信侯專。曰：卿明知不如文信侯專歟？曰：知之。甘羅曰：應侯欲伐趙，武安君難之。去咸陽七里，絞而殺之。今文信侯自請卿相燕，而卿不肯行，臣不知卿所死之處矣。唐曰：請因孺子行。」

（四）料事要看大處

這是一場精彩的對談。甘羅年紀輕輕，卻能分析利害，比較生死，而且層層剝筍，步步破迷。張唐只想到趙國懸了賞格要抓他，沒有深想抗拒呂不韋更會喪命，可能是當局者迷，知其一而不知其二吧？

而幼慧的甘羅，卻看得清楚，說得扼要，一經他直接了當伶牙俐嘴的分析，再也明白不過。張唐受此當頭棒喝，一點就通，馬上照辦，眞可拍案叫好也。

我們回頭看看自己，第一、政治圈子裡卡複雜，可能你也會遇到去就兩難的局面，這時要從整個大環境來觀察，不要單由局部的小狀況來定取捨，以免壞了大事。第二、惋惜甘羅如此聰俊，長大後歷史上斷了記載，功業不傳，殊有遺憾存焉。

唐代白居易《與元九書》說：

「言者無罪，聞者足戒（這話出自《毛詩・序》）。

言者聞者，莫不兩盡其心焉。」

道旁有李，其果必然苦也；世亂無主，吾心獨無主乎？

三九　王生許生都有慧語

我們天天在講話，也天天在聽話。「講」話本也很難，既要「時然後言（應該講的時候才講）」，又要「言之有物（說來內容實在）」。「聽」話亦不容易，既要「聽其言而觀其行（講話要兌現）」。又要「聞・思・修（聞是聽到，思是判斷，修是證實，見佛經《成實論・二十》）」。還有晉代傅玄《傅子》說：「聽言必審其本（要審察其本源之善惡）」。唐・皮日休《耳箴》說：「聽誤多害，聽妄多敗（錯的話聽了大多有害，妄誕的話多招災）」。既明乎此，豈可不慎乎？

而且，大家都有體驗的是：只要我們一開口說話，對方就可從話中推知說者有多少智慧。尤其是前代有些年幼的天才兒郎，說話竟然充滿識見，眞是後生可畏也。請看：

一、陳蕃：要掃除天下：東漢時代，官居太尉的陳蕃（？——一六八），他在年青時，不打掃自己的居室庭院。他父親好友薛勤說：「你這孩子，爲何不事打掃？也好接待賓客呀！」小陳蕃回應道：「大丈夫應當掃除整個天底下的塵垢，怎可只從事一家一室的打掃呢（原文是：大丈夫當掃除天下，安事一室乎）？」這便是陳蕃幼年的抱負，此話記載於明・趙瑜《兒世說・言志》，又見於《後漢書》陳蕃傳。

二、孔融：大梨讓大哥：東漢又有北海丞相孔融（一五三—二〇八），小時候跟哥哥共同吃梨，他一直選拿小的。家人問他緣由，孔融說：「我年紀最小，應當拿小梨，大的要讓給哥哥們吃。」這事請見《後漢書・孔融傳》，又見劉峻《世說注》，又見明・趙瑜《兒世說・恬裕》，又見宋王應麟《三字經》「融四歲，能讓梨」之韻語。

三、王泰：不拿也會有：南北朝時代的梁朝，有位官任吏部尚書的王泰，年不滿十歲時，祖母喚來多位孫兒，將棗子和栗子倒在桌案上給大家吃。孫輩們都搶著去拿，獨有王泰站著，一動也不動。問他爲甚麼？王泰答道：「我不必急著拿嘛，等會兒自然就會分到賞賜的呀。」請見《梁書・王泰傳》，又見《兒世說・恬裕》。原文如下：

「王泰數歲時，祖母散棗栗於床，群兒競取之，泰獨不動。媼問之，答曰：『不取，自當得賜』。」

四、金士珊：湯沸火初紅：又明代有位女詩人金士珊，字雪莊，是金德麟之女，王陶軒之妻，著有《紅餘草》。她自小就很聰明，母親教授她讀詩集，唸到「竹爐湯沸火初紅」這句詩時，金小妹指著說：「一鍋子湯都已經燒到沸騰，那爐子裡的火難道方才開始變爲紅旺嗎？這句詩恐怕不對吧？」見識何等穎悟。請閱清・嚴蘅《女世說・言語》：

「明代金士珊，生有夙慧。幼時，其母課以小詩，至『竹爐湯沸火初紅』之句，士珊笑謂：『湯已沸矣，火猶始紅耶』？」

五、王戎：道旁有李，其果必苦：說到這裡，當然要提到晉代官任司徒的王戎。他小時候，和一群兒童在村外大道旁玩遊戲，發現路邊有株大李樹，樹上結了許多李子，兒童們都攀爬去摘，只有王戎不動，問他爲何不去摘取？王戎安定地答道：「這李樹生長在路邊，結了這麼多李子，如今都留在枝頭上，一定是苦味的李子呀！」有的兒童已經搶先吃了，眞的是苦李云云。這事載於《晉書・王戎傳》，原文是：

「王戎年七歲，嘗與群兒戲於道側，見李樹多實，兒輩競趣之，戎獨不往。或問其故？戎曰：樹在道邊而多子，必苦李也。取之信然。」

這段史事，又見於南朝宋・劉義慶《世說新語・雅量第六》，又見於明・曹臣《舌華錄・慧語第一》，又見於清・允祿《子史精華・卷一百一・早慧》，而程允升《幼學故事瓊林・花木》也有「道傍苦李，爲人所棄。」的記載。

六、許衡：世亂無主，吾心有主：另有一個事例，也當爲作陪襯。元代有位幼童許衡（一二〇九―一二八一），從小就不平凡。七歲入學啓蒙，背唸古書，他問老師道：「讀書是爲了甚麼？」老師說：「讀了書，就可以參加考試錄取去做官。」許衡追問道：「讀書的目的，就單只是去做官嗎？」老師無法再答，只覺得這位童生十分超異。後來，在一個暑天裡，大家走遠路，到了河陽縣，嘴巴都很渴了，發現路旁有株梨樹，結了不少梨果，多人爭著去摘梨來解渴，唯有許衡獨自端坐樹下，若無其事。問他爲何不去摘梨？許衡說：「不是屬於我所有的東西卻隨便去拿，是不可以的。」別人說：「現在世局很亂，村民都逃開了，梨樹沒有主人了呀！」許衡反問道：「即算梨樹沒有主，我的心中難道沒有主嗎？」請對照《元史・卷一百五十八・許衡》的原文：

「許衡幼有異稟，七歲入學，授章句，問其師曰：讀書何爲？師曰：取科第耳。曰：如斯而已乎？師大奇之。後、暑中過河陽，渴甚。道有梨，衆爭取啖之，衡獨危坐樹下自若。問之，曰：非其有而取之，不可也。人曰：亂世，此無主。曰：梨無主，吾心獨無主乎？」

到了明代，鄭瑄《昨非庵日纂。內省第十三》也記敘了這事。許衡只是幼童，竟能質問「讀書何爲」這種識見，且又強調「吾心有主」這種德操，眞是難得。他後來官任國子祭酒，就是掌領國家的太學，學者稱他爲魯齋先生，卒諡文正，有多種著作傳世。

有似這樣的史例尚多，未能悉舉。但每一則都顯出年輕主角們過人的聰穎和敏銳的口才，我們讀來，該有些啓發作用吧。

唐憲宗見柳公權之字帖，愛之甚，授為翰林侍書學士。憲宗問：「柳卿，你的書法，何能如是之善？」柳公權奏道：「用筆在心，心正則筆正。」知以筆諫也。

——趙伯平《通鑑雋語》唐紀　憲宗

只說一句，正反皆錯；再說兩句，全都犯過；我知道我，一無所知；以矛攻盾，謊言戳破。

四〇　愛氏埃氏各逞怪談

別人講話，有時會說出一些帶瑕疵的話，或是曖昧的話，或是刁鑽的話，我們聽話時，就得要靜思一下、過濾一下，想一想話中的對和錯，才是有智慧、懂得判斷的高人。今且引述若干纏夾依違、兩相非是的怪說，似可用來測試你我的領悟力。

（一）撒謊不撒謊全都不對

愛皮梅尼特，是克里特島（Crete）哲人。克島是希臘（Greece）的第一大島，在地中海的東部，愛琴海的南端，是希臘古文明的發源地（可參看第三十五篇地圖）。愛氏精敏高悟，他是克里特島人，卻說了一句俏皮話：

「所有的克里特島人都撒謊。」

若將此話推究，正反兩面都有毛病。先從正面來看：假定他說的這句「克島人都撒謊」是正確的，但由於他是克島人，克島人盡說謊話，因此他所說「克島人都撒謊」這句應也是撒謊的話，謊話就是錯話，這句話錯了。

再從反面來看：他已說「克島人都撒謊」在先，但他本是克島人，而克島人說的都是謊話，因此愛氏這句「克島人都撒謊」也應是謊話。負負得正，正確的該是「克島人都『不』撒謊」才對。然而愛氏說的原句是「克島人都撒謊」，足以反證這句話是說錯了。

（二）上下相纏兩句都錯

上段只說出一句話，卻正反都錯，應是謬言。下文另有兩句話，互抵竟然也都錯了。這是出自西方學者埃舍爾的書中，寫了互纏相關的兩句話：

「下面這句話是錯的，
上面這句話是對的。」

這兩句話互相影響，都有問題。爲甚麼？先從第一句來看，如果認爲第一句所說「下句是錯的」爲正確，那末所指的第二句原文「上句是對的」便是說錯了（第二句錯），應該改正爲「上句是『錯』的」才算正確。如此一改，且又承認改後爲正確，那末拿這改正後的第二句「上句是錯的」去判讀第一句，這第一句當然也就不正確了（第一句錯）。

這是由第一句來推斷，兩句話都錯了。

再從二句來看吧，如果認爲第二句所說「上句是對的」正確，那它所指的第一句原文「下句是錯的」當然應該視爲正確。既然第一句「下句是錯的」正確，就否定了第二句，也就是說第二句原文「上句是對的」錯了（第二句錯），應該改成「上句是『錯』的」才算正確。

再拿這改爲正確的第二句「上句是錯的」去判讀第一句，這第一句原文「下句是錯的」便也錯了（第一句錯）。

這是由第二句話來推斷，兩句話也都錯了。

（三）自知無知就非一無所知

還有，高明的聽者，在聽話時，每能找出說者的破綻。請看那古希臘哲學家亞里斯多德（Aristotle 384—322 B.C.），亞氏的老師是柏拉圖（Plato 427?—347 B.C.），柏氏的老師是大哲學家蘇格拉底（Socrates 469—399 B.C.）。這位太老師蘇氏說過一句名言：

「我現在唯一知道的事，就是我知道我一無所知。」

蘇氏的本意原是表示他的謙沖胸襟，虛懷若谷。不過就難免招人懷疑，向他請問：「您蘇老是我們這群哲人所最崇仰的大學者，您怎麼會『一無所知』呢？」更有人就話引話，趁勢挑剔，刁鑽地提出反駁，似乎還滿有道理：「蘇大學者呀！你既然還能夠自『知』你一無所知，這就證明你並不是『一無所知』嘛！」

蘇格拉底原是一位經常喜歡挑剔別人有錯的人，現在自己似乎也說漏了帶有矛盾的錯話了吧。

（四）以子之矛陷子之盾

說到「矛盾」，便又有《韓非子・難勢》的描敘：

「楚人有鬻楯（鬻是賣，楯是擋刀箭的盾牌）與矛（矛是有尖頭可以刺人的兵器）者。譽其楯曰（誇贊盾牌）：『吾楯之堅，物莫能陷也（我賣的盾牌最堅固，任何兵器不能刺穿它）。』俄而又譽其矛曰：『吾矛之利，於物無不陷也（我的矛最銳利，可以刺透任何物體）。』或曰（有人問道）：『以子之矛，陷子之楯，何如（請用你的矛，刺你的楯，結果會怎麼樣）？』其人弗能應也（那人沒法回答了）。」

這便是自相牴觸謂之矛盾此一成語的由來。論理學上有個「矛盾律（Law of contradiction）」。含意是：如就某一事物加以肯定，即不能同時又否定它；或者既然否定了它，就不能同時又加以肯定。因此，我們在講話時，或聽話時，豈可不多加注意？

有人去算命，算命先生推算他的雙親存亡說：「父在母先亡。」這是說父親在母親之前死了，但也可解釋說父親仍在，母親先死了。又有氣象預報說：「晴時多雲偶陣雨。」把陰晴雲雨都包括了，各種變化都預測到了，無懈可擊。可見語言是活的，搬弄起來，變化多端，可以覆雨翻雲，也可以模稜兩可。本篇所舉諸例，是希望能深一層去體會，否則一時受到矇昧，總是划不來的呀！

「說話不要假大空膨，做官不要推拖貪混；
聽說不要盲從瞎跟，交友不要欺瞞陰狠。」

——秋雲老人《閑情一得》銘句

疾病有無？很少！只患腸胃小恙；年壽長短？最久！可臻百卅高齡。

四一　王祚問卜貪長壽

宋代王銍，字性之，紹興年間任樞院編修官，著有《默記》（另有《雪溪集》《續清夜錄》《四六話》《補侍兒小名錄》等），書中有「王祚問壽」事：

王祚，宋代人，曾任司空。他的兒子官任宰相，兩代享受富貴，一生供奉奢侈，唯一欠缺的是不知年壽是否悠長？深為掛念。

一日，王祚在府宅中，聽到府外有位卜卦算命的搖鈴經過，便叫老家丁出門去請，老家丁趕上去請他回來，一看，原來是個盲人。

這位盲人首先在街上就私下探問老家丁道：「是誰人叫我算卦呀？」這是一句任何人都會問起的通常話，老家丁不必隱瞞，順口答道：「是王宰相的爸爸。他貴極了，富夠了，就只不知壽有多高？」

這盲人本是閱人多矣、極為機靈的算命者，與王祚見面後，胸有成竹，擺開卦式，問得一組生辰八字，據以卜算命運。他鋪排了一陣，忽然大驚，說道：「按這個八字，我依據它來推求命理，別的福祿倒不希奇，只有那壽命卻是極爲長久！」

王祚聽說壽長，心中一喜，連忙問道：「請你算一算能不能活到七十？」

盲人答：「還得向上推。」

問：「能到八十嗎？」

盲人大笑答：「還要向上漲。」

問：「可以活到百歲嗎？」

盲人並未點頭回話，摸觸良久，終於喘了一口氣，贊道：「擁有這個八字的貴人，大概是前世修積陰德無量，今世他的壽命極長，最少也會活到一百三四十歲！」

王祚大喜過望，腦筋一時轉念，又問道：「這期間恐怕會有些疾病折磨吧？」

盲人又細細推摸了一陣，回道：「都沒有。只是接近一百二十歲的時候，當那春夏之際，肚腹臟腑之間，會有些腸胃病來打鬧，但過一陣子也就會平安沒事了。」

王祚心臉轉爲嚴肅，回頭面向身後侍立的兒孫輩愼重地叮嚀道：「你們晚輩要緊緊記住，到了那個年歲，切不可再讓我喝那冷了後的燕窩湯呀！」

對話到此爲止。請對看《默記》原文：

「王祚富貴久，奉養奢侈，所不足者，未知年壽耳。一日，聞有卜者，令人呼之，乃一瞽者。密問云：何人呼我？曰：王宰相之父也。貴極富溢，所不知者壽耳。既見祚，令佈卦成，又推命，大驚曰：此命唯有壽也。祚喜，問曰：能至七十否？瞽者曰：更向上。問：能至八十否？又大笑曰：更向上。曰：能至百歲否？瞽歎息曰：此命至少亦須一百三四十歲！祚大喜，問曰：其間莫有疾病否？其人細數之曰：俱無。只是近一百二十歲之年，春夏間微苦臟腑，尋便安癒矣。祚回顧子孫在後侍立者曰：兒孫輩切記之：是年且莫叫我吃冷湯水。」

筆者按：人生在世，先求兩個「四得」：就是「**活得好，病得少，老得慢，死得快**」；還有就是「**跑得動，吃得進，睡得香，拉得順**」。如此便福德圓滿了。至於世人依據出生的年月日時的生辰八字（例如甲子年乙丑月丙寅日丁卯時）來推算命運的盛衰和年歲的壽夭，似乎頗難理解。因為每一個「時辰」包含了兩個小時（例如子時應是半夜十一點到一點）。以全國出生率來平均計算，大約十分鐘就誕生一個嬰兒（全球人口近五十億），因此一個時辰亦即兩個鐘頭之內，會有十二個嬰兒降生。他們的八字完全相同，請問他們一生的富貴壽考都會一樣的嗎？那雙胞胎孿生子的生命會同時告終嗎？只怕未必！

算命卜封的人，頭腦敏捷，說話機靈。王祚求問壽年，愛聽好話，信而不疑。卜者隨機應變，投其所好，讓他歡喜。這是一個開口騙人，另一個甘願受騙，還正經八百地囑咐未來的事，儘管有些誇張失實，但一狡一愚，描述得入木三分，令人暗笑。

文豪老舍（本名舒慶春。一八九九—一九六六）有句銘言：「對話很重要，是最有人性的部份。」本書之編採，也以此為宗旨。我們側耳細聽王祚和卜者的一問一答，當會激發深刻的啓示。

建宮勞民，收租厚斂；
高髻壞俗，都該改變。

四二　魏徵進諫護狂臣

身爲領導人，要能採納嘉言，身爲屬員，要能敢於講話。歷史上的顯例便是唐太宗和魏徵，一個是明君，一個是直臣，乃有難見的「貞觀之治」。此處且引一段敢於進諫的小故事作證。

唐朝貞觀年間，有位敢言的臣子皇甫德參，撰了奏稟，呈給唐太宗，逕行指出多項不良的政務應該停辦。稟內有幾句直話說道：「陛下續建洛陽宮，徵調民伕服義務役，這是勞苦人民，一害也。又陛下增收地租，加重財富的聚歛，這是剝削百姓，二害也。又鑑於社會風俗頹靡，女人都喜歡結紮高高的髮辮，荒廢正務，這是源自皇宮中的壞風氣引起的帶頭作用，感染到民間，以致蔚爲時尚，三害也。以上這些，都是劣政，應該叫停，才是聖主明君。」

唐太宗（五九七—六四九）見了這封奏稟，勃然大怒，在朝堂上公開斥責道：「這種狂臣，只是要國家不收取半文租金，不徵調一個民人，讓宮中女人都不要頭髮，才稱了他的心意吧。該受重罰！」

魏徵（五八〇——六四三）一向堅持正義，他認爲皇甫德參敢於進言，應是良臣，就幫他向唐太宗爭辯：

「我們看歷史，漢朝有位賈誼，上書給漢文帝時，就說過『當前的國家，該痛哭者有三項，該長歎者有五項』。這些話都講得過分了，很容易惹起忿怒。自古以來，上書給皇帝的，多半說得較爲激切；如果說話不激切，就不能打動皇帝的心。但一涉及激切，說話就近似謗訕，因此諺語有云：『狂夫之言，聖人擇焉（狂人講的話，有德之人仍會選擇正確的來照著做）。』這次皇甫德參的話，如有可取之處，就請陛下鑒察而予以接受。倘若現在只是給他重罰，那今後還有誰敢再講直話了呢？」

唐太宗氣也消了，覺得皇甫德參的話，也不爲無理。爲了鼓勵以後多講直話，還賞賜他絹綢二十匹。這事請見宋代王讜《唐語林》原文：

「皇甫德參，上書太宗，『陛下修洛陽宮，是勞人也。收地租，厚斂也。尚高髻，是宮中所化也。』太宗怒曰：『此人欲使國家不收一租，不役一人，宮人無髮，乃稱某意。』魏徵進曰：『賈誼當漢文帝之時，上書曰：「可痛哭者三，可長歎

魏徵像

者五。」自古上書，率爲激切。不激切，則不能動人主之心；激切，則似謗訕。所謂狂夫之言，聖人擇之，唯有陛下裁察。今苟責之，則以後誰再敢言？』帝乃賜絹二十匹。」

筆者按：爲臣的直言敢諫，爲君的從諫如流，君明臣賢，傳爲佳話。皇甫德參是位忠正骨鯁之士；唐太宗，本也英明幹練，他發怒只是暫時爲自己找理由；經魏徵一番婉勸，就已回嗔轉意，沒有自斷言路，可見其穎達和遠見了。本篇全是對話，原文也甚簡短，可供一賞。

再者，唐代吳兢《貞觀政要》書中，有關魏徵向唐太宗進言之事例很多，例如「創始爲難，守成不易」、「木心不正，脈理皆邪」、「以古爲鏡，可知興替」，都是大家所普知的，故歉未多引。但如能抽出閒暇，找來原書重溫復閱，對身居領導地位的各位讀者先生，必有若干助益，試它一試如何？

宋濂、侍明太祖。太祖詔問群臣臧否（問朝中大臣的好壞）。宋濂對曰：「善者與臣為友，臣知之。其不善者，臣不知也。」太祖美之曰：「濂居朝十九年，未嘗有一言之偽，誚人之短。始終無二，非止君子，抑可謂賢矣。」

——清・張廷玉《明史》卷一百二十八

美麗與聰明，沒把握一定會遺傳到下代；平凡和醜陋，只恐怕多半將延留給後人。

四三　內在美兼具外在美

馳名國際的劇作家兼小說家蕭伯納（George Bernard Shaw 1856—1950，另譯作伯納蕭），也是位幽默大師，爲人富於機智，才華橫溢，談吐傾倒衆生。一九二六年獲得諾貝爾文學獎，只是相貌生得普通。

另有一位現代舞的先驅，就是著名的女舞蹈家鄧肯（Isadora Duncan 1878—1927），他容貌美麗，舞藝超群，經常在歐美各大城市中盛大演出，還在德國及蘇俄創辦了舞蹈學校，培植後進。她行事守規守矩，只是頭腦有時難以立刻反應。

蕭是劇本的創作者，鄧是舞蹈的表演者，兩人職業相互聯通，也都時有交往。鄧肯很仰慕蕭伯納的文才天賦，有一次，鄧肯寫給蕭伯納一信，信裡吐露說：

「親愛的蕭伯納先生：我非常喜愛你。你有聰慧的頭腦，而我有美麗的容貌；如果我倆結合，我敢說，將來我

蕭伯納

們會有一位像你一樣聰明、也像我一樣美麗的可愛小孩……」。

這封示愛的情書，應該是一項美好的建議，可是結果出人意外，蕭伯納接信後，回覆了鄧肯一信，寫得幽默風趣，內容是：

「親愛的鄧肯小姐：很高興收到你的來信，但是我不敢接受你的建議。我歷來就喜歡你，也非常愛你，可是卻不能附和你的話，眞是十分遺憾。我擔心的是，倘若你我結合，也許我們的孩子只會遺傳著你的頭腦卻延留著我的相貌，誰也不能保證不會，那不是不好了嗎？……」

這是《讀者文摘》（Reader's Digest）中的一篇短文。筆者揣想：蕭伯納可能是礙難與鄧肯結婚，因此用詼諧的口吻婉覆；信中這一句倘若孩子生成你的頭腦（有欠靈光）和我的面孔（長得難看），那不就搞砸了嗎？婉言推辭，不惹對方生氣，也算是巧言趣語吧。

「言人之善，澤如膏沐。言人之惡，痛如柔戟。為善不直，必終其曲。為醜不釋，必終其惡。」

——漢・劉向《説苑》卷十六・説叢

五分錢視同一百萬；
五分鐘比況一千年。

四四　五分錢等於百萬錢

這篇簡短對話，是從《英文故事精選》（Selections from English Stories）中轉摘來的，譯文如下：

「有位男士去拜見上帝，請求說：『上帝呀，我有幾個疑問，想請教您，您能給我開示嗎？』

上帝回道：『當然可以呀，孩子！任何大小問題，都不妨來問我。』

這位男士問道：『上帝，你已經活了很久很久的年頭了。對你而言，一千年意味著多久的時間呀？』

上帝答說：『對我來講，一千年也不過是短短的五分鐘而已。』

男士道：『這眞有意思。上帝，我另外還想請問你，一百萬美元對你來說，意味著是多少錢呢？』

上帝回答：『對我而言，一百萬美元，也只是區區的五美分錢而已。』

男士說：『這樣就太好了。那末，上帝，求求您，你現在能借給我五美分嗎？』上帝正眼瞧著男士，面帶微笑答道：『這沒有甚麼不可以，我的孩子。不過，你可得要等候五分鐘呀！』」

筆者按：現代人愈來愈聰明，凡事都想佔點便宜，最好能不勞而得，這是多數人的通病，還似乎愈演愈烈了耶。但是，如果貪念都眞能兌現，那卻甚是不公平，有待遏止。此篇寓言一句「要等五分鐘」（實際上是請他等候一千年）的妙語，足以促人內省。上帝把話講得輕鬆，意涵則很深邃。希望這位男士，甚至包括你我，都不要等閒聽之。倘能由一言而受到開示遏止妄念而迴歸正路，則善莫大焉。

大發明家愛迪生聽力受損，但他寬解說道：「你在過去的二十四小時裡所聽到的，有多少話是『非聽不可』的呢？」

無財只是貧，損德才叫病；
原憲安而樂，失言慚子貢。

四五　子貢失言愧對同學原憲

原憲，也叫原思（元前五一五—前？），是孔子的學生，曾經官任魯國的宰邑（一縣之長）。後來隱居在衛國鄉間，雖褐衣粗食，不改其樂。杜甫《寄李十二白詩》有「處士禰衡俊，諸生原憲貧」之句，後人就把原憲一詞借用來泛指貧窮的人。

春秋時代末期，有位黔婁先生，撰有《黔婁子》一書（輯入《世界文庫・道家佚書十七種》之中，世界書局出版），書中記述有「原憲」條曰：

「原憲居陋巷，子貢方相於衛，結駟連鑣訪憲。憲攝敝衣。子貢曰：夫子病耶？憲曰：德義不修謂之病，無財謂之貧。憲、貧也，非病也。子貢恥其言，終身不敢復見憲。」

這段正文之後，尚有小字註記說：「按此節《漢・韓嬰・韓詩外傳・卷一》《漢・劉向・新序・卷七》《漢・司馬遷・史記・仲尼弟子列傳》《唐・佚名・無能子》《晉・皇甫謐・高士傳》都記有此事，文句略有小異，今引自黔婁子，都在上述五種書籍之前，應該是此事的最初出處也。」如果權予語譯，便是：

原憲住在衛國貧民所居的狹小巷衖裡，安貧樂道。孔子另一位有名的弟子子貢（元前五二〇—前四五六），姓端木，名賜，子貢是號，也是同學之間最富有的人。魯國大夫叔孫武叔還贊他說：「子貢賢於孔子（見《論語》子張篇），可見他聲名遠播。

子貢出仕衛國，作了百官之長，想起了同學原憲，正也住在衛國鄉下，便帶領著盛大的車隊馬隊，前去探望，久別重晤，也好暢敘離情。

兩人晤面了，只見原憲穿了件破衣裳，戴了頂舊帽子，景況似乎並不好。子貢替他難過，順口問道：「你可是生病了，爲甚麼這樣潦倒呢？」

那知原憲答覆了一番眞道理出來：「我聽人說：『道德仁義欠修習，就叫做病；沒有錢財，僅可叫貧。』我原憲如今只是缺少一點錢財吧了，但我過得很安寧快樂，完全沒有生病呀！」

原憲守貧，做到了君子固窮，這是高超的修養。子貢處順境，體會還不夠深切，今天講話錯了，心生愧怍，幾乎這一輩子都不敢再和原憲見面。

那子貢本是孔子門下言語科的傑出弟子（《論語》說：最會說話的是宰我和子貢）。《史記·仲尼弟子列傳》曾說他奉使出國辦外交，竟然在一趟遊說之下，就能存魯、亂齊、破吳、強晉而霸越，足證他本就長於言語（原文太長，不合本書原則故未錄述）。

而且他在《論語·子張第十九》中還告訴陳子禽說：「子貢曰：君子一言以爲智，一言以爲不智，言不可不慎也。」（有才德的人，講出一句正話，就顯示他有智慧。講出一句錯話，就顯露他缺常識。說話不能不小心呀。）

可是這次去訪問同學原憲，無意間隨意問了一句錯話，被黔婁子、無能子、司馬遷、皇甫謐、韓嬰、劉向等人記了下來，形成白璧之玷，可見慎言之不可忽了。又請看唐代史學家吳兢（六七〇—七四九）《貞觀政要》「慎言語篇」說：

「貞觀二年，唐太宗謂侍臣曰：『朕每日欲出一言，即思此一言於百姓有利益否？所以不敢多言』。」

「貞觀八年，太宗謂侍臣曰：『言語者，君子之樞機（品德的關鍵），談何容易？凡庶（平民百姓）言不善，則人記之（別人記得），成其恥累（成爲恥笑之負累）。況是萬乘之主，更不可有所乖失。豈同匹夫（哪會同普通人一樣）？我常以此爲戒』。」

諺語：「一言既出，駟馬難追。」倘若未經大腦過濾，逞口胡言，恐會招來指責，哪可隨便？

說出去的話，永遠不能收回。

The word once spoken can never be recalled.

——古羅馬詩人賀瑞斯（Horace 65-8 BC）

讀盡群書，首要明理；目的在學以致用，乃能濟世；
死背古籍，多犯固執；後果將流於偏頗，恐會敗名。

四六　趙忭抗語批駁拗相荊公

北宋時代的王安石（一〇二一—一〇八六），字介甫，封荊國公，宋神宗時，官居宰相。他生性強亢，恃才傲物，人稱拗相公。當政初期，對滿朝大臣，都看不入眼。有一次在朝會上，大家都在爭論「新法」的利弊得失，言談劇烈，各不相讓。

（一）公輩坐不讀書而已

那新法是王安石刻意推行的新政，包括「農田、水利、青苗、均輸、保甲、免役、市易、保馬、方田諸役，相繼並興，號爲新法（見《宋史》王安石傳）」。此時在朝中遭到質疑，甚至有人反對，他氣極了，以忿怒的眼光掃視百官，抗聲大言：「你們這班人胡亂批評，毛病就出在沒有讀書罷了。」

且容筆者在此穿插片言：按王安石確是讀遍群書，且都背得，隨便你提示某書中的一句，他就能即刻接唸出下一句，這種紮實的

王安石

眞工夫，硬是非凡。如若不信，請參閱本書第五十六篇。

（二）舜帝時有何書可讀

同朝中有位趙忭（一〇〇八—一〇八四），原任殿中侍御史，他彈劾大官，不避權貴，時稱鐵面御史，《宋史》有專傳。這時官任參知政事（宋代官制，以同平章事爲宰相，參知政事是副宰相）。聽到王安石的大話，獨有他提出詰問，用反駁語調回應道：「王相公你這話失言了。請問虞舜爲帝時（按距今約四千餘年）的許多大臣，諸如皋陶（造法律，掌司法刑獄）、夔（典音樂，爲樂正）、后稷（司農政，主管耕稼）、契（爲司徒，掌教化）等賢才良佐，同朝輔國，使得政治安和，人民悅樂，在那個時代，有甚麼書可讀？」

王安石一時語塞，答不上話來，只好默受了。請見宋·朱熹：《三朝名臣言行錄》第五卷、五之二的原文：

「王荊公（王安石）初參政事，視廟堂（廟堂就是朝廷）如無人（沒有飽學的人）。一日，爭新法（爭論實施新法的得失，贊同的人少，反對的人多），怒目諸公曰（王安石眼睛生氣，向許多大臣發怒說）：公輩坐不讀書耳（你們這些大官們就是由於不曾讀書而已）。趙清獻公（趙忭，賜謚清獻）同爲參知政事，獨折（單獨責問）之曰：君言失矣。如皋、夔、稷、契之時，有何書何讀？公默然（王荊公無話可答了）。」

這段對話，也同時見於宋·邵博《聞見後錄》，又見於明·俞琳《經世奇謀》卷之四、能言類，又見於明·曹臣《舌華錄》辯語第十五。都可參看。

（三）葉公超未曾讀書

王安石講誹語，直詆朝中諸大臣：「你們這批人的毛病就是由於不唸書的緣故。」這話說得過分了。今另舉一例，有位婦人，直指葉公超「沒有讀過書。」而且說來有她的獨見，不妨一敘，請予公議。這是引自中央日報出版部發行的《趣談》第三輯中的第四篇。有位學者說：

「我請了一位婦人到我家做半日工，幫忙家務。她走進我家書房，很驚訝地看到那堆近天花板的許多書。她說：『我以前幫過一家人，他家也有很多書。』她又說：『那人叫葉公超。』我唔了一聲沒有接話。她繼續說：『我在猜，他是不是以前沒有讀過書？』她很迷惑地補充她的意見：『要不然，怎麼會現在還在讀個不停呢？』」

葉公超（一九〇四—一九八一）留學美國英國法國，回國當教授，任外交部長、駐美大使。退休後，仍舊手不釋卷，讀書不輟，應是我們的好榜樣。

（四）躬行表率乃可化民

讀書是「投資報酬率」最高的一樁事。不讀書，可能無知；讀了書，不是把知識悶在心中，貴在實現於行動上，故有「知而能行」「行而後知」及「不知亦能行」的話。三代（夏商周）以前，還未曾有叫做「書本」的東西，卻是治世，如何做到？請查閱清・張廷玉《明史》卷一百二十八。列傳第十六的記敘：

「宋濂（一三一〇—一三八一，被尊爲明代開國文臣之首）自命爲儒者，侍明太祖左右（常在朱元璋的身邊），備顧問。太祖問：三代以上，所讀何書？對曰：上古載籍未立（書籍還未出現），人不專講誦。君人者、兼治教之責（治國教民兩事兼辦），率以躬行（親身實行，作爲表率），則衆自化。」

讀了此篇，可能會出現三種看法：其一、從前農業時代，生活單純，自日常處事的實踐中，就可獲得知識；不必讀書，也能行之無礙。趙忭依據這點，指出王安石失言，在那遠古時代，趙話不爲無理。其二、如今已進入科技時代，人造衛星要升天，海底石油想探採，每種每項，學問都很深粹，不讀書恐怕就摸不著門道，因此王安石的話，也不能完全不顧。其三、這也可能涉及知和行的關連。多讀書籍，是接受言教，屬於知。躬行實踐是彰明身教，屬於行。所謂經師易得，人師難求（《後漢書·袁宏傳》則說「經師易遇，人師難遭」）。經師只是傳授「知」識，人師才是以品範「行」爲來教誨他人。所以清代顏元號習齋（一六三五—一七〇四）他的《習齋記餘》解釋說：「讀得書來，須是身上行出，才是眞學問。」這是很有深度的啓示。

多讀書是好的，也是必要的。君不見：「書到用時方恨少」？但請記住明代做過給事中，後又官任御史的曹于汴《共發編》所說「古人之書不可不多讀。但靠書不得，靠讀不得，靠古人不得。」這番叮嚀，最好也忽略不得。

斟酒篩不竭，擲筷變美人，唬住徒弟；
唸咒顯神通，穿墻擋不住，騙倒歪哥。

四七　勞山道士戲授穿墻入室假咒

筆者十來歲時，喜歡常去外婆家，因爲有玩有吃有拿，十分快意。某一次，慈祥的白髮外公叫住我，問道：「培貝，你讀書有進步了吧，能講個書裡的故事給我聽聽嗎？」那個早年時代，新制學校與舊制私塾同時並存。上私塾要唸《增廣》，開卷是「昔時賢文，誨爾諄諄；集韻增廣，多見多聞。觀今宜鑑古，無古不成今。知己知彼，將心比心。酒逢知己飲，詩向會人吟……」。或者是《幼學故事瓊林》，首篇是天文：「混沌初開，乾坤始奠。氣之清輕，上浮者爲天；氣之重濁，下凝者爲地。日月五星，謂之七政；天地與人，謂之三才……」。比起那新學校所唸的「弟弟來，妹妹來。來來來，來上學。」深淺自有差別。

（一）勞山學道，穿墻無礙

外公隨手拿到一本《聊齋志異》，翻出一篇「勞山道士」故事，要我試講。那是文言文，我只好一面看，一面猜，一面口述，勉強算是講完了。大意是：

「有個姓王的，喜歡法術，離家專程前往勞山去學道。因爲是新進的徒弟，先得去砍柴挑水。過了一個多月，手腳都磨出了厚皮，生了繭，卻全沒挨到法術的邊兒，私下就想回家算了。

有天傍晚，砍柴收工回來，見師父和兩位道友共同餐宴喝酒，徒弟們連他在內，都在廳下伺候。天快黑了，還沒有吩咐點燭，卻見師父剪了一塊圓形白紙，拍在牆上，一會兒，白紙變成了明月，照得滿室生光。一位客人說：如此良宵，應該師徒一齊同樂。他拿起小小酒壺，起身對各人篩酒，遍酌徒弟七八人，都捧著大碗盛酒，大家飲了又斟，而小酒壺始終不竭。另一位客人說：寡飲無趣，何不請嫦娥下來作陪？他拿起一根筷子，丟向月中，不一會變成一位美女自月中緩緩降下，漸行漸大，來到桌前，表演霓裳妙舞。舞罷嬌聲歌唱，歌畢，跳到桌上，還原仍是筷子。三人大笑說：今夜雖好，莫若入月宮共飲，豈不更樂？只見他仨連人帶桌，騰空升入月中，相互舉杯，徒弟們全都看得很清楚。良久，月漸淡了，暗了，室內黑了。徒弟們前往隔室點燃巨燭返來，卻只有師父獨在，兩位道友不見了，但桌上杯盤殘菜仍存。

王生十分羨慕，但思家心切，過了兩三個月，婉向師父辭歸。臨別前不敢妄求長生之術。只請求傳授一招牆壁擋不住可以自由進出的小技。師父笑笑，面授他咒語口訣，要他實做。起初他不敢碰牆，師父鼓勵他說：不要怕。王生低著頭，大膽向牆面衝過去，跑了六七步，睜眼回頭一看，果然靈驗，身在牆外了。

他大喜回家，告知妻子，我學法已成。妻不相信，王生當場口中唸咒，閉著眼睛，對牆直衝，不料頭額碰到硬壁，翻跌地上，法術失靈了。他不怪自己居心不正，想學會穿牆去做賊，卻反罵那勞山道士沒有良心騙人。」

外公聽罷，認爲粗略還算達意。又說存心不良的人，不會有好結果，這王生就是個榜樣。他一高興，便獎賞我一包愛吃的大紅袍（花生米），我滿心歡喜。這是《聊齋》卷一中的一篇，也是我第一次接觸這本神怪故事書。

（二）都見先生志異書，姑妄言之妄聽之

這本有諷刺、有素描、有寓言、有寄託、更有談狐說鬼、神仙妖怪的《聊齋志異》的作者是清初蒲松齡（一六四〇—一七一五），山東淄川人。他費時二十年撰成此書，計十六卷，四百三十一篇。借狐鬼的言行，來揭發社會的黑暗，表彰人性的善良。他憑著豐富的想像，婉曲的描述，井然的敘次，簡練的文詞，創造出動人的情節，是一本不厭百回讀的好書。

蒲松齡是在清代康熙年間逝世，生前這書還只有手抄本，到乾隆朝才有木刻本，今則有日英法德俄文本了。他的好友朱緗、字子青，有《題聊齋詩》云：「攤摭成編載一車，詼諧玩世意何如？山精野鬼紛紛是，都見先生志異書。」另一好友王士禎（士禛），別號漁洋山人，也有《奉題志異》詩曰：「姑妄言之妄聽之，豆棚瓜架雨如絲；料應厭作人間語，愛聽秋墳鬼唱詩。」因此《國朝詩人徵略》引清代張維屏《松軒隨筆》、又清代倪鴻《桐陰清話》

都評論謂：「小說家談狐說鬼之書，以聊齋爲第一。」

蒲氏也有自評，他的《次韻答王司寇阮亭詩》（王阮亭就是上述王士禎之號）云：「志異書成共笑之，布袍蕭索鬢如絲；十年頗得黃州意（黃州指蘇東坡，曾任黃州團練副使），冷雨寒燈夜話詩。」又他在《途中》詩也說：「途中寂寞姑談鬼，舟上招搖若遇仙。」這話正與他的告白「雅愛搜神，喜歡談鬼；閒則命筆，因以成篇」相吻合。

由於《聊齋》開啓了志怪之端，以後就有紀曉嵐的《閱微草堂筆記》、袁枚的《子不語》（又名《新齊諧》），都是誌怪之書），但都不及蒲氏的流暢雅潔。筆者回憶往事，雖一晃七十年過了，但記憶猶新，恍如昨日。依在下的淺見，書中諸多有見識有智慧的話語，都有深刻的啓示作用，不知讀者以爲如何？

主父偃曰：「人而無辭，安所用之？昔子產（春秋鄭國大夫）修其辭而趙武致其敬。王孫滿（周之大夫）明其言而楚莊王以慚。蘇秦（戰國縱橫家）行其說而六國以安。蒯通（漢代謀士）陳其說而身得以全。故辭不可不修，而說不可不善也。」

——漢・劉向《說苑》卷十一・善說

五百年後，他人定會遭殃，不願學法；
三千功德，你身已經積滿，可以成仙。

四八　呂祖仙人拒學點鐵成金眞傳

黃金誰不愛？所以就有煉金術（alchamy）的流傳，據說能以溶解、蒸餾、結晶等方法，把質賤的金屬變成高貴的黃金。呂洞賓對此也有一番奇遇。

（一）呂仙拒學法，功德已抵滿

話說唐代京兆人呂洞賓，名嵓，一作巖，字洞賓。元朝武宗封他爲「純陽演正警化孚佑帝君」，因號純陽子，世稱呂祖。他在廬山遇見了八仙中的鍾離權，鍾見他骨相清靈，慧根夙具，必能得道。鍾離權說：「只是現在你功德還不足，今且先傳你『黃白秘術』之法（就是點鐵成金術）學成後便可周濟世人。待你三千次的功德積滿，八百項的善果修齊，我會再來引度你成仙。」

呂洞賓問道：「變成了黃金之後，將來會不會再還原呢？」

鍾答：「那要等五百年之後，才會變回原質的。」

呂洞賓愀然道：「那就使我留禍給五百年後持有這種黃金的人，他們無辜遭到損失，並不公平。這種仙術，我還是不學爲好。」

鍾離權喜道：「你的善心，竟然澤及那些未來幾世代的人，這番慈悲之念太大太深了，足足可以抵補你三千功德、和八百善行所不夠的差數。你的修積已滿，可以擇期到終南山上的鶴頂來見我，帶領你同登仙域吧！」

以上是參照兩種資料合述的，其一是道家典籍清代李涵虛《呂祖年譜・海山奇遇》木刻本之卷一「入終南記」所敘：

呂洞賓像

「唐代咸通三年，呂祖赴廬山，鍾祖（鍾離權）現身來，曰：吾見汝心定，得道必矣。但功行未滿，今且授汝黃白之術（點化成黃金白銀），可以濟世。呂問：所化之庚辛（《淮南子・時則訓注》《素問・藏氣法時論》：庚辛、金也），有變易乎？曰：五百年後，仍還本質耳。呂祖愀然曰：誤五百年後之人，不願學也。鍾祖曰：汝有此慈善念，那三千功德，已經滿盈。吾將度汝成仙去也。」

其二是明代進士袁了凡《了凡四訓》第三訓「積善之方」中說的：

「鍾離授丹於呂祖，點鐵爲金，可以濟世。呂祖問曰：終會變否？曰：五百年後，當復本質。呂祖曰：如此則害五百年後諸人矣，吾不願爲也。鍾離權曰：修仙要積三千功行。汝此一言，三千功行已滿，可以度汝入仙班。」

筆者按：宋代釋道原《景德傳燈錄・靈照禪師》篇中敘道：「還丹一粒，點鐵成金；至理一言，點凡成聖。」本篇鍾離權想要把煉丹之法，傳授呂祖，用特異的神奇丹術點在鐵上，就可變成黃金。呂祖不願留害給後人，鍾祖贊他心好。這說不定也是鍾祖的一種測驗方式，來探究呂洞賓的意念是貪不貪，是善不善？我們聽到呂洞賓善意的表態，也當感到欣慰。

（三）文章宜求好，點鐵變眞金

再者，明代陳善《捫蝨新話》則說：「文章雖不要蹈襲古人一言一句，然自有奪胎換骨之法。所謂靈丹一粒，點鐵成金也。」這不但筆下作文要求精求善，嘴中說話也何嘗不是？說好話可以一言興邦，一語中的；說壞話則難免一言喪國，一語成讖，可不愼乎？

順便借此「正名」下：「鍾離」乃是複姓，「權」是名。由於他說過自己是「大下都散漢鍾離權」，後人錯把漢字與鍾離連讀，就誤爲「漢鍾離」了，訛傳到現在，這是要改正的。（請參看本書第七十七篇）

「言吾美者，不足為喜；
道吾惡者，不足為怒。」
——明・馮夢龍《警世通言》銘句

鄰人惡行偷鴨，罰他身上生毛，堪稱報應；
莊主善心罵人，求我口中責義，算是施恩。

四九　偷鴨致身上生毛求請鄰翁罵賊

惡有惡報，是佛家語。意謂做了壞事種了惡因，會有不良的果報。只是有時報應之奇，竟大出乎意料之外，讓你匪夷所思。清代蒲松齡《聊齋志異》就介紹了一樁怪事，設想之異，可能叫你拍案。今先用語體譯述如下：

某縣西郊的白家莊，有位住民，存心不良，偷了鄰家一隻鴨子殺了，做成一盤香酥肥鴨，色香味均佳，一頓晚飯中吃光了。不料睡到半夜，覺得身上發癢，心想可能是食物敏感症吧。等到天亮，仔細一瞧，赫然發現皮膚上長出了許多細密的鴨茸毛。用手摸時，還隱隱作痛。他非常驚怕，這病可能無藥可治，而且也沒臉面出門見人。

第二天夜裡，夢見有神人指點他說：「你偷鴨才生這個病，乃是老天懲罰你。必須要請那位丟失鴨子的主人痛罵你一頓，你身上這些鴨毛才會脫掉。」

可是那位養鴨的鄰翁，心胸素來寬大，對得失從不計較，更不會形之於臉色及言談，這位居民去見他，撒謊說：「你家的鴨子，是張甲偷去的。他最怕別人罵他。你不妨當著我的面，這時就臭罵他一場，我做見證，也好警告他將來不再做壞事。」

鄰翁氣量宏博，笑一笑回應道：「誰會有閒心去咒罵那種壞人呢？算了吧！」他壓根兒就不願罵任何人。

這位居民窘迫不已，只好招認實情，愧悔地懇求說：「鴨子其實是我偷的。如今身上生了鴨茸毛，一摸就痛。非得要請你這失鴨主人大罵一頓，鴨毛才會脫掉。這是惡報，我知道錯了。求求你行行好，救我一命吧！」

鄰翁聽了，覺得十分新奇。既然他懇切請求，罵人才能治病，也就權且破戒，發下慈悲心，刻意罵了他一陣。說來也是怪事，罵也眞靈，過了一晚，鴨毛脫落，惡病竟然好了。

這是《聊齋志異》卷第十三題目是「罵鴨」的短篇敍事。文章很短，原版只有四行，文詞簡潔爽利，較上段筆者所譯，冗而多贅，豈不高下立判？請兩相對比，參看下段：

邑西白家莊居民某，盜鄰鴨烹之。至夜，覺膚癢，天明視之，茸生鴨毛，觸之則痛，大懼，無術可醫。夜夢神人告之曰：汝病乃天罰，須得失者罵，毛乃可脫。而鄰翁素雅量，生平失物，未嘗徵於聲色。某詭告翁曰：鴨乃某甲所盜，彼深畏罵，罵之亦可警將來。翁笑曰：誰有閒氣罵惡人？卒不罵。某益窘，因實告鄰翁，翁乃罵，其病良已。

按《聊齋》書裡常有短篇，例如卷十二的「鞠藥如」全篇只有五十二字（古書沒有標點）。至於本篇也只有一二三字，卻講完了一個刻劃精微、構思靈巧、偷者狡猾、失者敦厚的故事，這很難。蒲氏做到了話多不如話巧，話巧不如話少。少而又精，才算最好，這是題外之話。

至於本篇所說的「誰有閒氣罵惡人」之言，足見鄰翁的氣量寬宏，令人佩服。不過，這篇可能應是瑰異寓言，必非眞人實事，但立意不僅是提供我們茶餘飯後的談助，而且隱寓懲戒之意。筆者因有分教：

壞人偷鴨犯惡懲，身上生毛怕見人；鄰翁哪會有閒心，不罵脫毛怎可能？
無奈只好苦求情，慈翁勉強罵一通；奇事竟然這樣靈，鴨毛脫掉轉安寧。

「百行之本，一言也。一言而適，可以卻敵。一言而得，可以保國。響不能獨為聲，影不能倍曲為直。故君子慎言也。」

——漢・劉向《說苑》卷十六・說叢

筐底賣剩肉塊，屠夫綁掛樹上；
鉤尖穿透嘴顎，野狼弔斃空中。

五〇 啃肉令鉤尖穿嘴反使屠戶獲狼

「大事不好：身後有匹野狼跟來了，該怎麼辦？」

講話的是位鄉下屠夫，每天都去村裡的市集上去賣肉。今天天色已晚，收市了。他挑著擔子，籮筐裡還留著一塊剩下沒賣掉的肉，從村外鄉間山邊小路回家。窄徑上只他一人，忽然發現一匹野狼，不即不離地久久跟在身後，想必是要搶肉吃吧？

「我猜那狼一定是太餓了，聞到了肉香，口水都流出來了，才會緊跟著不捨，我得嚇走它！」屠夫抽出屠刀，回身作勢要砍狼。狼看到亮亮的刀光一閃一閃，趕忙停下腳步，退後三尺。但等到屠夫收刀轉身繼續趕路時，狼又隨著跟上。這樣重複了多次，好久都甩不掉它。

「我知道，狼性凶殘，牙尖爪利，如若和它眞鬥，定會受傷，這絕不能硬來。」屠夫提醒自己：「它想要的是這塊肉，不是我。我得想個法子脫身才好。」他一邊走，一邊思索解救之法。過了一陣，他說：「有了！」

屠夫繼續前行，走到前面的彎道上，路旁有一株大樹，枝繁葉茂，有一根粗大枝幹橫向伸出，比人還要高。他用掛肉的鐵鈎勾住那塊肉，另用粗繩把那彎鈎另一頭的鐵圜再綁掛在大樹的橫枝上，讓那塊肉懸空弔著。這樣一來，從地面夠不到，自樹上撈不著，應該算安全了。

他做這些動作時，那匹狼並未離開，還在路邊亂草中遠遠觀望。等到肉掛妥了，他對狼兩手一攤，似乎告訴狼說：「我筐子裡已經沒有肉了，你就不必緊跟著我吧！」屠夫的想法是：「肉已掛在樹上，很穩當。待明天一早，狼也不在了，我再來取肉，不就萬全了嗎？」

他放心回家了，狼也沒有跟隨。第二天，天還沒亮，就去樹下取肉。在晨霧朦朦中，只見樹上吊著一個巨物。他心中一震，忖道：「難道遇到鬼了？」慢慢走近一看，原來正是那匹野狼。料想它一定是貪心那塊弔著的肉，即使夠不著，也要跳起來用嘴去叼。肉是咬到了，但那個鐵鈎鈎尖，卻深深地勾進了它的上顎，而且穿透到皮外。狼身懸空，四腳不靠，好像魚吞下了餌，就這樣掛著死了。

那時期，整張全身狼皮賣價很高，值得許多銀子，狼肉也不賴，屠夫因此反而賺到了一筆外快。

這件事，引自蒲松齡《聊齋志異》卷十五「狼三則」中講的第一段故事，本篇未引原文，尚希見諒。如有需要，請自行核參。

張蒼梧：汝的兒子勝過我的兒子；
譚小培：你的爸爸不如咱的爸爸。

五一　太守以子戲父張蒼梧說妄語

有人對你說「我不如你」，或者說「你不如我」，你該如何回應？

明代有位學人叫曹臣，又叫曹蓋之。他挑選前代人的問答雋語，分類纂輯爲《舌華錄》一書，起自「慧語第一」，續有名語、豪語、狂語、傲語、冷語、諧語、謔語、清語、韻語、俊語、諷語、譏語、憤語、辯語、穎語、澆語、到「悽語第十八」，大家認爲是南朝宋‧劉義慶《世說新語》的餘波。在該書「冷語第六」篇中，有一則「張蒼梧，我不如你」的談話：

（一）張蒼梧：我不如你

「張蒼梧（西晉張鎮，官任蒼梧太守，故稱張蒼梧），是張憑之祖（張憑後來在簡文帝時任太常博士，御史中丞）。嘗語憑父曰（張蒼梧對張憑的父親說）：『我不如汝。』憑父未解所以（張憑父親不了解何以這樣說話）？蒼梧曰：『汝有佳兒』。」

上段話中，「我不如你」「你有佳兒」，都欠說明，眞叫人「未解所以」。原來張蒼梧的本意是：「我的兒子是你，你不出衆，你卻有個好兒子張憑，他自幼就聰明俊慧，所以『我不如你』呀！」但是這種單方向的耍舌頭之言，若無接話，語意便不暢曉。幸而《世說新語・排調第二十五》書中也記載了此事，文句完全相同，而且「汝有佳兒」之後，續有簡要的回應以作解釋，由於增加了對話，描述就精彩了，世新接著說：

「張憑時年數歲，斂手（斂手是對祖父張鎮表示莊敬）曰：『阿翁（爺爺呀）！詎宜以子戲父（怎麼可以借著我這個小孫兒來嘲弄我父親呢）？』」

這個張憑還只是個幾歲的幼童，在他父親還未領悟之前，就回敬祖父一句「詎宜以子戲父？」說來委婉得體，反問也言之有理，值得欣賞。

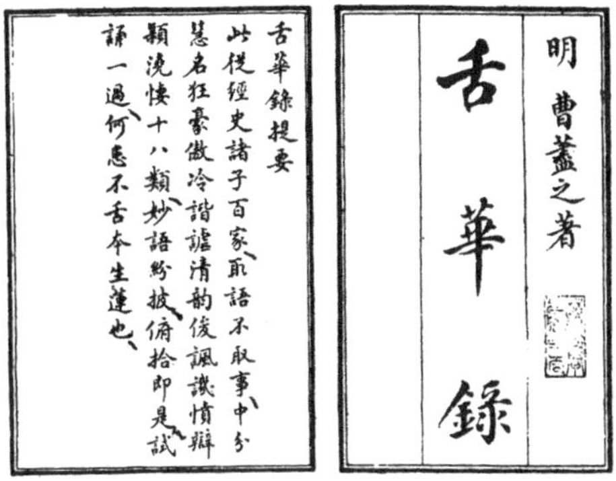

（二）謝玄：我兒哪得不生靈運

類似的事，同是晉代大敗苻堅的謝玄（三七三—三八八）也有相近的話，請閱《晉書・卷七十九・謝玄傳》的記敘：

「謝玄有子名謝瑍。謝瑍有子名謝靈運。瑍不慧（謝瑍並不聰慧），而靈運文藻艷逸（詩文華采傑出，封康樂公）。謝玄嘗稱曰：『我生瑍，瑍那得不生靈運？』」

（三）唐憲宗：朕的女婿不如你的女婿

及至唐憲宗時代，憲宗的女婿是權德輿（稱爲駙馬），權德輿的女婿是獨孤郁（獨孤是複姓），官任知制誥（替皇帝寫詔書）。《舊唐書》說「郁有雅名，帝遇之厚」「憲宗歎權德輿有佳婿」。諸再看近代人林明峪《歷代趣談》唐朝名流篇「我的女婿」：

「唐憲宗女婿是權德輿，權的女婿是獨孤郁。獨孤郁很有才華，憲宗贊歎說：『朕的女婿，不如權德輿的女婿』。」

（四）譚小培：您兒子趕不上我兒子

說到這裡，何妨加敘一段有關京戲的事。談及學唱京戲，看似簡單，但若要成爲名角，則公認很難。流傳有句俗諺說：「台上十分鐘，台下十年功。」需要有先天的稟賦，後天的培養，名師的傳授，個人的苦練，缺一不可。由於京戲角色，是集合歌唱、舞蹈、做工及武術於一身的綜合藝術，精通很不容易，因而黎園中流傳一項公評說：「十年寒窗，可以孵出個狀元，但十年苦熬，不見得能練出個角兒。」

請回憶民國初年，譚鑫培（原名金福，人稱小叫天，有伶王之譽）演老生戲，他的唱做唸打功力，曠古稀今。他兒子譚小培就趕不上，唱不好。但孫子譚富英又有重振家風的氣勢。再下

『譚鑫培的老生戲曠古稀今，他的公子譚小培就唱不好；到孫子譚富英一輩有了重振家聲的氣勢，再下一代的譚元壽又差了一大截。早年故都小型報上傳播過一個笑話——譚小培跟譚鑫培說：「老爺子您有一件事不如我，您的兒子趕不上我兒子。」轉過身來又開譚富英的玩笑：「你別覺著自己擬不錯的，你爸爸趕不上我爸爸。」這個笑話當然是戲迷編的，有一點確是事實：京劇出個好角兒，真不容易。

一代的譚元壽又差了一大截。其時北京故都報紙上流傳有一個笑談：

「譚小培有一天對父親譚鑫培說：『老爺子，您有一件事不如我，你的兒子趕不上我兒子。』他轉過頭來，又對兒子譚富英說：『你別以爲自己挺不錯的，你爸爸趕不上我的爸爸。』」

這個戲言，當然是京劇愛好者刻意編造的。此段譚小培說的是「你不如我」，前段張蒼梧說的則是「我不如你」，雖然顚倒，寓意相同。申言之，我們一時趕不上，不必洩氣，只要勤勉用功，力求日有寸進，就會不是吳下阿蒙了。

鬼谷子曰：「人之不善而能矯之者難矣。說之不行，言之不從者，其辯之不明也。既明而不行者，持之不固也。既固而不行者，未中其心之所善也。辯之明之，持之固之，又中其人之所善，乃能入於人之心。如此而說不行者，天下未嘗聞也。此之謂善說。」

——漢・劉向《說苑》卷十一・善說

主政一年多，治績評來優異；
已賺三千兩，辭官歸去安怡。

五二　縣官求財養母胡林翼問眞言

老實的讀書人，在還未從政治大染缸中浸洗過之前，每都太拙太嫩，言行憨直，不懂得官場中圓滑的應酬，機詐的問答，譏爲菜鳥，以致常被久在宦海中打滾的老手視爲不通世故的呆人而看不上。這裡就有一位在上司面前坦白直說自己求官，只是想賺取銀子而毫不遮掩諱飾的故事：

（一）不懂官場大禮儀

話說清代名臣胡林翼（一八一二—一八六一），湖南益陽人。他任湖北巡撫時（清代巡撫，總攬全省民財軍政刑教，職權極重），有位等待派職的候補縣長來拜見他。季節正是大熱天，那年代電風扇冷氣機都還未曾問世，這位候補縣長服飾整齊，冠帽佩件、長袍馬掛，穿戴了全套。在暑威之下，便隨手搖著摺扇取涼。

在官場中，這種當著上司之面搖扇的態度是有欠莊敬的。胡林翼不高興，但不便明講，便說道：「可以把帽子摘下來！」縣長果然依言脫下官帽，卻仍舊搧著摺扇。

胡林翼心生厭煩，想要他停止揮扇，便又逞口說道：「可以再把掛子及外衣脫下來！」這話有點像是下了命令，縣官眞的又照著脫了馬掛和外衣。對著上司卸衣，這是大虧禮儀的。這個候補縣令，竟然猜不到長官言外的心意？胡林翼火氣上升，登時拂袖而起，逕自退往後堂去了。縣令這才知曉虧罪大了，倉皇間拎著帽纓衣掛，身上袒著粗布單衫，趕忙步出府衙回去。

胡林翼的老母親湯太夫人，在後廳見胡面含惱怒，問是因何事故？胡將搖扇脫衣的情由稟告了，說：「這個士子有辱衣冠，哪能交付他去承擔服務人民衛輔社稷之大任？」湯太夫人說：「這也未必盡然。其實這就是讀書人的本色。只不過他未曾懂得官場中的禮儀罷了。怎可僅因一把扇子就抹殺一位文士？再說，你是他的長官，屬下如有錯誤，應該正面告誡；你卻出於顚倒作弄，說的是反面話，你也有過失呀！」

胡林翼有了悔意。隔了幾天，再召那候補縣長見面。這次他沒帶扇子了，氣度安閒，拘謹畏縮的神情也沒有了。

胡問他爲甚麼想要做官？他坦白答道：「只是想賺三千兩銀錢而已。」

胡林翼心中又大不高興，但忍住沒有發作。再問他賺三千兩做甚麼？他答道：「卑職家境貧寒，沒錢供我讀書。完全靠祠堂的津貼（供奉本族祖先的公所叫祠堂，祠堂對族中清寒子弟讀書所需學費，多有獎助），以及族人親戚的借貸。如今幸而可以服官了，只想掙得一千兩捐獻給祠堂，一千兩償還戚族，剩下一千兩養妻活子，心願就足了。」

胡林翼微笑點頭，覺得這儒生說話還算老實，所講的原因也仍在情理之中，都還保持著純樸的書生本質，也就不忍苛求了。

（二）幾乎錯失好縣長

不多久，委任令頒發下來，派他去當某縣縣長。他幹了一年多，這期間，沒有發生一樁上訴的冤案，沒有一件未結的訟獄，沒有一宗欠繳的糧稅；政清民和，治績良好，全然不要巡撫操心。胡林翼歎道：「若不是當初母親的一番訓誡，幾乎錯失了這位好縣長。」

一年多之後，這位縣長呈來稟牒，請求晉見巡撫胡大人。

胡林翼笑著問他：「三千兩銀錢到手了沒有？」

縣令回稟道：「託撫臺大人的洪福，俸祿積存所得，還多了三百兩，連同縣令人印，一併恭謹繳呈。卑職心願已達，請求准予辭官，返回原鄉老家去了。」雙手獻上三百銀包和官印大盒，留在几案上，深深一個長揖，告辭走了。

敘述到此爲止。主角有二：一是某縣長，可惜未詳姓名，殊深遺憾。一位是胡林翼，他助曾國藩攻剿太平天國，克服了武昌，因功官授湖北巡撫，很著政聲。胡是益陽人，以故這段史話，就記載於「益陽縣志」。原文是：

「胡林翼撫鄂，一新需次縣令（按需要依次序派職叫需次）晉謁。時當盛夏，縣令搖扇不止。胡心不喜，曰：可脫帽。令如之，仍搖扇。胡慍，謂可再卸上衣，令又如之。胡拂然不悅，逕返內堂。令始知獲咎，倉皇袒裼而出。湯太夫人見胡有慍色，問故。胡具以實告，並曰：此眞辱沒衣冠，安能膺民社之任？太夫人曰：不然、此乃讀書人本色，特不知官場儀注耳，**奈何以一扇棄士**？且汝爲上司，屬吏有過，當正言諭之，今出之以播弄，是汝亦有過矣。胡悔，隔日再諭見，則已不復持扇，氣度安閒，亦無縮澀態矣。胡詢何爲服官？答曰：想賺三千銀耳。胡雖不懌，而隱忍未發。再問賺三千銀何爲？曰：卑職家貧，力不能讀書，胥賴祠堂津貼，族戚資助。今幸獲一官，欲得一千銀捐給祠堂，一千銀分贈族黨，餘則養妻子也。胡頷之。已而委署某縣，在任年餘，無一上控案，無一未結獄，無一欠收糧。胡曰：微母訓，幾失一好官矣。亡何，令具稟求謁。胡笑問：三千銀已到手否？答曰：託大人洪福，尚餘三百金，謹與印具呈，卑職自是歸矣。遽出銀與印置几上，長揖而去。」

（三）三年知府十萬銀

做官可以撈錢，無怪乎人人都來爭位。自古皆然，如今仍烈。只是本篇這位老實縣長，應該仍是一塊未經磨鑿的素玉，他服官還算能謹守分寸，治績既佳，諒必不大會亂來。換言之，合乎義取的才取，不苟得，不妄拿，適可而止，才渲染出這篇對話。但官場不是老實人可以久戀的，見好就收，不如歸去，反璞迴眞，硬是要得。

大凡政局欠清之際，就是官兒們渾水摸魚之時。流行的諺語說：「三年清知府，十萬雪花銀。」此話想來必有事實支持，非妄語也。清人李寶嘉撰《官場現形記》以及清人吳沃堯撰《二十年目睹之怪現狀》兩書都講述了仕途上詭譎變化之難測。

我們看官場百態，潔身自愛的當然有，貪財枉法的哪能無？例如清代和珅，一生弄權黷財，最後下獄賜死，籍沒其家財時，竟然富可敵國，聚斂豈不太惡了？又如台灣陳水扁，他老說「愛台灣」，卻狂貪不止。據二〇〇九年十二月廿五日聯合報揭露他的貪婪胃口，小數目不算，光是巨賄，就收國泰蔡家四億元、元大馬家二億元、中信辜家三億元，都是現鈔用好多個紙箱塞滿運來，還租用國泰世華銀行最大間的保管室儲放，最多堆集了十三億元台幣（歐亞美洲海外尚分別存有共十二億美金，請見二〇一〇、一、七，聯合報）。他已羈押年餘，等候判刑服罪。

以上這些正反例子，都可提供我們作鑑往觀今的佐證。現在的官場，牽涉更加廣泛，往來更加複雜，上下關係、平行關係、政商關係、黨派關係、族群關係、敵我關係、國際合縱連橫關係，交錯糾纏，更甚往昔。你是肯盡心盡力，造福大眾呢？或是想見好就收，保持清白呢？還是要貪得無厭，死不放手呢？這就考驗你的智慧了。

當有人猶豫徬徨時，最好給他寶貴的忠言；
當有人心情惡劣時，最好聽他傾訴的悶話。

——《秋暉雲影錄》引句

古月中心人言——併成胡忠信；
耳東禾子即夕——合為陳季卿。

五三　既分又合稱爲拆白道字

甚麼叫「拆白道字」？原來這是一種說話的文字遊戲，俏皮地把文字拆開來講（拆是分解，白是告白，道是說話，字是文字），暗示要聽者去組合還原。元代王實甫《西廂記》五之三（張生與鶯鶯的戀愛故事）記述說：

「紅唱（崔鶯鶯婢女紅娘的唱詞）：『我拆白道字，辨與你個清渾（清是明白，渾是迷糊）。君瑞（指男主角張君瑞）是個肖字這壁（這邊）着個（加上一個）立人（立人是部首就是亻）。你是個木寸馬户尸巾。』淨云：『木寸馬户尸巾，你道我是個村驢屌。』」

（一）分拆文字作俏談

這是說：肖字左邊加個立人部首，是俏字，意指張君瑞是個俊俏書生。再則木寸合爲村，馬戶合爲驢（就是驢的簡體字），尸巾合爲屌（就是古文豕字，屌音使，見《康熙字典》），全句意謂你是個粗鄙的笨驢蠢豬。

又《竹葉舟》劇本的「楔子」裡也說：

「行童做入見科云：『師父！外面有個故人，自稱耳東禾子即夕，特來相訪。』惠安云：『這廝胡說，世上那有這等姓名之人？』行童云：『我說與你，這叫做拆白道字。耳東是個陳字，禾子是個季字，即夕是個卿字。卻不是你的故人陳季卿來了也？』」

拆字就是依著字的構造加以分合，漢代就有這種例子，《後漢書‧五行志》說道：

「漢獻帝踐阼之初，京師童謠曰：『千里草，何青青?十日卜，不得生。』案：千里草爲董，十日卜爲卓。」（暗指那殺太后廢皇帝的軍閥董卓）

又如北齊時代顏之推的《顏氏家訓‧書證》也有：

「按《春秋》以雙人十四心爲德，《詩經》以二在天下爲酉，《漢書》以貨泉爲白水眞人。《新論》以金良爲銀，《國志》以天上有口爲吴，《宋書》以召力爲劭。」

再看唐代顏師古撰的《南部煙花錄》又名《大業拾遺記》又名《隋遺錄》，記敘隋煬帝的宮中秘事，也寫出：

「隋煬帝曾會飲，爲拆字會。左右取離合之意，謂杳娘曰：『我取杳字爲十八日。宮婢羅羅侍立，分羅字爲四維。』」

到了宋代，宋詞裡也有這種拆白道字之例。與蘇軾齊名的北宋詩詞大家黃庭堅字魯直號山谷的《兩同心》詞中亦有：

「你共人，女邊著子，爭知我，門裡挑心。」

這是將女子二字合併爲好字，門心合爲悶字（你共他人相好，怎知我心愁悶）。再到元朝，請看那《元曲選・關漢卿・救風塵・劇一》說：

「俺孩兒折白道字，頂眞續麻，無般不曉，無般不會。」

第二句所講的頂眞續麻，也是一種文字遊戲，請見下面本書第五十四篇。再者，這拆白道字，也稱爲「拆牌道字」。我們看「西遊記，第十回」中，有位漁翁張稍，對另一位樵夫朋友李定吟詩曰：

「舟停綠水煙波內，家住深山曠野中；

…………

行令猜拳頻遞盞，拆牌道字漫傳鍾（盞是酒盞，鍾是酒杯）。」

（二）拼合還原也有趣

書裡注解說：「拆牌道字，是文字遊戲之一，一般也叫拆白道字。」如果改以白話淺釋，簡單來說，就是拆解文字：將一個字分開成兩個三個字，這叫拆；或將兩三個字合組爲一個字，這叫併。清代趙翼《陔餘叢考・二四》記有南宋《苕溪集》（劉一止撰）載有劉一止「寄江子我郎中」拆字詩一首：

「日月明（日月合爲明）朝昏，山風嵐（山風合爲嵐）自起；

石皮破（石皮合爲破）仍堅，古木枯（古木合爲枯）不死；

可人何（可人合爲何）當來，意若重千里（千里合爲重）；

永言詠（永言合爲詠）黃鸝，志士心未已（士心合爲志）。」

唐代宰相權德輿，是唐憲宗的女婿。他寫過一首《贈張監閣詩》古體，便是先拆解原字再拼綴成新字的離合體。（見近人李屹之《語林趣話全集》「妙趣詩」篇）：

黃葉從風散，共嗟時節換（黃字換去共字，剩下田字）

忽見鬢邊霜，勿辭杯下觴（忽字辭退勿字，餘留心字）

躬行君子道，身負芳名早（躬字不要身字，僅有弓字）

帳殿漢宮儀，巾軍塞垣草（帳字沒有巾字，便是長字）

交情剖斷金，文律每招尋（交字割斷文字，成爲八字）

始知蓬山下，如見古人心（始字剔除如字，只見厶字，音讀爲司）

各聯餘留了「田心、弓長、八厶」，拼合就是「思張公」三字，隱示仰慕之意。

（三）拆開來說才清楚

時至今日，「拆白道字」仍然傳承未斷，有不少人依舊流行說：卯金刀劉、言身寸謝、加貝賀、古月胡、中心爲忠、人言爲信。還有：立木見親江鳥鴻，自由升鼻示中神；章文貢贛鄉音響，禾火心愁立里童。再者，中國字同音者太多，例如嫜張彰樟漳獐墇粻章蟑戇障鱆麞嶂長漲脹賬…如用「拆白道字」之法來說明，這是立早章，不是弓長張，聽者就能清楚懂得，可見拆白道字，仍是有其存在和使用的需要，不必廢棄它吧。

傷心懶望西斜月，月照紗窗恨未消；
嬌姿常伴垂楊柳，柳外雙飛紫燕高。

五四　以首接尾謂之頂眞續麻

本篇介紹一種叫「頂眞續麻」的型態，也算是另一種撰文或說話的遊戲。它的規則簡單明瞭，只是要將「次句」的首字，頂著「上句」的末字，使得首尾同字就可以了。所謂「頂眞」也作「頂鍼」。鍼就是針，頂鍼乃是縫綴時用的小道具，是做針線工夫時套在手指上的銅環，環上有許多小凹點，讓針尾頂在凹點內，不會滑動，才好用力推針穿布，它又叫針箍兒。至於「續麻」，即元代劇本《翫江亭・劇二》所說的「連麻頭，續麻尾」之意。這「頂眞續麻」之語，在《水滸傳》中就已流行，請看「第六十四回」中說：

「那人更兼吹得彈得，唱得舞得；頂眞續麻，無有不能，無有不會。」

再看那《元曲選・關漢卿・救風塵・劇一》也說：

「俺孩兒折白道字，頂眞續麻，無般不曉，無般不會。」

（一）下句首字頂著上句末字

若問有沒有這個「頂眞續麻」的實例，請看《四書》中《大學・第一章》所說：

「知止而后有定——定而后能靜——靜而后能安——安而后能慮——慮而后能得。」又說：

「物格而后知至——知至而後意誠——意誠而后心正——心正而后身修——身修而后家齊——家齊而后國治——國治而后天下平。」

又請參閱《易經・繫辭上・第十一章》及《易經・序卦傳・右下篇》：

「是故易有太極，是生兩儀——兩儀生四象——四象生八卦——八卦定吉凶——吉凶生大業……」「有天地然後有萬物——有萬物然後有男女——有男女然後有夫婦——有夫婦然後有父子——有父子然後有君臣——有君臣然後有上下——有上下……」

元人胡從善《樂府群玉・二・喬夢符・小桃紅》也有這種型式的話：

「落花飛絮隔珠簾——簾靜重門掩——掩鏡羞看臉兒嬱——嬱眉尖——尖指屈將歸期念——念他抛閃——閃咱少欠——欠你病厭厭。」

又按：鄭德輝《㑳梅香》也用此格，「幽・踏莎行（這是詞牌名或曲牌名）」說：

「瑞蘭——蘭蕙溫柔——柔香肌體——體如玉——玉潤宮腰細——細眉掃遠山橫——橫波滴滴嬌還媚——媚凝脂……」

還有《㑳梅香》劇之一「賺煞」也作此體：

「你道信步出蘭庭——庭院悄，人初靜——靜聽是彈琴的那儒生——生猜咱無情似有情——情知咯甚意來聽——聽沉罷過初更——更闌也休得消停——停待甚，忙將那脚步而行——

行過那梧桐樹兒邊金井—井欄邊把身軀兒掩映—映著我這影兒呵……」

再請看雲南昆明教育出版社一九八六年出版吳積才《異體詩淺說》第二〇九頁中，有清代民歌《雨過天涼》詞，便是頂眞格：

雨過天涼—涼夜難當—當不住月兒穿帘照畫堂—堂上缺少個畫眉郎—郎設古畫—畫在廳堂—堂前桂花陣陣香—香煙噴出櫻桃口—口外的賓鴻叫的悲傷—傷心懶望西斜月—月照紗窗恨更長—長長愁悶精神少—少一個知心的人兒可意的郎—郎不歸，精神少—少不得懷抱著琵琶低低聲兒唱—唱的是紅顏薄命受淒涼。

這首《雨過天涼》，道出了相思的愁悶。其中郎廊兩字，形雖略異，音卻相同，接續聽來，並無滯礙。再看那元代詞家馬志遠的《漢宮秋》，講王昭君和番故事，刻畫那分離之苦，唱的也是頂眞，而且是三個字一齊來頂：

我鑾輿，返咸陽—返咸陽，過宮墻—過宮墻，繞迴廊—繞迴廊，近椒房—近椒房，月昏黃—月昏黃，夜生涼—夜生涼，泣寒螿—泣寒螿，綠紗窗—綠紗窗，不思量—呀—不思量，除是鐵心腸—鐵心腸，也愁淚滴千行。

吳著《異體詩淺說》第二〇七頁，又錄了一首《桃花冷落》的頂眞長詩：

桃花冷落被風飄—飄落殘花過小橋—橋下金魚雙戲水—水邊小鳥理新毛—
毛衣未濕黃梅雨—雨滴紅梨分外嬌—嬌姿常伴垂楊柳—柳外雙飛紫燕高—
高閣佳人吹玉笛—笛邊鸞線挂絲縧—縧結玲瓏香佛手—手中有扇望河潮—

潮平兩岸風帆穩──穩坐舟中且慢搖──搖入西河天將曉──曉窗寂寞歎無聊──聊推紗窗觀冷落──落雲渺渺被水敲──敲門借問天台路──路過西河有斷橋──橋邊種碧桃。

以上這首，上句的末字，就是下句的首字，而且最後一句的末字碧「桃」，又正是最先一句的首字「桃」花，富有迴環往復之趣。再看我們的詩仙李白，也有此體，請讀他《白雲歌・送劉十六歸山》：

「楚山秦山皆白雲──白雲處處長隨君──長隨君──君入楚山裡，雲亦隨君渡湘水──湘水上，女蘿衣，白雲堪臥君未歸。」

(二) 頂眞體又叫聯珠格

這些個「頂眞體」，因其後句首字與前句末字相同，故有人也叫爲「聯珠格」，乃是詩詞曲中俳體的一格（凡在形式上出奇弄巧，或涉於遊戲者，都稱俳體）。這裡另舉一例，請見《昭明文選・宋玉・登徒子好色賦》所述的：

「天下之佳人莫若楚國──楚國之麗者莫若臣里──臣里之美者莫若臣東家之子──東家之子，增之一分則太長……」

至於《老子道德經》也多用此句式，例如第四十二章：

「道生一──一生二──二生三──三生萬物──萬物負陰而抱陽。」

又例如《老子道德經》第五十九章：

「治人事天莫若嗇——（夫唯）嗇是謂早服——早服謂之重積德——重積德則無不克——無不克則莫知其極——莫知其極可以有國——有國之母可以長久。」

請再欣賞《老子道德經》第八十一章即最後一章，是全書的總結。文句簡潔精鍊，不但下句首字與上句末字相同，而且下句末字又與上句首字相同，讀來美妙極了。請看：

「信言不美——美言不信。善者不辯——辯者不善。知者不博——博者不知。」

（三）流傳到今，還有連句接龍

時至現代，這種上遞下接的風格，仍然可見。甘肅人民出版社刊行的大學教材黃伯榮編著的《現代漢語》第五章「修辭」第四節「辭格」第十三篇「頂眞迴環」中，就分別列舉了散文及詩歌兩種例句：

「他的正確布署源自正確的決心——正確的決心源自正確的判斷——正確的判斷源自周到的偵察……」（毛澤東《中國革命戰爭的戰略問題》。句子前頂後接，首尾相串，層層推進，氣勢連貫。）

「茵茵牧草綠山坡——山坡畜群似雲朵——雲朵游動笛聲起——笛聲悠揚捲浪波——浪波翻騰湧激情——激情滾滾似江河——江河流水深又長——長笛伴我唱新歌……」（古月《草原春早》詩。頭尾蟬聯，環環緊扣，有似行雲流水，引人入勝。）

又請參看九十七年五月二十三日《小台北》報紙「教育脈動」版的報導說：台北有所學校，教學生們交互用四個字的成語連接，每句的起頭一字，必須和上一句的末字相同，稱之爲「成語連句」，或叫「成語接龍」。這實際上即與「頂眞續麻」同義。他們有些成語連句便是：

「白手起家—家徒四壁—壁壘森嚴—嚴正以待—待人接物—物換星移—移花接木—木本水源—源源而來—來日方長……」

話說有甲乙兩人，都飽讀詩書，相約仿照上列連句方式，不必寫，口講就好，交互以四字成語接龍，誰接不來，就算輸。首句便以「飽讀詩書」開始，輪流將下一句的首字，必爲上一句成語的末字，如此接續連綴下去，就如下列第一式：

「飽讀詩書—書空咄咄—咄咄逼人—人盡可夫—夫復何言—言聽計從—從心所欲—欲罷不能—能者多勞—勞苦功高—高朋滿座—座無虛席—席地幕天—天下爲公—公忠體國—國士無雙—雙宿雙飛—飛沙走石—石破天驚—驚弓之鳥—鳥盡弓藏—藏頭露尾—尾大不掉—掉以輕心—心直口快—快人快語—語重心長—長話短說—說一不二—二八年華—華而不實—實踐力行—行雲流水—水底撈月—月白風清—清貧度日—日長夜短—短衣窄袖—袖手旁觀—觀過知仁—仁者樂山—山青水秀—秀外慧中—中立不倚—倚馬可待—待價而沽—沽名釣譽—譽滿天下—下落不明—明槍暗箭—箭無虛發—發號施令—令出有賞—賞心悅目—目中無人—人一己百—百廢待舉—舉一反三—三餐不飽—飽讀詩書（回到起句）」

既然回到起句，便是再度循環，不必了，應該另起新句才好。這第一式連綴了六十句成語，接得很長，也很勞累，如果要縮短，就請閱下面第二式：

「飽讀詩書—書不盡言—言爲心聲—聲東擊西—西方淨土—土牛木馬—馬到成功—功成名就—就事論事—事出有因—因噎廢食—食無求飽—飽讀詩書（回到首句）」

右面第二式只用了十三句，再請看下列第三式：

「飽讀詩書—書香世家—家有賢妻—妻隨夫貴—貴妃醉酒—酒醉飯飽—飽讀詩書（回到首句）」

上式仍是七句，更請掃瞄第四式則只有六句：

「飽讀詩書—書不盡意—意氣風發—發憤忘食—食無求飽—飽讀詩書（回到起句）」

以上各例，都是只往單一方向接續的連句，倘若要順反雙向都可打通的連句則較難。今舉一簡例（不是最佳之例）如第五式，可以從任何一句開始，無論向左或向右（依順時鐘或反時鐘方向）前進，都能循環唸通。這也是「頂眞續麻」提高其適應層次的超段遊戲了。

第五式

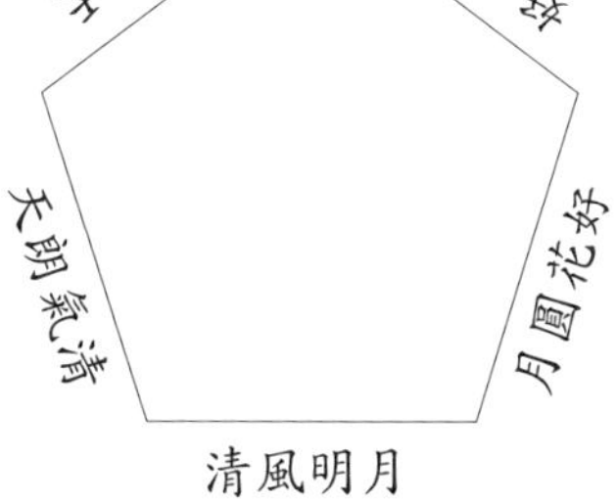

兩軍作戰，糧草為先，請問你營中，還可撐多久？
先答一年，又説半年，三月改一月，其實早沒了。

五五　曹孟德四誑許子遠

謊話就是欺誑，用它騙人。在某種情況下不得不說，或許說來也有幫助。例如劉宋朝代的顧琛，謊稱空匱的軍械庫中兵器尚有十萬，北方敵國聽了不敢妄動，這是說謊救失的好例（請見《宋史》卷八十一）。也許要看場合及時機來決定。今舉一說謊史例：

（一）兩位主角，都很精靈

一位是三國時代的曹操（一五五—二二〇）字孟德，小字阿瞞（宋・李昉《太平御覽・卷九十三》有阿瞞傳），他熟諳兵法，著有《魏武兵書輯略》；又長於詩，稱「建安體」。他爲人機警，好弄權術，死後尊爲魏武帝。《三國志・魏志卷一》有他的生平記事。本篇故事，就在這卷一的「建安五年」中。

另一位是許攸，字子遠，性情簡傲，足智多謀。年少時，和袁紹（西元？—二〇二）及曹操都是朋友《三國志・魏志卷十二》也有他的傳記。此刻他在袁紹麾下任謀士，但袁紹不信用他，還說他欠缺忠誠，致令他轉投曹操，使得袁紹大敗。我們看明代羅貫中《三國演義》第三十回「戰官渡本初敗績」說得更活潑生動：

（二）袁紹莽失，逼走許攸

這時正是袁紹與曹操在官渡地區對峙作戰之際，雙方相持已近兩月，曹操軍糧將竭，就十萬火急發信去催糧，送信的被許攸捉到了，搜出信函，得知曹營糧缺，許攸便建議乘危進擊，一舉破曹。

但袁紹未予採納，反而說曹操的求糧書信乃是誘敵之計，還說許攸是偏向曹操的奸細，故意誤導軍情，本要殺他，今暫把腦袋寄放在頸子上，等戰爭完了再行算帳。許攸退下歎道：「忠言逆耳，豎子不足與謀。」趁夜單獨出走，奔向敵營，去見曹操。

曹操據報許攸來了，不及穿履，跣足出迎，攜手入室，歡然笑道：「子遠肯來，吾事濟矣。」

（三）曹操四謊，兵不厭詐

許攸直接切入正題，坦率問道「袁紹兵威強盛，你打算如何對付？再者，能否請教曹公，你營中軍糧，尚存多少？」

曹操撒謊，回應說：「可以支持一年。」（一答）

許攸笑道：「只怕未必！」

曹操仍然騙說：「應當還可支持半年。」（二答）

許攸起身，想要離去，言道：「我是誠心想幫你，你卻騙我，那我告辭算了。」

曹操挽留住他，婉言告說：「子遠老朋友不要生氣，聽我實話實講，軍中糧食，尚可支持三個月。」（三答）

許攸笑道：「別人都說你曹孟德是個奸雄，不肯講實話。今日看來，果眞不假。」

曹操陪著笑臉，柔聲解說：「你難道沒聽過『兵不厭詐』這句話嗎？」他挨近許攸，在耳邊低語訴說：「軍中只剩下這個月的糧了。」（四答）

許攸大聲嚷道：「不必瞞我，你軍中已經沒有存糧了。」

曹操一聽，無可抵賴，悠悠吐言：「子遠，你從何知道？如何竟然就說我營中已無軍糧了？」（五答）

許攸出示那封搜到的求糧信。曹操傾心懇求說：「子遠既念舊交，願即有以救我。」

高智的許攸答道：「我有一計，敢叫三天之內，使袁紹百萬之衆，不戰自敗。」

以後的發展，是曹操採用了許攸的妙計，出奇兵偷襲燒光了袁紹屯備軍糧和武器的烏巢大寨，袁軍驚亂，大將睢元進淳于瓊蔣奇趙叡被殺，張郃高覽投降，袁紹慘敗。

近人盧弼，纂成《三國志集解》六十五卷，其中「魏志・卷一・建安五年」第四十九頁中有此一對話

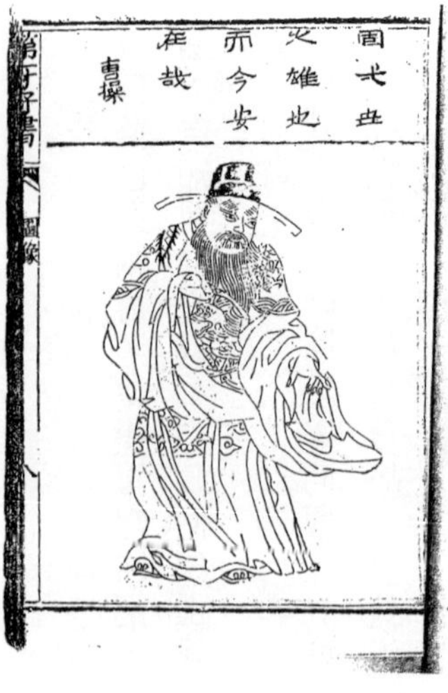

的原文。雖然與《三國演義》微有詳略不同，但大抵近似，志書的文言是：

「曹瞞傳曰：公聞攸來，跣出迎之。撫掌笑曰：子遠來，吾事濟矣。既入坐，許攸謂曰：袁氏軍盛，何以待之？今有幾糧乎？公曰：尚可支一歲。攸曰：無是，更言之。公曰：可支半歲。攸曰：足下不欲破袁氏耶？何言之不實也。公曰：向言戲之也，其實可一月，為之奈何？攸曰：公糧穀已盡，此危急之日也。今袁氏輜糧在烏巢，若以輕兵襲之，焚其積聚，不過三日，袁氏自敗也。公大喜，依其計，大破之。」

（四）謊言難免，端看情勢

曹操的爲人，好壞兩面都有。《魏書》說他「統兵二十餘年，手不捨書。」白天講武策，夜晚讀經傳。既長於用兵，又精於書法。只是心存詐僞，有「寧可我負天下人，不可天下人負我」之語。由以上和許攸的對話，曹操所答，句句都是謊言。封他是說謊專家，當也並不爲過。但兩軍作戰，機密自也不能隨便洩露，這點或須給予包容。尤其關係緊要的眞情，哪可沒遮攔的直告無隱。

究其實，說謊也是難以全免的。它是該說還是不該說，似乎要看對象來決定。病人得了絕症，醫生該不該對患者直說或對家屬才告以實話？留請讀者來指導吧。

黃花滿地金（王詩），詩人仔細吟（蘇續）；
滑者水之骨（蘇譏），鳲鳩在桑中（經句）。

五六　王安石三難蘇東坡

（一）滑字水之骨

宋代大儒蘇軾（一〇三六—一一〇一），字子瞻，別號東坡，官拜翰林學士。他天資高妙，過目成誦。由於自恃聰明，有時也不免愛開玩笑。那時年齡及爵位都比他大的王安石（一〇二一—一〇八六），有《字說》，偶然論及東坡的坡字是從土從皮，就解說是「坡乃土之皮」。東坡順勢提出質問說：「若如相公所言，那滑字豈不是水之骨嗎？」此事請見明代曹臣《舌華錄》辯話第十五。（蘇挑錯之一）

又一次，蘇東坡問王安石說：「鳩字從九從鳥，可知是何緣故？」王安石以爲有確解，欣然請教。蘇東坡笑答道：「《詩經》有云：『鳲鳩在桑，其子七兮』（見《毛詩》卷第七・國風・曹・鳲鳩章）。連娘帶爺，共是九個。」這是戲謔之談（似乎有欠敦厚），王安石未予回應，心裡卻嫌他輕薄，找了個理由，降調他去作湖州刺史（蘇受第一難）。

（二）黃花滿地金

蘇東坡湖州刺史任官期滿，回到京師，依禮要去拜見丞相王安石。蘇在相府書房裡等候接見時，看到桌上只寫了兩句還未完成的《詠菊》詩稿云：

「西風昨夜過園林，吹落黃花滿地金。」

這是王安石的半首詩作。蘇東坡暗想：這兩句應是說菊花色黃，吹落地面後，有似滿鋪金屑一般。不過，菊花不像桃花，桃花謝了會飄落在地上，菊花即使謝了枯了，卻仍在枝上，不會落瓣，王安石這話顯然錯了。他一時手癢，提筆依韻續添了兩句：

「秋花不比春花落，說與詩人仔細吟。」

菊花是秋季開花，耐冷抗霜，不似春天桃李嬌柔，一吹就落英滿地，你王相公可要仔細斟酌，豈可亂寫也耶（蘇挑錯之二）？

這天王安石公務較忙，兩人未曾見面。事後待王安石回到書房，看到東坡的續句，只怪蘇的見識不足，菊花也有落瓣的，蘇反而說別人錯了，應當給他教訓，就貶他往黃州作團練副使去了（蘇受二難）。

（三）竊已啖之矣

東坡在黃州，過了一年，時屆重九佳節，乘興踱到定惠院菊花棚下賞菊慶節。哪知一見黃州菊花竟然謝後落瓣！鋪在地面，看來眞個滿眼盡是黃金。蘇副使大吃一驚，才知道不經一事，不長一智，後悔自己當初學淺，如今才知道王相公學博識豐，他沒有錯，我倒錯了，哪可自己不懂就胡亂譏刺別人呢？

正好此時黃州馬太守有賀表要送京師，請蘇東坡呈報，他藉此回到京城，抽出時間專程去謁見王安石請罪。

安石說：「你以前沒有見過菊花落瓣，也怪不得。只是你過於聰明，以致如此誤認。今日老夫偶然無事，又幸好有你光臨，老夫不自揣量，此際要考你子瞻一考。」

東坡道：「請老太師出題，輕活一點好嗎？」

安石說：「且慢。老夫若遽然考你，可能怪老夫恃老欺人。今日當要你先考我，然後再由老夫向你請教，好不？」

王安石圖

東坡道：「學生豈敢？」

安石說：「也罷！如此好了，這室中書櫃，左右兩列，一共二十四櫥，書都積滿。請你從這上中下三層櫃中任抽一册，任翻一頁，唸出一句，若老夫接答不來下一句，就算老夫無學，輸了，行罷？」

蘇東坡暗想：此老甚爲自負，難道這麼多書册，他都記得爛熟？都背得出來？東坡使乖，就揀那角落底層灰塵厚處，抽出一册，料想是好久沒有看過的了，信手揭開一頁，隨口找到一句唸道：「如意郎君安樂否？」（蘇挑三）

安石接口說：「下一句是『竊已啖之矣』，對不對？」

東坡道：「正是。」

安石問：「這句話怎麼解釋？」

東坡暗思：不要再惹禍了，千虛不如一實，因答道：「學生其實不知。」

安石說：「這也不是甚麼罕見之書，它名《漢末全書》，你可看過？」

東坡道：「老太師見聞淵博，非晚輩淺學可及。」

（四）二春雙八月

安石說：「這也算考過老夫了吧？現在輪到我考你了，子瞻休得吝教！」

東坡道：「求老太師你命題平易一些。」

安石說：「考別件事，會怪老夫作難。久聞你善於作對聯，今年有個閏八月，正月立春，十二月又立春，一年兩頭春，老夫就以此爲題，考考你的妙才，半副對聯是『一歲二春雙八月，人間兩度春秋』，請對！」（三難）

東坡思索良久，迄未對成，謝罪告辭了。王安石體會他已經得了教訓，終惜其才，不日奏請宋神宗，恢復蘇東坡翰林學士之職（安石仍然愛憐東坡是個才子）。

以上是引自明代馮夢龍《警世通言》第三卷「王安石三難蘇學士」中的對話。卷頭且有警語說：「強中更有強中手，莫向人前滿自誇」，提醒我們不可胡亂講話。王蘇兩位，

蘇子瞻像
三才圖會
人物七卷
蘇東坡名軾字子瞻號東坡居士眉山人嘉祐中歐公考試見其文語梅聖俞曰老夫當避此人一頭地宣仁高太后召見曰先帝每見卿文章必嘆曰奇才奇才因命坐賜茶以金蓮炬送歸院

智慧都超人一等，彼此也能惺惺相惜，這番起伏轉折的對談，大可提供我們歡賞。這正是：古今妙語錄，請您隨興讀；都在此書中，看了才滿足。

本篇文意已終，但因尚有餘幅，姑且略作續補：據《宋史卷三百二十七》王安石傳所述：第一、他不好華腴，自奉甚儉，這是好的。但他久不洗臉，衣裳髒污生蝨也不換，這就怪了。大文豪蘇洵認爲他「面垢不洗，衣垢不澣」，這是「不近人情」，寫了一篇《辨姦論》來批判他（見《古文觀止》宋文）這就有失了。

第二、王安石「目下十行，書窮萬卷」，這是好的。宋神宗要他任宰相，問韓琦曰：「安石何如？」韓答曰：「安石爲翰林學士則有餘，處輔弼之地則不可。」但宋神宗不聽，這是壞的。

第三、王安石做了宰相，他厲行新法，原想福國利民，這出發點是好的。但他一意孤行，不聽忠告，排斥賢良，甚至堅持「三不足」之論，那就是「天變不足畏，祖宗不足法，人言不足恤」。以致在他傳記的篇末有評語說：「朱夫子朱熹嘗論：『安石以文章節行高一世，遇神宗，致位宰相。而安石汲汲以財利兵革爲先務，引用凶邪，排擯忠直，而禍亂極矣。』此天下之公言也。」這是極差的。

總之，王安石做了兩次宰相。他的學問文章不凡，他寫的《讀孟嘗君傳》抑揚吞吐，筆力萬鈞，人稱「大家」。但新法推行，害民禍國，終究失敗了。可能是由於個性強忮執拗之害吧。

說要來，久不來，你已失信；對兒子，罵老子，汝又無禮。

五七　陳元方究問父友你全無禮信

信是誠實，其一是要說眞話（否則就是欺騙），其二是說了就要做到（不然就是失信）。禮是規矩，其一是行爲要守軌範（否則就是縱誕），其二是對別人要尊重（不然就是粗鄙），這是做人的基本條件。犯了一項，品行已虧，兩項都犯，朋友就會唾棄你。

東漢時代有位陳寔（一〇四—一八七），字仲弓，在漢桓帝時，官任太丘長，因稱陳太丘。他的兒子陳紀（後官尚書令），字元方，著書數萬言，號爲陳子。《世說新語．方正第五》中，有他一樁童年逸事：

「陳太丘與友期行，期日中。過中不至，太丘舍去。去後乃至。元方時年七歲，門外戲。客問元方：尊君在不？答曰：待君久不至，已去矣。友人怒曰：非人哉！與人期行，相委而去。元方曰：君與家君期日中，日中不至，則是無信。對子罵父，則是無禮。友人慚，下車引之，元方入門不顧。」

這段話也見於明代曹臣《舌華錄》辯語第十五。若予譯釋，文字就會加長。說的是陳寔與友人相約同行，說好在這天中午相會，但等到下午五時已過，友人還未露面，陳寔就獨自前往了。

陳寔走後好久，那位朋友才到。此時陳紀（字元方）纔滿七歲，正在大門外面玩耍。那位朋友便問元方：「你父親在家吧？」

陳元方答道：「家父等你許久，你沒有來，他已經單獨走了。」

那位朋友不自己省察，反而怒氣沖沖地責罵道：「這個陳寔真不是人！與我講好一同遠行，卻丟下我逕自一個人走了。」

七歲的陳元方，年雖幼稚，卻很懂事，要言不煩地反問道：「你和家父約好中午見面，到時候你爽約不來，這是無信，你錯了吧？現在你又對著我罵我父親，這是無禮，你又錯了吧？明明是自己不對，怎麼還可以責怪別人呢？」

那位朋友此時自知理虧，心懷愧疚，連忙下車，想逗引這位元方小世姪，以示愛撫之意。陳元方不屑於理睬他，逕自轉身進入大門去了。

請注意：孔子便把「守信」看得比吃飯和國防兵力還重要。《論語・顏淵》有云：

子貢問管理國政的首要事件爲何？孔子說：「第一要糧食豐足以養活百姓；第二要兵力充足以保國衛民；第三要謹守信實使百姓信賴政府。」子貢又問：「假如不得已，沒法全部都做到，要先去掉哪一項呢？」孔子說：「去掉兵力，仍可食足信孚。」子貢要刁再問道：「假如還不能做到，剩下的兩項中要再去掉哪一項呢？」

孔子答道：「可以不要糧食。自古以來，人總會死的，但如失去信任，雖可偷生，卻無以自立呀！」

孔子還把「遵禮」看得比才智、仁義、莊慎還重要。《論語・衛靈》篇語譯說：

一個能人，他的才智堪夠治國，如果不能謹守仁義，只求私利，雖然獲得了官位，仍會失去的。又如果他才智足夠，仁義無缺，倘若不能莊慎去處理國政，人民仍不會尊敬他的。再則如果他才智已夠，仁義無缺，且又莊慎任事，倘若行動悖禮，仍然不能算是完善的哩！

筆者按：信就是不差、不爽。《左傳・昭八年》「君子之言，信而有徵」。《論語・學而》「信近於義」。《孟子・滕文公上》「父子有親，朋友有信」。因之，人而無信，則名譽掃地。至於禮，禮就是理。《禮記・仲尼燕居》「禮也者、理也」。《說文》「禮、履也。」注解說：「禮之言履，謂履而行之也」。又《荀子・非十二子》「遇友，則修禮節辭讓之義」。人而無禮，則為他人所不齒。因之，禮與信在《漢書董仲舒傳》中列為五常，不可或缺（《論衡・問孔》也說：五常之道，仁義禮智信也）。若明乎此，我們便可推斷：人而無信則不立（誠實不欺的人叫信士，見《淮南子》詮言訓），人而無禮則亂序（非禮勿言，非禮勿動，見《論語》顏淵篇）。這就是說：有信有禮，暢走千里；無禮無信，寸步難進。

吾皇萬歲名為「老」，國家元首是為「頭」；
真命天子簡稱「子」，乾隆一笑免追「求」。

五八　紀曉嵐巧答皇帝我全是敬稱

清代乾隆年間，《四庫全書》（分經史子集四部，故名四庫，計七萬九千餘卷，歷十年繕成，分儲於清宮文淵閣、奉天文溯閣、圓明園文源閣、承德文津閣、揚州文匯閣、鎮江文宗閣及杭州文瀾閣七處）的總纂官紀昀，字曉嵐（一七二四——一八〇五），官任大學士。他另有著作《閱微草堂筆記》。學問淵博，反應敏捷，深受乾隆皇帝的關愛。

有一天，紀曉嵐在翰林院中閱書，正值暑天，高溫炎熱難耐，他率性就褪下內外衣衫，光著上身，一心看書。大學士偶而解放一下，也沒有人敢管，他好不愜意。

他讀書正在入神，忽然大廳外迴廊間傳來一陣吆喝：「皇帝駕到！」原來乾隆帝突發雅興，臨時起意，御臨翰林院來巡視一下，順便看看這些國之儒士的活動情況。

紀曉嵐一陣驚悚，這時他仍是赤膊露體，要一下子再行穿上內衣，外罩官袍，重披馬掛，項套朝珠，冠戴花翎，實在來不及。虧得他急中生智，立刻低身鑽進那有絨布遮圍的桌案下面躲藏起來，真的大家都看不到他了。

他蹲在桌案底下，等了又等，只聽到廳堂內多人往來的踱步聲。等了好久，腳聲停止了，他忍耐不住，在桌案下揚聲問道：

「老頭子走了沒有？」

他哪曉得皇帝仍在廳堂內，正駐足定神觀賞壁飾，隨從們也都在靜候，雖無聲息，並未離開。紀學士的問話，皇帝也聽到了，把他叫出來，喝道：「出言無狀，侮辱至尊，有說則赦，無說賜死！」

紀曉嵐不愧爲大儒，他俯伏在地，惶恐中婉訴奏道：

「微臣所言，都是敬詞，絕非侮謾：吾皇萬歲名爲『老』，國家元首是爲『頭』，眞命天子稱爲『子』，微臣禮虧，請求恕『宥』。」

此話是說皇帝稱萬歲豈不爲老？帝乃萬民之首，豈不爲頭？帝乃眞龍天子，豈不爲子？此爲隱語，實係尊稱也。這些湊合的託辭雖然有些牽強，卻也語含敬意，勉算可通可解。乾隆皇帝惜才，便一笑而罷，不再深究了。

紀曉嵐像

逞強權我哪管它啥公理，小小傢伙常自以為了不起；
遇急難丟棄好友保自己，金斧銀斧太貴了不是我的！

五九　伊索寓言常多啓發

古希臘（Ancient Greece）在兩千六百年之前，國內還留存著奴隸階級，其中有一人名叫伊索（A. Esop 620-560 BC），他甚有智慧，聰明善言，述說了許多假託的故事，後人集爲《伊索寓言》（A Esop's Fables）大都含有深意。本篇介紹四則，閱後或能有助於省察。

（一）逞強權我哪管它啥公理

狼狗快又狠，獅子更兇猛，兩者結同盟，獵食迅而準。牠倆聯合起來，頭一次就輕易的捕殺了一頭羊。獅子把羊肉撕裂，擺成三堆，也就是三份，然後宣示祂的主見說：

「這第一份是身軀，當然是我的，因爲我是百獸之王，必定是由我優先享受。這第二份是四腿，因爲我幫你而且出了力氣，定然要歸我得，不必多花口舌來討論。至於這第三份是頭部和尾巴，則是我要爭取的這一份，除非你很識相，願意禮讓給我，那就好辦；如果你不肯相讓，要和我爭的話，我想你這條狗命，便會終結在這一刻，莫怪我沒有事先警告你呀！」

這寓言是說：世界上有不少的事，仍是強權遠勝公理，弱者常是受欺負的。只不過這頭獅子的話說得露骨一些罷了。

（二）小小傢伙常自以爲了不起

一隻小蚊子停在大牛的牛角上，很久很久了，終於想要飛到別處去，牠怕那大牛不願意，於是發出營營的聲音，問牛說：「我跟你做朋友這麼久了，你容許我停留，我得到了充分休息，你我都和平相處這麼長的時間了。如今我想離開，你會不會捨不得讓我走？或者你仍想挽留我久待一陣子嗎？」

那大牛卻是冷漠地回應道：「啊呀，你停在我的角上了嗎？你是何時來的？我一點也沒有感覺到你來了。你待了多久？我也全不知道。你如果沒有講話，我都不知道我的硬角上有個你的存在呢。如果你飛走了，我的角仍舊是我的角，毫無影響，也不會覺得你的離去對我有任何損失呀！」

這寓言是說：有人自以爲了不起，認爲這個集團中少不了他，自己是擎天大柱。究其實，卻是無足輕重的。筆者也犯過此病。年輕時，正當抗日戰爭緊迫之際，筆者在某一機構中擔負重任要職，卻因賭氣，就斷然辭職另行他就。所遺業務，須由三個幹員接辦。自以爲由於我的遽離，該機構必會關門，天天盼望有壞消息傳佈。哪知一年過了，毫無垮台跡象，才知道過份膨脹了自己。想想看：當中美斷交，蔣經國總統逝世，中華民國依然屹立無恙呀。這樁小小實例，亦可供作鑑戒。

（三）遇急難丟棄好友保自己

甲乙兩個好友一同進入深山，忽然遇到一隻野熊。甲先看到了，只管顧自己，就匆忙爬上一株大樹躲避。乙來不及逃跑，只好仰臥在地上，屏住呼吸，假裝成死人。熊走近來，用鼻子嗅聞乙的全身，察覺他沒有呼吸，以爲眞的是個死人。熊是不吃死屍的！就跑開了。

甲見熊已去遠了，才從樹上爬下來，問乙道：「這熊在你耳邊說了些甚麼話呀？」乙不恥於甲自顧自的行爲，回應道：「這頭熊給我一個忠告，牠要我不可和那危急時拋棄好友不顧的人再做朋友，免得以後又會吃虧。」

這個寓言告訴我們患難相助才是眞正的好朋友。

（四）金斧銀斧太貴了不是我的

張樵夫在河邊陡崖上砍柴，不小心將斧頭掉入河裡。他丟失了賺錢的謀生工具，十分沮喪，摀著臉面偷泣。這時河神出現了，問道：「你爲甚麼哭？」樵夫告說失斧的不幸。河神起了同情心，就躍入河中，拾來一把金斧，問道：「這是不是你失去的斧頭？」樵夫說：「不是。」河神又躍入水裡，取來一把銀斧，樵夫仍說：「不是的。」河神第三次拾來那把舊斧頭，樵夫欣然，大聲說道：「這把斧頭才是我的，我打從心底，要感謝你的恩惠。」河神愛他誠實不欺，就把金斧銀斧一齊送給他了。

張樵回家，把得到金斧銀斧的事告訴了鄰居李樵夫，李樵起了貪心，也想要得到金斧銀斧。第二天，他特意來到河邊，故意把斧頭丟進河裡，也坐下來假意哭泣。果然河神又出現了，問明原由，河神就沒入河中，撈來一把嶄新的金斧，問道：「這是不是就是你失落的這一把？」李樵夫急忙答道：「正是這一把。」河神說：「只怕未必是的，這金斧太新，還沒有砍過第一次呢。」河神恨他不誠實，只想詐騙金斧，不但金斧沒有給他，連他丟落河中的那把舊斧頭也不幫他去找回了。

這寓言啓發我們：誠實使人歡悅，會有好報；貪心令人嫌厭，反而招來損失。雖然這事敘來巧幻簡單，它的用意乃是愈易了解，就愈易接受。

北宋大學士范純仁（范仲淹之子）有戒語曰：

「人雖至愚，責人則明（即令是愚笨的人，責備別人會很明快），雖有聰明，如己則昏（雖然是聽明的人，寬恕自己則很昏昧）；苟能以責人之心責己，恕己之心恕人，則一生受用不盡矣。」

——趙伯平《續通鑑雋語》宋紀　徽宗

救命趕快逃逸，欠乖就給狼吃；
無理仍要殺你，求人不如求己。

六〇　格林童話每見深思

德國格林兄弟（Jacob Grimm 1785—1863, Wilhelm Grimm 1786—1859）兩人合作撰寫的《格林童話》（Grimm's Fairy Tales）傳佈全球。今錄五篇，都具啓示性。

（一）爲了救命，拚死急逃

一隻狼狗從兔窩裡追出一隻野兔，一逕在追，追了好久，便停下來不追了。另外一隻狐狸都看到了，就語帶譏笑地說：「你們兩個，都在急跑，但我看，小的野兔跑得飛快，大的是你，反而跑得很慢，這樣不太對勁嘛！」獵狗回應說：「你哪會知道？我們兩個跑的目的完全不相同。我只是想在午晚餐之間吃點零嘴，何必爲此而大費全力？但野兔卻是九死一生的危難之下，爲了保命而用盡全身力氣在逃生呀！」

（二）不乖就丟給狼，乖了就殺掉狼

一隻餓狼，早晨出外尋找食物，經過一間茅屋，聽到屋內母親對小孩說：「乖一點吧！不然我就把你丟到窗外去給狼吃掉。」狼就在窗外草叢中等著。直到傍晚，又聽到那

母親再對小孩說：「你乖多了，如果狼來了，我要把狼殺掉。」狼聽了只好忍著飢餓回去，回到狼穴裡雌狼問牠爲甚麼一整天沒有抓到食物，餓著回來，餓狼說：「今天很不得意，因爲我相信了一位母親的話。」

（三）有理無理，都該吃掉你

一隻狼，遇到了一隻失群而迷路的小羔羊。狼發了慈悲心，決定不用頑強的暴力來對付這隻羔羊，而是要找些藉口讓羔羊知道我這仁慈而且講理的狼確實有吃牠的權利。首先就對小羊說：「小傢伙，你去年爲甚麼要侮辱我？」小羊喊冤說：「你錯了，去年我還沒出生咧。」狼一聽，改口又說：「你爲甚麼在我的草地上偷吃草？」小羊說：「不，我沒有。我到現在牙齒仍未長齊，還沒有嚐過嫩草的味道呀。」狼轉頭再質問道：「那末，你爲何要搶喝我井裡的涼水？」小羊辯道：「我哪有？我從來沒有喝水，到如今，我還只喝我媽的奶水哩！」狼再找不到藉口來加罪了，但還是抓住小羔羊當晚餐，一面吃，一面寬解道：「你雖然都反駁了我多次責怪你的話，但我總不能餓著肚皮來專講仁義道德呀！」

（四）求人不如求己，自助才是正理

初春時期，有隻百靈鳥媽媽，在嫩綠的麥子田中築了一個鳥窠，牠養育的小鳥們漸漸長大，羽毛也都豐滿了。到了夏秋，麥田的主人看到他的麥粒已經成熟了，就說道：「時候到了，我該請鄰人來幫我收割了。」一隻小百靈鳥聽到了，告訴牠媽，問道：「我們是不是就該要搬家了？」媽媽回答說：「孩兒呀！現在還不必急著搬家。這位主人，不過是想要邀請他的朋友們來幫忙，朋友們會不會來還不一定呢。」幾天之後，麥主人又在出邊說：「麥子太熟了呀，前幾天我想請鄰人來幫忙，但他們各都有事，抽不出身來。明天，我決定出動全家老小，一齊來割麥，不能再靠別人了。」百靈鳥媽媽聽到了，對小鳥們說：「現在才是我們必得要搬家的時候，因爲麥主人決定親自行動，不依賴別人了呀！」

（五）狐狸落井，騙羊上當

一隻狐狸，到外面去找食物。經過一口水井邊，沒有護欄，不小心掉進去了，爬不出來，不知如何是好。

有一隻羊來到井邊，看見狐在井裡，好奇問道：「這井水好喝嗎？」狐覺得機會來了，極口贊美井水清甜爽口：「不信你也下來喝喝看！」口渴的羊聽信了，也跳下井裡，喝完水之後，才知道沒法跳出井口。狐說：「如今只有一法，請你站起來，把前腿趴在井壁上，讓我爬到你的背上，踩著你的肩和頭，縱身跳出去，然後再拉你上來，就得救了。」羊依言照著做，狐就跳出井口了。卻俯著頭對羊說：「朋友，你就乖乖的待在井裡享受井水的甜美吧！」

我們在聽到任何挑逗話之先，一定要多想一想，才不會受騙上當呀。

以色事人者，色衰而愛弛，這非純真的愛；以財事人者，財盡而交絕，僅是酒肉之交。

六一　楚共王妃願捨己身陪葬

說話誰人不敢？實在無啥希罕。若要口吐妙言，勤修不可偷懶。話要言簡意賅，還須擊中要害，尤要避免囉唆，更要切合時代。看來似乎容易，但要配合時際。一經高人指點，效果才會滿意。

（一）如何永得君王愛

美女安陵纏（又稱安陵君）因年輕色美，很受戰國時代楚共王的寵幸。朝廷中有位大臣江乙問她：「你的父兄對國家可曾立下戰功？」安答：「沒有呀。」江乙又問：「你自己對國家有無功績？」安答：「也沒有呀。」

江乙說：「那爲甚麼你會如此貴幸呢？」安答：「我也不知道呀。」

江乙開導她：「我聽人說：『用財富與人交友，財盡就會交疏；以美色獲君王之愛，色衰就會失寵。』你的美麗，將來總會衰減的，你用甚麼方法，可以長久得到君王的眷顧呢？」安答：「我年輕不太懂事，還望先生指教。」

江乙說：「我替你代謀，你只要向君王許諾，甘願用身體陪葬，就會有大效的了。」

三年過去了，江乙又見到安陵纏，向她問道：「三年前我講過的話，你有否向君王表露？」安答：「我一直沒有找到適當的機會進言呀。」

江乙說：「你和君王天天在一塊，出外則同坐一車，入宮則同處一室，如此經過三年，還說沒有機會，恐怕是我的建議不可行吧？」心頭不太高興，辭別走了。

（二）願意捨身陪君葬

這一年，楚共王去郊外打獵，山林失火，百獸嗥奔，一頭野犀牛狂躍過來，衝向楚王駕前左邊的驂馬。衛士發箭，射個正著，倒地死了。楚王見狀大樂，拍手歡笑。一時間突然想到身死的問題，問同乘的安陵纏道：「今天十分愉快，假如我萬年逝世之後，你會同誰再享受這種樂趣呢？」

安陵纏低下頭來，流著眼淚，抱著楚共王，悲聲訴道：「大王萬歲之後，我願陪葬，捨身殉你，哪會知道再享此樂的人是誰呀！」

楚共王一聽，更加悅樂了，隨將這處有三百戶的領地賞賜給她，因爲她的回答正合乎楚共王內心的意向。

以上語譯自漢代劉向《說苑・卷十三・權謀》中之一篇。原文是：

「安陵纏以色，得幸於楚共王。江乙往見安陵纏曰：子之先人，豈有矢石之功於王乎？曰：無有。江乙曰：子之身，豈亦有乎？曰：無有。江乙曰：子之貴，何以至此？曰：不知。江乙曰：吾聞之：以財事人者，財盡而交疏；以色事人者，華落而愛衰。子何以長幸於王乎？安陵纏曰：妾年少，願聆教。江乙曰：獨從爲殉可也。居三年，江乙復見安陵纏曰：子豈諭王乎？安曰：尚未得間也。江乙曰：子出與王同車，入與王同坐，居三年，言未得王之間乎？不悦而去。其年共王獵，野火起，虎狼嘷，有狂兕來，正觸王左驂。善射者射之，兕死。王大喜，拊手而笑。顧謂安陵纏曰：吾萬歲之後，子將誰與斯樂乎？安陵纏乃泣下，抱王曰：萬歲之後，妾將從爲殉，安知樂此者誰也。於是共王乃封安陵纏三百戶。」

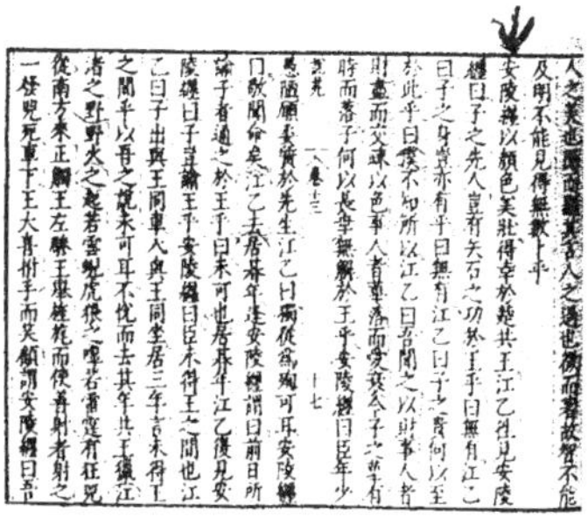

〈說苑・卷十三〉

（三）說少不如說得好

劉向在該篇文尾給予評語說：「江乙善謀，安陵纏知時。」這是說大臣江乙「善」於定「謀」獻策，而安陵纏則「知」道該在甚麼「時」機把話說出來。我們不必拘泥於以身殉葬之不合人道，只須體會其對答能把握機會，自然吐露心意。孔子說「時然後言」，此之謂也。有道是：說得多不如說得少，說得少不如說得好，說得好不如說得巧，說得巧不如說得妙。且夫妙語說來獲有賞賜，我們聽來也有啓示，要訣就在把握時機，切記不可等閒輕視。

佳穴亡國，泥葬為皇，堪輿哪可信？
吉祥在人，凶災非地，風水總難憑。

六二　隋文帝后不挑吉穴作墳

人死了，要不要找一處福地佳城來安葬呢？風水大師說：「靈氣所鍾，龍脈所在，愼選穴位，澤被後代。」這種言論，有人入迷，但不相信的也大有人在。

（一）隋文帝葬父吉或不吉

提及那隋文帝楊堅（五四一—六〇四），是隋朝開國之君。他的皇后獨孤氏死了，朝廷中的儀同三司（官名）蕭吉，精於陰陽之術，選到了一處吉地，奏報說：「卜年二千，卜世二百（依卜卦顯示：葬在此穴，隋朝傳位年數，將長達兩千年；如算世代，將延續兩百代）。此地無疑是個龍穴。」

隋文帝卻另有見解，開示說：「命運的凶吉，與後代的盛衰，都該是由人來作成，不是由地來限定的。大家請看：那前兩朝的北齊皇帝高緯，他葬父親齊世祖高湛之時，哪會不愼選吉地？但後來他卻被殺，而國家不久又被北周滅亡了，這就是明顯失祐的實例。再者，我葬父親（父名楊忠，追封為隋太祖）的墓地，當然也是挑選到最佳的福穴；如果說它不吉，我就不該做天子；如果說它不凶，我弟弟就不該戰死。由此可證，葬地豈是會庇祐子孫的嗎？」

原文請閱宋代司馬光《資治通鑑。卷一百七十九・隋紀三》：

「隋文帝后獨孤氏崩，儀同三司蕭吉為后擇葬地，得吉處云：『卜年二千，卜世二百。』帝曰：『吉凶由人，不在于地。高緯葬父，豈不卜乎？俄而亡國。正如我家墓田，若云不吉，朕不當為天子；若云不凶，我弟不當戰歿』。」

隋文帝此番意見，甚有卓識。依常情而論，墓地都在郊外，離家一定很遠，那墓穴的風水靈氣，怎會認得我家住在城市中的某街某巷、幾號幾樓？而竟能凝聚天地間的祥瑞，持續長期的福佑，都直接地穿過門禁，搭乘電梯，進入我家，回饋到我三兒八孫的身上來？倘若此說為眞，那就只要葬到好地，子孫便可坐待五世其昌，甚至睡著等候做皇帝得了，天下豈有這等便宜之事？

（二）明太祖葬父屍骨無存

行文到此，不禁想到那明太祖朱元璋（一三二八—一三九八），他年青時，家裡窮得討飯。父親死了，他揹著亡父遺體上山正要掩埋時，突逢暴雨狂風，沖到屍骨都找不到了，他卻做到明朝的開國之君。情形是：

「朱元璋小時候就很貧苦，遭受饑荒，討過飯。他父親朱世珍是個窮佃農，死了。

家裡無一文錢，沒一粒米。幸而鄉鄰劉繼祖捨了一小塊山坡野地無償送他埋葬。朱元璋將父屍用破衣包著，獨自揹到坡上，放下屍體，想要挖坑。突然電閃雷轟，強風暴雨，他渾身盡濕，冷得發抖，只好遠到轉彎處的凹洞中去暫躲。過了半天，豪雨止了，回來一看，父屍不見了。原來雨勢太猛，山上形成了一股大水，沖刷了下來，竟然把坡上的泥土也沖走了。屍體被泥漿裹著往低處翻滾，再被後來的泥沙覆蓋了三四尺深，一大片河流狀的厚泥巴延長有半里之遙，父屍尋也尋不著了。朱元璋對這突然的巨災驚怖得心膽皆慄，一輩子都悔恨不已，數十年後，他還傷心地寫入了《御製皇陵碑》，以示傷痛。但他卻做了明代的創國皇帝。」

明太祖朱元璋

這樁怪異事，在官修的《明太祖實錄》、明代郎瑛《七修類稿》、清代潘聖章《國史考異》、清代王鴻緒《明史稿》中都有錄載，原文就不引了。但不知風水地理專家，如何解釋？

（三）靠一般常識也能擇地

如按一般常識，外行人也會知道選擇好的葬地：第一要地勢高（低則積水），二要土質緊（野鼠不打洞，虫蟻不作窩），三要坡度緩（土不塌，邊不崩），四要面朝南（朝北陰冷，朝東西則晨熱晚涼），五要風力柔（頂風受吹刮，背風感鬱悶），六要視域廣（視野開闊，心怡神悅）。這種曠地，就是佳穴。保證遺體可以久存，祭掃可以長享，也就不必有勞羅盤八卦、擲筊請神這些節目了吧？

況且、近代思想日益開放，死後除了入土之外，（土葬與活人爭地，將來恐一穴難求），尚有火葬、海葬、天葬、樹葬、花葬、壁葬、撒灰葬等多種方式，且都合乎對地球的環境保護，卻都不曾入土，既不選龍穴吉時，也不理羅盤八卦，而其後代子孫居然也能財豐人旺，看來那古老的堪輿觀念（geomancy）可能要修正了。

「言有八術（說話對象有八種）：

與智者言依於博（自己要淵博），與博者言依於辯（要能雄辯），

與辯者言依於安（要穩住立場），與貴者言依於勢（不可失勢），

與富者言依於豪（要顯出豪邁），與貧者言依於利（要能施惠），

與勇者言依於敢（己身要果敢），與愚者言依於說（給他開導），

此言之術也。非所宜言勿言。一言而非，駟馬難追。一言而急，

駟馬不及。故惡語不出口，苟語不留耳。此之謂君子也。」

——春秋・鄭，鄧析《鄧析子・轉辭篇》

天理難窮究，錢財哪會夠？
身軀非我有，誰人參得透？

六三　呂洞賓測試吝和尚

明代文學家馮夢龍（一五四七—一六四六）字猶龍，又字子猶，別號龍子猶、墨憨子，齋號墨憨齋。他纂輯了三部小說集，書名是《喻世明言》《警世通言》和《醒世恒言》，簡稱「三言」。每書各有四十篇，都以描述細膩，文詞曉暢，結構完整，情節生動見長，因此流傳久遠。

其中《醒世恒言》，可一居士寫「序」說：「醒世『恒言』四十篇，所以繼『明言』『通言』而刻也。『明』者取其可以導愚也。『通』者取其可以適俗也。『恒』則習之而不厭，傳之而可久。三刻殊名，其義一耳。」可見它的價值。

（一）醒世恒言：和尚惜錢

三書以《恒言》完成最晚，因而潤飾也最精：讀來既可修身，也兼益智，且寓有啓示作用。例如該書的第三十四篇「一文錢小隙造奇冤」的前段，雖只是個引子，卻也別有情趣，簡述是：

話說八仙之一的呂洞賓，修道成仙，自號回道人（回字兩口，兩口是呂），他混迹人間，要度化天下衆生。遊蹤來到長沙（湖南省會），在街市上手捧一個小小磁罐討錢，且大聲宣說：「我有長生不老之方，誰能施錢滿罐，我便以秘方傳授。」

市人不信，爭相投錢入罐。說也奇怪，磁罐雖小，卻始終不滿，大家都很駭怪。

這時有個和尚，推了一架兩輪車前來，車內裝了許多錢幣，乃是寺中由各方信徒捐獻積來的，要送去官庫存儲。有人向他問道：「你這車裡，恐怕有一千貫錢吧？不知道他那小小罐子裝得下嗎？」

呂洞賓誇口：「連這車子都裝得進去，何況這一點點錢。」

和尚聽了，哪會相信？呂洞賓激他道：「只怕你不肯布施。若你能說個『肯』字，不愁這車子不進入罐裡去。」

衆人想看熱鬧，都七嘴八舌地攛掇那和尚。和尚也覺得必不可信，便接口道：「看你有多大本領，我爲甚麼不肯？」

呂洞賓把磁罐側放地上，罐口對著車頭，約離三步之遠，對和尚說：「這位大僧，你敢高叫三聲『肯』麼？」

和尚不甘示弱，接連叫了三聲『肯—肯—肯！』每叫一聲，只見那車子就自動靠近一步，等到第三聲叫後，那車兒便像罐內有人拉扯一般，一下子就全都進入罐內去了。

和尚失車失錢，又驚又惱，嗔怪這是騙人的障眼法，急切地問道：「你這道人，究是神仙，還是幻術？」呂洞賓口宣八句偈語曰：

「非神亦非仙，非術亦非幻。天地有終窮，桑田經幾變（世事無常曰桑田）。

此身非吾有，錢財何足戀？曷不從吾遊，騎鯨騰汗漫（泛無邊際叫汗漫）。」

這話開示說：身體都僅是個臭皮囊，何須留戀？錢財應是身外之物，更不必計較。但許多人都想不開，那和尚當然也心有不甘，要揪著呂洞賓到官府告狀。呂洞賓說：「你莫非心情懊惱，捨不得錢財麼？這磁罐本就貪財，見到有錢，只進不出。也罷，待我親自去討來還你就得了。」說完他縱身一躍，跳進罐中，只是有如落入萬丈深潭，身影全都不見了。

和尚連連叫道：「道人出來，道人出來！」罐裡迄無回應。和尚怒從心生，抓起磁罐，用力向地上一砸，罐子頓時爛碎，卻不見道人，又不見車兒、連先前眾人塞入的散錢也不見一個，只是地上飄著一頁黃紙。撿來看時，紙上有詩四句：

「尋眞要識眞，見眞渾未悟，

一笑再相逢，驅車東平路。」

眾人共相傳觀，卻是那字蹟漸次變淡，過不一陣，連紙也沒有了。大家咸信必是仙人顯靈，一會

兒也都散了。只有那和尚，丟了車，失了財，十分沮喪，不知如何是好？忽然想起詩中「一笑再相逢，驅車東平路」的話意，連忙趕往東平路去找找看。尋到那路邊停著的，正是自己的車，錢物全然都在。那道人在旁笑說：「等你好久了。錢車都在此。只可歎出家之人還惜錢如此，連你這四大皆空的和尚都這樣執著，又有誰不愛財呢？可惜普天之下，還無可度之人，可憐又可痛。你知我是誰？貧道乃呂洞賓也。」說罷騰空而去。正是：

「天上神仙容易遇，人間難得捨財人。」

（二）呂祖年譜、瓦罐示異

那呂洞賓，名嵒（音義同巖），號純陽子，自稱回道人，人稱呂祖。他的逸事很多，兼有遊俠、名士、神仙諸身分。元武宗至大年間，詔封爲「純陽演正警化孚佑帝君」。以上這則勸世寓言，記載於《醒世恒言》之中，但又見於清代李涵虛《呂祖年譜─海山奇遇》木刻版本（李涵虛眞人著，道教典籍）卷之第三・北宋三「瓦罐示異」條，略有小異，錄供一閱：

「呂祖遊長沙，詭爲回道人。持小罐乞錢，所得無算，而常不滿，人皆神之。日坐市中，言有能以錢滿吾罐者，當授以道。人爭以錢投之，竟不滿。有僧驅一車錢至，曰：汝罐

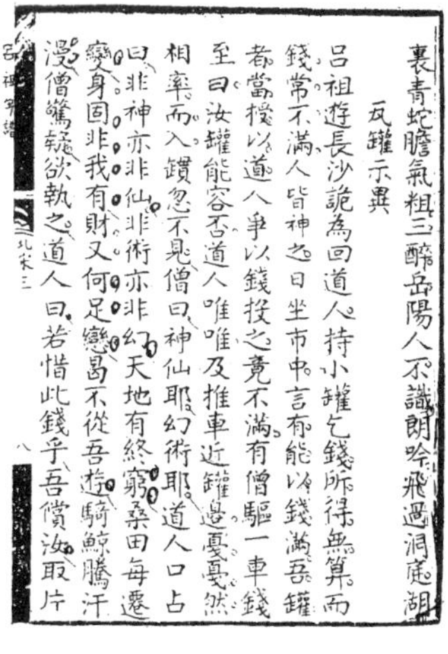
裹青蛇膽氣粗三醉岳陽人不識朗吟飛過洞庭湖

瓦罐示異

呂祖遊長沙詭為回道人持小罐乞錢所得無算而錢常不滿人皆神之日坐市中言有能以錢滿吾罐者當授以道人爭以錢投之竟不滿有僧驅一車錢至曰汝罐能容否道人唯唯及推車近罐邊戛戛然相率而入鑽忽不見僧曰神仙耶幻術耶道人口占曰非神亦非仙非術亦非幻天地有終窮桑田每遷變身固非我有財又何足戀曷不從吾遊騎鯨騰汗漫僧驚疑欲執之道人曰若惜此錢乎吾償汝取片

呂祖年譜　北宋三　八

能容否？道人唯唯。及推車近罐邊，戛戛然相率而入，忽而不見。僧曰：神仙耶？幻術耶？道人口占曰：『非神亦非仙，非術亦非幻，天地有終窮，桑田每遷變。身固非我有，財又何足戀，曷不從吾遊，騎鯨騰汗漫』。僧驚疑，欲執之。道人曰：若惜此錢乎？吾償汝。取片紙投罐，祝曰：速還來。良久不出。曰：非我自取不可。因躍入罐中，寂然。僧遂擊碎之。見有紙題一詩曰：『尋眞要識眞，見眞渾未悟，一笑再相逢，驅車東平路。』僧悵然急往東平，忽見道人曰：吾俟汝久矣。以車還之，錢皆在。曰：吾呂純陽也。始謂汝可教，今惜錢如此，不可教也。僧悔謝不及。」

筆者按：那內容頗爲豐富的《呂祖年譜》卷之一裡還有「黃粱夢」（此夢同見於宋・李昉《太平廣記》清・王士禛《異聞錄》宋・李昉《文苑英華》及唐・沈既濟《枕中記》）。卷之二裡有「邯鄲夢」（此夢同見於《邯鄲夢戲劇》），這兩個夢已納入拙撰《試說心語》第十九篇（二〇〇六年六月文史哲出版社印行），這裡不贅敘。另外《呂祖年譜》卷之二裡尙有「寰瀛圖」一篇，也是一種述夢的奇遇，如有興趣，請閱原書。

「話須通俗方傳遠，語必關風始動人。」

——京本通俗小說《馮玉梅團圓》銘言

修真積善兩無成，只敬衣冠不敬人；
奉勸大家都學好，一團和氣慶昇平。

六四　寒山子教訓俗道人

李唐時代中期，出了一位傳奇的高僧，叫寒山子，隱居在浙江天台縣一個叫寒巖的深山裡。胡適《白話文學史》第十一章《唐初的白話詩》記敘了「寒山」一篇，乃是引用李昉《太平廣記》卷五十五「寒山子」條，註明是「出於《仙傳拾遺》」，其上段云：

（一）寒山子有興寫詩三百首

「寒山子，不知其名氏。大曆中（唐代宗的年號，七六六—七七九），隱居天台翠屏山。其山深邃，當暑有雪，亦名寒岩，因自號『寒山子』。好爲詩，每得一篇一句，輒題於樹間石上。有好事者，隨後錄之，凡三百餘首；多述山林幽隱之興。或譏諷時態，或警勵流俗。桐柏徵君徐靈府序而集之，分爲三卷，行于人間。十餘年，忽不復見……」

寒山子作了三百多首詩，應該有足資稱誦的了，諸如：

「有箇王秀才，笑我詩多失，云不識蜂腰，也不會鶴膝；

平仄不解壓，凡言取次出，我笑你作詩，如盲徒詠日！」

甚麼叫蜂腰鶴膝？這是南北朝梁代沈約倡說的作詩要避免「八病」，其中包括蜂腰與鶴膝，指的是五言詩每句中若首尾都是濁音，中間一字是清音，便是兩頭大而中間小，猶如蜂腰。反之，若兩頭細而中間粗，就叫鶴膝。這是寒山子不屑於接受的。而且他認爲自己的詩，淺白中含有典雅，高人讀了，自會妙悟。以下再選錄二首：

「有人笑我詩，我詩合典雅；不煩鄭氏箋，豈用毛公解？不恨會人稀，
只爲知音寡；若遣趁宮商，余病莫能罷；忽遇明眼人，即自流天下。」
「下愚讀我詩，不解卻嗤誚；中庸讀我詩，思量云甚要；
上賢讀我詩，把著滿面笑；楊修見幼婦，一覽便知妙。」

他還有不錯的佳作：

「杳杳寒山道，落落冷澗濱，啾啾常有鳥，寂寂更無人；
磧磧風吹面，紛紛雪積身，朝朝不見日，歲歲不知春。」
「獨坐常忽忽，情懷何悠悠，山腰雲縵縵，谷口風颼颼；
猿來樹嫋嫋，鳥入林啾啾；時催鬢颯颯，歲盡老惆惆。」

明代顧炎武《日知錄》說：「詩用疊字最難，須複而不厭，賾而不亂。」前一首每句的首二字，後一首每句的末二字都用疊字，讀來溫順，形容洽切。且已由美國漢學家華特生（Burton Watson）英譯了《寒山詩一百首》，可見中外都有同好。

（二）俗道士只重衣冠不重人

至於前述《太平廣記》引《仙傳拾遺》這一條的下段，還有一番開導啓示的話，才眞是本篇的重點。今暫予語譯如下：

唐懿宗咸通十二年（西元八七一），有位道士李褐，在毘陵（今江蘇武進）道觀中修行。但他性情褊急，常時凌侮別人。一天，有位貧士向李褐乞討蔬飯，李褐不但沒有施給，還惡言相向，把貧士叱罵走了。

隔了兩天，有位騎白馬的貴人，鮮衣華冠，由六七位白衣侍從簇擁前來道觀參禮。李褐一看，猜想若非高官，必是貴裔。哪敢怠慢，恭敬接待。

那貴人在言談末了，問道：「記得我是誰嗎？」

李褐仔細端詳，原來就是前天那位貧士，連忙說：「貧道在此告罪，前天有多魯莽，冒犯尊駕，望請寬恕！」

貴人開示道：「你在修眞，卻常侮慢貧寒，巴結富貴，怎能修得眞道？修道要除貪去欲，積德守謙，你違反了這些教條，離入門遠矣。必當痛改，乃可有成。你知我是誰？吾乃寒山子是也。」出門跨馬而去，不知所終。

故事講完，姑且以偈語終唱：「進德不眞，修道不謹，只敬衣冠，不敬人品。古人多犯，如今爲烈，大家都改，病才滅絕。」又曰：「毘陵道士想修眞，只敬衣冠不敬人；類此傖夫還不少，難期頑鐵變純金。」

我今在室中，你能否誘我出室外？
你如在室外，我就會誘你入室中。

六五　誘老師出戶外詎來容易

明代才子馮夢龍（一五七四—一六四六），字猶龍，是明代著名的俗文學家，著作甚豐，撰有「三言」（即喻世明言、警世通言、醒世恒言三種小說），又撰有《增廣智囊補》（希望「下下人有上上智」）。此書卷下「雜智」卷末，有「誘出戶」篇：

（一）朱氏誘師出室外

「文士朱古民，善謔（喜開玩笑，長於戲謔）。冬日，在湯翁齋中（在老師湯翁的書齋中閒談），湯曰：「汝素多智術。假如我今坐室中，能誘我出户外否？」朱古民答曰：「户外風寒，您必不肯出。倘老師先至户外，我在室內，以計誘翁入室，或較易也（由室內誘往室外很難，若由室外誘進室內則易）。」湯翁信之，便走出户外（已經誘出室外了也）。回首謂朱曰：「汝豈有計，能誘我入户哉？」朱古民拍手笑曰：「我今已誘請老師出户外了矣。」

這是雜智，只算是小聰明，無關深博。最好是別人務小，我要務大，別人視近，我當視遠：，器局力圖恢宏，才能開創偉業。

（二）林肯急智答難題

今且附記另一雜智對答。據說美國第十六任總統林肯（Abraham Lincoln 1809—1865），年輕時，前去參加一項考試。

考官問他：「這裡有一道容易回答的問題和一道難以回答的問題，你選哪一道？」

林肯說：「我願意選那一道難以回答的問題。」

於是考官問道：「雞蛋是怎麼來的？」

林肯答：「是雞生出來的。」

考官又問：「雞又是從那裡來的呢？」

這是雞生蛋、蛋生雞的沒完沒了的問題。林肯以急智馬上解圍說：「你不是只要我選答一道問題嗎？我已經答對了。但現在你卻是另外考我第二道問題呀！」

考官無法說贏他，讓林肯過關了。

妙事閱來暢快
語花也能作範
啓迪古今成與敗
示我人生百態

穿靴入城中，怎可上街忘友？
踩肩登屋頂，卻是下地無梯。

六六　誑鄉翁登屋頂騙得新奇

清代袁枚（一七一六—一七九八），字子才，別號隨園老人。長於詩，如《遣興》詩云：「愛好由來下筆難，一詩千改始心安；阿婆還似初笄女，頭未梳成不許看。」表露出寫作的辛苦。又善於文，如《祭妹文》顯示了眞摯的親情。另有著作《子不語》，書名是依據《論語・述而篇》「子不語怪力亂神」而來，記的是妄言妄聽之事，書中有下列一則：

（一）鄉人受騙失新靴

一位鄉下人，穿了新靴上街，遇到一位市民向他長揖，握手言歡，像是多年熟友。鄉人茫然，問道：「你我好像並不相識嘛。」

市民生氣了，回嗔道：「你穿了新靴，就忘了故友，好不可恨！」伸手揭了他的帽子，丟到房屋上，跑掉了。

穿靴的正在爲難之際，另一位街友近前笑著對他說：「剛才那位仁兄過分惡作劇了，你的頭曝曬在烈日之下，恐怕誰都受不了，何不到屋頂上把帽子取下來呢？」

鄉翁答道：「我也這麼想，可是沒有梯子，也上不去呀。」

那街友善意建議道：「我一生慣於做好事。此刻我可以把肩膀給你作梯子，這房子並不太高，你就可以登上屋頂了，你看怎麼樣？」

鄉翁謝了他，街友蹲下身來，鄉翁就想踩他肩膀。街友卻不悅，埋怨說：「你也太性急了一點，你的帽子丟了可惜，我的新衣也該可惜。你穿了新靴，但靴底泥沙依然不少，豈不會弄髒我的衣裳嗎？你該脫下靴子上屋才對。」

鄉人向他道歉，脫下靴子，交與街友，只穿襪子踏肩登上屋頂去取帽子。

鄉人一離肩，這街友就提著新靴跑了，鄉人身在屋頂，沒法下來。旁人以爲他倆是熟朋友，故意逗趣玩遊戲，沒人阻止。他在屋上哀聲求助，好心人尋得梯子讓他下地，但新靴找不到了。

請看袁枚《子不語》「偷靴」原文是：

「一鄉翁穿新靴行於市上，遇一人向之長揖，握手寒暄。著靴者茫然曰：素不相識。其人怒曰：汝著新靴，便忘故人。掀其帽擲瓦上。方彷徨間，又一人來，笑曰：前客何惡戲耶？尊頭暴烈日中，何不上瓦取帽？對曰：無梯，奈何？其人曰：我慣作好事，以肩當梯，讓汝踏升瓦上何如？著靴者感謝。其人乃蹲於地上，聳其肩。著靴者將上，其人怒曰：汝太性急矣。汝帽宜惜，我衫亦宜惜。汝靴雖新，靴底泥土不少，忍污我肩上衫乎？著靴者愧謝，脫靴交彼，以襪踏肩而上。其人持靴逕奔，取帽者高踞瓦上，勢不能下。市人以爲兩人交好，故意相戲，無過問者。失靴人哀告街鄰，尋覓得梯才下，持靴者不知去處矣。」

作者袁枚另有格言說：「作人貴直，作文貴曲。」確是深有心得的話。這段故事，在還沒有看到後面「持靴逕奔」之句以前，仍不知道是騙靴子。前面的對話，都只是引言，但都在通常情理之內，誘使你一直往下探個究竟，這便是它的曲折高妙之處。

（二）門夫脫靴小奴得

唐人張鷟《朝野僉載》卷一也有一則騙靴故事，只是這位刺史大官人的行爲，實在不成體統，羞辱衣冠：

「鄭仁凱爲密州（今山東諸城縣）刺史，有小奴（僕人）告以靴穿（靴底穿破了）。凱曰：『阿翁爲汝覓鞋。』有頃，門夫著新靴者至。凱廳前樹上有鴷窠（啄木鳥窠），遣門夫上樹取其子。門夫脫靴而沿之（看門人脫靴爬上樹去抓小鳥）。凱令奴著靴而去。」

這位鄭大官人的言行，實在失德。此外，歐陽修也記述了一則新靴的對話：

（三）單靴買來價九百

殘唐五代時期，有位馮道（八八二—九五四），官居宰相二十多年，封燕國公，自號長樂老，卒謚文懿。《新五代史》中有他的傳記。

同時代又有一位和凝（八九八—九五五），進士出身，官至僕射（音朴夜，就是輔佐天子統領百官的宰相），封魯國公。《舊五代史》中有他的傳記。
馮道與和凝同在中書省（總管國家政事之官署，就是宰相府）擔任左右僕射。有一天，和凝問馮道：「馮大人，你的官靴，是新買的，花錢多少？」
馮道單獨舉起左腳，徐徐回答兩個字：「九百。」
和凝生性急躁，聽聞之下，竟沉不住氣，即時回頭責問旁侍的小差官：「我的官靴，爲何要花一千八百才買得到？」還想要罰他。
此時馮道又慢慢抬起右腳，繼續補充說道：「這隻官靴，也花九百！」
和凝這才頓悟，不覺莞爾。卻使得滿堂大笑收場。
這是北宋歐陽修在《歸田錄》（記述朝廷軼聞和官宦瑣事，已入四庫小說類）第十二則「千八買靴」條，原文是：
「故父爲言五代時軼事者，云：馮相道、和相凝（宰相馮道、與宰相和凝），同在中書。一日，和問馮曰：公靴新買，其直幾何？馮舉左足示和曰：九百。和性褊急，遽回顧小吏云：吾靴，何得用一千八百？因詬責。馮徐舉其右足曰：此亦九百。於是哄堂大笑。時論謂宰相如此，何以鎮服百僚？」
此事又有明代曹臣《舌華錄》冷語第六「靴價幾何」條：
「馮道與和凝同在中書。一日，和問馮曰：公靴新，價值幾何？馮舉左足示之曰：九百。和凝性褊急，遽回顧小吏云：吾靴何得用一千八百？因詬責之。馮徐舉其右足曰：此亦九百。」

再有明代俞琳《經世奇謀》卷之二「應猝類」中，也記載了這「單靴九百」之事：

「五代時期，馮道與和凝，同在中書省。一日，和問馮曰：公靴新買，其值幾何？馮舉左足，曰：九百。和凝性急，遽回顧旁侍之小吏曰：吾靴何得費一千八百？欲責之。馮徐舉右足示曰：此亦九百！和意遂解。」

（四）買靴忘記帶圖樣

有個鄭國人，要買新靴，他事先量好腳的長寬高度，畫成圖樣，注明了尺寸，暫且把它擱置在家中高桌上。

他到了市集：一心想買靴子，好不容易找到了合意的，只差要知道尺碼大小合不合，才發現那圖樣忘了帶來。他刻意回家去拿，等到再回來時，市集已經散了，沒有買到。

旁人說：「你爲甚麼不用自己的腳試一試，不就知道合不合適了嗎？」

這個鄭國人說：「我寧可相信那量好畫就的圖樣，不要相信自己的腳嘛！」原文出自《韓非子・卷第十一・外儲說・左上第三十二》：

「鄭人有欲購靴者，先自度其足，而置之座。至市，已得靴，乃曰：吾忘持度。歸家取之，及反，市已休罷。人曰：何不試以足？曰：寧信度，毋信足也。」

不信眞腳，要信圖樣，如今仍有類似的情事。當你親身到銀行去取錢，若無印鑑，雖出示有相片的身分證也不行，此僅舉一例也。

失明失聰失聲，幾乎絕望；
有動有名有學，值得稱揚。

六七　盲聾作家海倫凱勒談堅毅

美國盲聾女教師兼作家海倫凱勒（Helen Keller 1880—1968）撰有《我的一生》（The Story of My Life）和《我的信仰》（原書名是"My Religion"，由陳澄之譯成中文，亞洲斯維敦堡學會印行），兩書都說出她堅毅奮鬥的經過。

談到失明，她說：「雙目變盲的人，在失明之初，除了絕望痛心，簡直就別無他想。我覺得失明之後，就好比從此隔絕了人世，生命跟冰冷的火爐裡的死灰沒有甚麼兩樣，使得欲望和志氣，同歸於盡。我的身心彷彿捱看尖刀利刃的切割。自我失明後，也有善心人告訴我，依舊還可以用雙手工作，然而失明者往往不會相信這是眞話。」

由於海倫又瞎又聾又啞，使她一直生活在永遠沉寂且又黑暗的世界裡，因此有人判斷她只是個白癡女孩。幸而當她七歲時，遇到一位天生的盲人女老師安妮•蘇利文（Anne Sullivan）。海倫說：「她使我去感觸到陽光。當鴿子在我臉前飛過時，讓我感受到空氣的流動等等。這些教導，改變了我的一生。」

（一）如何開始認字

談到識字的痛苦，她說：「比起普通明眼人來，要盲人識字眞是難上加難。由於我是盲聾，不可能用眼睛看到文字，也不可能聽到每個字的讀音。最初，我的老師安妮・蘇利文常常把一件東西放在我手裡，再用手指拼出那件東西的名稱、那個名稱組成的每一個英文字母。我總覺得這些無聊的字母對我毫無意義，我拼得厭煩，也就惱了，丟給老師一個不理不睬。」

「老師很有耐心，他給我一個杯子，隨即拼出杯子這個字來。然後倒了一點甚麼東西在杯裡，拼出個「水」字，要我用手指頭去摸觸那些凸字（法國人 Louis Braille 創意的盲文，用凸點符號供盲人以手指觸摸去辨識稱爲布萊爾盲字）以求記牢，我一直迷迷糊糊地搞不懂。」

「老師失望之餘，仍不氣餒，領我到抽水機旁，一邊抽水，另一邊同時在我手心裡拼那個「水」字。我全心貫注著，同時冰涼的水在我手指間流著。我內心一震，領悟到老師手指頭拼出的那個字，就是那冰冷流在我手上的那個東西，如此周折費力的我學會了『水』字了。」

「後來，我有了進步了，我已經學會三十多個字

原書插圖——海倫學會了「水」字

了，拼來拼去還沒有拼錯，這使我太高興了，我認爲是一件值得大驚奇的得意之事。終於，在某種場合裡，我還勉勵別人說：『世間無廢人，人間無廢物』。」

（二）怎樣初學講話

談到講話，她說：「我自己又聾又盲又啞，在聾啞盲三種困惑之下，我的生活可以想像是何等的艱難困苦，這種最簡單的事，我都不做好，辦不成，那我就眞的成了廢物，怎好算是人？」

「由於盲聾，難怪我對色、聲、光的這些觀念，全然不清楚。等到我開始學習說話，要使盲啞改觀，這必須用無比堅定的毅力和始終不變的決心，耗費悠長的歲月，才能獲致成效的。爲了達成這一目的，我所投下的艱苦奮鬥，那眞不是一般人所能想像得到的。說話對耳聰目明的人太容易了，但對我這耳聾的人來說，最困難的乃是我自己發出來的聲音，我自己完全聽不到。」

那末海倫是怎樣來學說話的呢？她回憶道：「安妮教我初學說話，要我把兩手搗在她臉上，她說出一個字，讓我去感覺她的嘴唇是如何開合的，然後我們兩人一同重覆著重覆著說那個字，弄熟了之後，再加長去說成一句話。慢慢的我就可以單獨的來說了。」

（三）積極的人生觀

但海倫的人生觀，卻是積極的、上進的、快樂的。她談到快樂說：「這世界上的人，一天到晚都在追求快樂。可是，人在缺乏興趣時，心是冰冷的。沒有興奮，哪來快樂？快樂的根源是愛。愛帶來愉快，使一切都趨於眞善美，而致人生充溢著歡欣與生氣。」她說：「愛永遠是善意的，如同陽光的熱力，乃是萬物生機的泉源。」

筆者按：由於海倫凱勒奮鬥的勇氣和堅強的生命力，使她突破了孤絕的生活環境，成爲世界級的偉人之一。她的信心、堅毅、與永不服輸的精神，鼓舞著千千萬萬不幸的人以她爲榜樣。

她活了八十八歲，幾乎有八十七年跟痛苦糾纏在一起。當她還是個十九個月大的女嬰時，一場大病害得她雙目失明，兩耳失聰，也變成了啞吧。她生活在一個永恒寂寥無聲、也永恒黑暗無光的世界裡。

一九〇四年，她畢業於美國波士頓哈佛大學的雷德克利夫（Radcliffe）女子學院（多虧安妮陪讀，助她學習功課），就以畢生精力奉獻給盲人，且獲得許多榮譽學位和勳獎。她幽光煥發，高度和熱度雙強，把最悲苦的遭遇，轉化爲華采曄曄的生命之光，值得我們贊佩和欽仰。

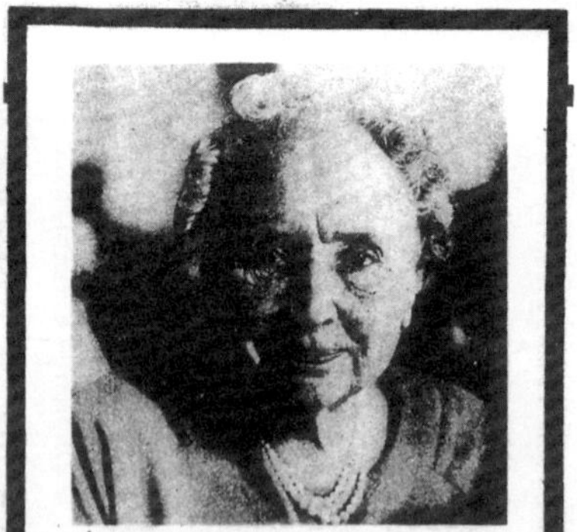

海倫凱勒像

從不可能裡找出可能，完成月球登陸；

自大困難中減除困難，促使火柴發明。

六八　汽車鉅子亨利福特造引擎

每個人都只看到某人的事業成功，卻不去追探他是怎樣成功的。美國汽車巨人亨利福特（Henry Ford 1863—1947）成功了，人人羡慕他的成功，可是就沒人認眞去了解他是怎麼成功的。

（一）要造八汽缸引擎

福特要製造八個汽缸的引擎，這豈不是異想天開？在那時汽車還不算普及的年代，他腦筋一轉，立意要把八只汽缸合鑄在同一具引擎裡，而且體積要小，就吩咐他手下的工程師們去設計。

福特以重金禮聘來的多位工程師，把福特的這個主意旣研究又分析，要八缸鑄在一起，但體積又不可太大，經集體思考後，無不大搖其頭，異口同聲地說：「不可能！」

福特有耐性，只是溫和地說：「無論如何，請你們試試看。」

「不可能！」一個個工程師都是專家，毫不客氣地說：「不可能就是不可能！」

「再去想想，法外設法，從不可能裡找出可能來，不必執拗。」福特仍是鼓勵：「慢慢的把一重一重的困難消除了，自然就會覺得那是可能的了。想當年，誰說『火柴』是可能的？（居然變成可能了）不必著急，請諸位再去想想。」

（二）信念堅定，絕不放棄，終於成功

鬼曉得，六個月過去了，一無所聞，一年過去了，仍然毫無眉目。直到第二年，福特又愼重的邀集這些權威的機械專家，扣問他們八汽缸引擎的設計到了甚麼地步？大家一齊回答：「那是絕對不可能的！」

「請各位把平日設計的草圖拿來我看看！」福特說。

這一下，大家眼瞪眼，因爲根本沒有進行設計，哪有草稿？還有人提出充足的理由來辯駁：「既屬不能，當然就犯不上徒費紙筆了。」

「還是請諸位繼續從不可能裡去找出可能來！」福特坦白卻堅定的說：「今後我每天會到各位的辦公室去看設計的草稿。」在過往漫長的兩年中，福特的信念，沒有遭受到一絲一毫的磨損。

居然，又過了不久，福特的理想，變成了事實。異口同聲的不可能變成了千眞萬確的可能。福特汽車公司製造了八汽缸的福特車上市，一直銷售到今日。

哦，請你把「不可能」抹掉吧！登陸月球也自不可

亨利福特像

能成爲可能了呢！

以上是截錄自海倫・凱勒（Helen Keller 1880—1968）撰的《我的信仰》（原書名是“My Religion”，由「亞洲斯維登堡學會 Swedenborg Institute of Asia」印行）書中第四章裡的一節。

筆者按：汽車裝用的內燃機引擎（internal combustion engine），是將汽油氣化，吸入汽缸（cylinder），用高壓電點火燃燒而產生動力，傳到輪子上使車子前進。八個汽缸排列太長了，車頭哪能裝得下？眞是不可能。後來研究出採用V形設計，鑄成雙排，底座連成一體，每排只四個汽缸，動能強，體積省，馬力增大，運轉均勻，成功了。

（三）人類最大的弱點—不可能

海倫凱勒還說：

「記得曾有一個學生叩問哲人羅素（Bertrand Russell 1872—1970）：『人類最大的弱點是甚麼？』羅素的答覆很俏皮：『奉勸你回家之後，翻開字典，把這個字塗掉—不可能（impossible）—它使我們甚麼都不去做，這是最大的弱點』。」

成功的關鍵，便是把「不可能」丟掉，就換成「可能」了。

（四）首創輸送帶生產線

附帶另述福特一事：

九〇年代，亨利福特製造出物美價廉的汽車，只賣五七五美元一輛。這種低價汽車，人人喜愛，搶著購買，使得工廠的生產速度趕不上市場的賣售速度。那時裝配出一輛汽車，平均需要十二小時卅分鐘。福特心想：「我要怎樣才能縮短生產時程呢？還是去瞧瞧別家吧！」

他接著就找到一家罐頭製造工廠去參觀。該廠採用最新穎的吊勾滑行方式，工人沿線站立，各司其工。由於完全使用滑輪推進，簡單方便又快捷。福特足足站著看了一個多小時才離開，他學到了，對自己說：「我的工廠，也就應該如此！」

回來後，立即建立一條輸送帶，將產品自動地、及時地、快速地地送到工人面前，逐站裝配。採用了這條生產線之後，只要八十三分鐘就裝配好一輛車。在當時他第一個用這種流水式的汽車生產線，成了裝配史上的一項奇蹟。這種結構簡單、堅固耐用、經濟實惠的T型汽車，最終賣出了一五〇〇萬輛。

孫卿曰：「夫談說之術，齊莊（齊全莊重）以立之。端誠（端正誠實）以處之。堅強（堅定強毅）以持之。譬稱（譬喻稱引）以諭之。分別（分析辨別）以明之。歡欣（歡愉欣悅）以送之。寶之珍之，貴之神之。如是則說詞無不行矣。」

——漢・劉向《說苑》卷十一・善說

鄧析難子產：認非為是，以是為非，是非無度；
子產殺鄧析：民心乃服，是非乃定，法律乃行。

六九　鄧析子兩可依阿說

首先要解題：第一、甚麼叫兩可？就是同時認可兩種相反或對立的事物之謂，或者是無所可否之謂。房玄齡《晉書・魯勝傳》說：「是有不是，可有不可，故名兩可。」而列禦寇《列子・力命》早就說過：「鄧析操兩可之說，設無窮之辭。」第二、甚麼叫依阿？就是「不特立其說」之謂，或者是自己沒有主見，附順於人之謂。司馬光《通鑑・唐憲宗元和四年》說：「苟求便身，率以依阿兩可。」

（一）是非無度是鄧析

第三、鄧析是何人？鄧析（西元前五四五—元前五〇一）是春秋時代鄭國大夫。秦・呂不韋《呂氏春秋・離謂》說：

鄭國宰相子產，治理鄭國，鄧析每事都特意刁難。又喜歡包攬訟案，大官司收受長衫一件為代價，小官司收受短褲一條作酬勞。大家向他獻衫送褲者不可勝數也。他認非為是，以是為非，是非無度，而可與不可因勢而變。他要官司求勝，就眞的勝了；他要入人於罪，這人就眞的有罪了。搞得鄭國大亂。子產乃殺了鄧析（但《左傳・魯定公九年》則說「鄭駟歂殺鄧析」），民心乃服，是非乃定，法律乃行。

鄧析有著作，書名就叫《鄧析子》，收錄在《四庫全書・子部》裡。這位鄧析，可能是我國第一位有名的律師，卻是一名壞律師。若問為何稱壞？除上述「認非為是，以是為非」之外，再舉《呂氏春秋・離謂》事例為證：

（二）求屍留屍都有理

春秋鄭國（在今河南新鄭縣），境內有一條洧水，雨季時，水流湍急。有位富翁，不小心在洧水中溺死了。有人撈獲了屍體，富翁家屬想要將遺體領回家去安葬，但打撈屍體的人索求很多金錢作酬勞。雙方沒有談成，僵持不下。富翁家屬就備了厚禮，向名律師鄧析求教，請他出個主意。

鄧析安慰說：「不必急嘛，你安心等著好了。你想想看，這具遺體，乃是你家的，如今雖在他手上，他一定沒法可以賣給別家呀！」這話確有道理。

那個留著屍體的人，眼見贖金沒有談成，而富翁的家屬又久無回應，不知道是不是對方不要屍體了。心裡著慌，也帶著厚禮，去求見鄧析，請他給個主意。

鄧析收下禮物，同樣勸解道：「不要緊嘛，你放心等著好了。想想看，這具屍體，既是他家的，如今卻在你手上，他畢竟不可能到別處可以買得到的呀！」這話也有道理。

鄧析兩邊收禮，也告知兩方都有理，這該稱作「兩可」吧。然而兩造相持不下，僵局無法消除，不曉得怎生善後？最終究是如何了結，呂不韋的《呂氏相秋》沒有說，後人也不知道。原文是：

「洧水甚大，鄭之富人有溺者。人得其屍，富人家屬請贖之。其人求金甚多。以告鄧析。鄧析曰：安之，人必莫之賣矣。得屍者患之，以告鄧析。鄧析又答之曰：安之，此必無所更買矣。」

（三）欺愚惑眾逞怪說

我們看鄧析這個歪哥，他很會說一些偏理來惑人，別人還無法駁倒；他成事不足，敗事有餘。無怪乎《淮南子・詮音訓》說：「鄧析巧辯而亂法。」《荀子・非十二子》篇中也批評他說：

「假今之世，飾邪說，文姦言，以梟亂天下，欺愚惑眾，使天下混然不知是非治亂者有人矣。而好治怪說，玩琦辭，其持之有故，言之成理，足以欺惑愚眾，是鄧析也。」

（四）多話善辯是小人

戰國時代荀況（元前三〇七—元前二一三）撰《荀子》，在「非十二子」篇中，批評了十二位士子的不是，主要的受批者有墨翟（墨子）、愼到（愼子）、惠施（惠子）、鄧析（鄧析子）等人。然後他對「說話」給與如下的論斷：

「言而當、知也。默而當、亦知也。故知默猶知言也。故多言而類，聖人也。少言而法，君子也。多言無法，雖辯，小人也。」

如譯爲白話，應該就是：

「說話得當，是智慧。沉默得當，也是智慧。所以聰明的沉默同聰明的講話是一樣的。因此，講話多而合於道理，就是聖人。講話少而合於法則，就是君子。話多而不合於法則，還要喋喋不休，雖然善辯，仍是小人一個。」

筆者按：鄧析對富人遺體一事，只顧收禮，向兩造分別有說詞安撫，似也都言之成理，但他並未解決問題，他故意讓事件懸宕拖延，兩方雖不輸，卻也都未贏，這就叫「依阿兩可」，眞令當事人莫可奈何矣。是不是還得加倍送錢給他，才會釋出解套之法？按理說：律師應該是以維護受害人的權益爲職志的，壞律師卻有意讓案件由易變難，時間由短拉長，好藉此再度獲利吧？

有人說：如果殺人者都願償命，欠債者甘願還錢，法院就可關門，而律師都將失業了，這話雖然偏於武斷，但也不無道理焉。

我們有兩隻耳朵，卻僅一張嘴巴，為的是多聽少說。

We have two ears and only one tongue in order that we may hear more and speak less.

——希臘哲學家戴奧奇尼斯，或譯為第歐根尼（Diogenes 412-323 BC）請參見第八十八篇補充有幾點，開創嶄新局面；簡單說兩句，完成階段目標。

七〇　吳建民萬用演講詞

漢代揚雄《法言・問神》說：「聲發成言，言爲心聲。」我們講話，乃是表達情意。如果沒有意見，就不必講話。可是按照我們貴中國的國情而言，在不少的官式場所，由於你是高官，或者是貴賓或者是主持人，你雖不想講話，但必須請你講話，還說這是禮貌，不講都不行。心中沒有話，又不能不講話，於是出現了一種沒有內容的空洞演講詞。

（一）萬用發言詞

北京人民日報二〇〇九年六月十二日，刊登了一篇專欄，是中國大陸資深外交家、原外交學院院長吳建民的文章，台北聯合報於六月十三日轉載。略謂：

有一種演講詞，可稱之爲『萬用發言稿』，內容千篇一律，很爲流行，只要把講詞中的『名稱』換一換，任何場所都可適用。它的開頭是：

「今天，我們在這裡召開XX會議，我認爲是十分有必要的；這對於XX工作的開展，具有十分重要的指標意義。希望在座的各位，認眞領會，深刻理解。回去後，要傳達ＸＸ同志的講話內容，實抓實幹，與時俱進，使ＸＸ工作順利發展，努力開創ＸＸ工作的新局面。」

接下來是演講者對ＸＸ工作的「幾點」補充意見：

一、要從思想上提高認識，充分領會ＸＸ工作的重要性和必要性。目前ＸＸ工作已開創出很大的局面，取得很大的成績，但是還要從深度和廣度上來推進ＸＸ工作。

二、要加強落實。各級領導要把ＸＸ工作列入日常實踐日程，要具體部署，認真執行，創造必要的物質條件和輿論支持，紮紮實實推動ＸＸ工作的開展。

三、要加強協調工作，把上下左右各方面，各環節都有機結合起來，步調一致地推進ＸＸ工作的發展。

四、要在實際執行之中，探索ＸＸ工作與人民生活結合的新路線。

萬用發言稿最終的結語是：

對於ＸＸ工作，政府是非常重視的。大家要振奮精神，開拓進取，多幹實事，少說空話，努力創建ＸＸ工作的新契機！謝謝各位。

（二）八股式套話

萬應演講詞中，下面的這些「八股調」的公式套語，是經常可以聽到的：

▽我們要重視人民的意見……

▽我代表XXX長來宣達這項決定……
▽下邊，我再簡單地說兩句……
▽我們一定要堅決貫徹XX工作……
▽在大家的努力下，已經取得（完成）了XX工作階段性的成果……
▽學習XX精神，對XX工作具有十分重要的指導意義……
▽在XX的領導之下，要高舉XX，堅持XX，保證XX成功勝利……

又由於你是一位有頭有臉的貴賓，受邀登台演講時，所講的話總得讓人愛聽才好，這就不妨強調幾個「講好話」的原則：

一、開會沒有不隆重的
二、主題沒有不正確的
三、人民沒有不擁護的
四、上級沒有不協助的
五、目標沒有不達到的
六、運動沒有不熱烈的
七、輿論沒有不支持的
八、成果沒有不超額的

吳院長又說：有些官長演說，講來拖拖拉拉，說了上句，就知道下句：或者空空洞洞，聽完後句，就忘了前句，或者統統是套語，抓不到重點。加上講話冗長，內容浮泛；言之無物，味同嚼蠟；講了等於白講，聽了同於不聽。

（三）講話沒重點

吳氏還說：他從前擔任中國駐法大使時期，每年要接待中國去的「兩百多個」副部長級以上的代表團訪問法國。他們演講的通病是：（一）喜歡大嗓門發表議論。（二）照稿宣讀，唸得滿臉通紅。（三）萬里迢迢到異國招商，說天氣的話很多，講正題的話太少。（四）客套語一長串：尊敬的內閣總理、尊敬的部長、尊敬的會長，尊敬的理事長，尊敬的主席。八九個「尊敬的」說下來，大家厭煩，熱情都變冷了。

前面第一段的講詞，只要把ＸＸ名詞改一下，就可由任何官員，在任何場所，對任何議案，都可依照著拿來開講，四平八穩，不犯毛病，將會是一場成功的演說，稱爲萬用，誰曰不宜？

（四）妙語演講錄

三十年代期間，由軍閥轉任山東省主席的韓復榘（一八八九—一九三八），大字不識幾個。他出席山東齊魯大學的校慶大會，發表了一場演講：

諸位、各位、在座的：今天是甚麼天氣？今天是演講的天氣。就是不知道開會的人來齊了沒有？沒來的請舉手。沒有人舉手，很好、很好，都到齊了！大家來得很茂盛，敝人我也覺得很感冒。

今天兄弟我要對大家來訓一訓。如果兄弟我有說得不對的，請大家互相原諒。因爲兄弟和大家比不了。你們是文化人，都是預科生、大學生和留洋生，你們這些烏合之衆，都是科學科的，化學化的，都懂得七八國的英文。兄弟我只是個大老粗，連中國的英文也不懂。你們是從筆筒裡爬出來的，兄弟我是從砲筒裡打出來的。

今天兄弟到這裡來講話，讓我覺得蓬邊生輝，感恩戴德。說得實在一點，我沒有資格對你們講話。講起來嘛，就像、就像——對了，就像對牛彈琴。

兄弟我今天不準備多講，只講三個綱目：第一、蔣委員長提倡那個「新生活運動」，兄弟我要舉雙手贊成。就只有那一條「行人靠右走」，我看著實不好，實在欠糊塗了。你們想想看，行人都靠右邊走，那左邊留給誰呢？

還有第二點，兄弟一直想不通：在北京的東交民巷，許多外國人都在那裡建起了大使館，就只缺我們中國的。我們中國人爲甚麼不在那兒也建個大使館呢？這就怪我們中國人太不爭氣了。

第三個，講一講我進入校門一路的所見。我看到一些學生在打籃球比賽。我要罵你們的總務長，學校爲甚麼這樣窮酸？十來個大學生同搶一個球，這成甚麼樣子？多麼不雅觀？明天，你們學校派個人，到我公館來，再領一筆錢，多買幾個球，也好一人發一個，省得再你爭我搶，免得再丟人現眼才好嘛！（見李屹之《語林趣話全集》）

何可甘作老儒生，破浪萬里趁長風；
鸚鵡能言爭似鳳，蜘蛛滿腹盡經綸。

七一　幼輩多聰招贊賞

幼年人的聰敏才華，應是上天所賜，似乎前人勝於今人。謂余不信，請看下面的問答和談話：

（一）何可甘作老儒生

漢代傅介子，年十餘歲，讀書不輟。嘗自歎曰：「大丈夫當立功異域，何能坐屋下作老儒生？」後來出使大宛、樓蘭、龜茲，誅匈奴使者。封義陽侯。班超效法他，也投筆從戎，出使西域五十餘國都歸附漢朝，立功異域封定遠侯。（見漢書傅介子傳）

（二）日食之餘，如月之初

漢建和元年日食，魏郡太守黃瓊用公文呈報朝廷。皇太后頒下詔書，詢問日食虧蝕了多少？黃瓊想不出適當的形容言詞來答覆。他的孫兒黃琬，年方七歲，在旁說：「何不言『日食之餘，如月之初（日食遮剩的太陽，有如初月一彎之狀）』。」黃瓊驚喜，就用此話回奏。（見後漢書黃琬傳）

（三）懷橘遺母

三國時代陸績，年六歲往見袁術。袁術以橘子款待。陸績偷藏了三個橘子在衣袖裡。當告辭揖別拱手時，橘子溜滾出來。袁術問道：「陸郎來作客，竟然懷橘嗎？」陸績答道：「我是帶回去獻給母親吃的。」袁術便很看重他。（見三國志吳志陸績傳）

（四）乘長風破萬里浪

南朝宋・宗慤，南陽人。年少時，叔父宗炳問他的志向爲何？宗慤答道：「願乘長風破萬里浪。」後爲振武將軍討伐林邑國，克之，珍寶山積，一毫不取。（見晉書宗慤傳）

（五）麞邊是鹿，鹿邊是麞

宋代王雱，是王安石的兒子，自小聰慧。當他還不到十歲時，有客人運來一隻獸籠，關著一麞一鹿，要獻給王安石，客人問王雱：「你能指認出，那一隻是麞，哪一隻是鹿嗎？」王雱其實並不知道，看了一陣，居然肯定的回答道：「那麞旁邊的是鹿，那鹿旁邊的是麞嘛！」客人聽到，大爲佩服他的急智（見夢溪筆談卷十三，又見明・趙瑜《兒世說》）

（六）大人還沒看到，不敢先嚐

南北朝的梁朝，有位王僧孺，五歲時，有客人送來水果一大籃。客人先拿一枚給王僧孺吃。他不受，解說道：「大人未見，何敢先嚐？」後爲南海太守，御史中丞。（見南史）

（七）只有天在上，更無山與齊

宋代寇準八歲時，有詠《華山詩》云：「只有天在上，更無山與齊，舉頭紅日近，迴首白雲低。」又有詠《秋風亭詩》曰：「野水無人渡，孤舟盡日橫。」後爲宰相。（見清・朱秋雲《秋暉雲影錄》及龍文鞭影初集卷上「準題華岳」條）

（八）危樓高百尺，手可摘星辰

北宋楊億，出生數歲，不能言語。一日，家人抱他登樓，不小心誤碰到他的頭，他竟然唸出詩句說：「危樓高百尺，手可摘星辰；不敢高聲語，恐驚天上人。」後爲翰林學士。（見宋史楊億傳及金玉詩話）

（九）蜘蛛雖巧不如蠶

宋代王禹偁，九歲能文。翰林學士畢士安出半幅對聯徵對：「鸚鵡能言爭似鳳。」禹偁應聲對曰：「蜘蛛雖巧不如蠶。」畢士安贊曰：「你文才滿腹，必將名世。」後來官任右拾遺。（見宋史及龍文鞭影初集卷下「禹偁敏贍」條）

（十）金釧可買酒，何須剪長髮

元代岳柱，八歲時，閒看何澄（元世祖時代的畫師）正在繪「陶母剪髮換酒待客圖」。岳柱見到畫中陶母手腕上戴了金釧，指著問道：「脫取金釧就可買酒，何須費事剪賣長髮？」何澄一聽大驚，知道錯了，趕忙撕掉另畫。（見元史及子史精華卷一〇一早慧）

（十一）凍雨洒窗，切瓜分片

明代楊一清八歲，舉爲神童。皇帝出一上聯詢對：「凍雨洒窗，東兩點，西三點（凍字是東加兩點，洒字是西加三點）。」楊一清回奏道：「切瓜分片，上七刀，下八刀（切字在上，七刀合成，分字在下，八刀相連）。」甚爲穎慧。（明史有傳）。另一說是明代文學家蔣壽對的。

（十二）嫂溺叔援權也

明代李東陽，長沙人，被舉薦爲神童。入朝廷覲見時，因年幼腿短，跨越門限時很爲難。皇帝見了笑說：「神童腿短。」李東陽回奏道「天子門高。」皇帝抱他坐在膝上，李的父親立在大臣群中，皇帝戲問道：「子坐父立，可乎？」李答奏：「嫂溺叔援，權也」（語出孟子）。」帝又出句說：「螃蟹渾身甲冑。」李即答：「蜘蛛滿腹經綸。」後來李東陽官任宰相。（見龍文鞭影初集卷上「東陽巧對」條，又見明・趙瑜《兒世說》）

筆者按：幼慧何其出衆，近人似難跟進，實例已經不少，吾儕理該振奮。

春秋時代，盜跖聚徒眾數千，橫行天下。其徒問曰：「盜亦有道乎？」盜跖曰：「何可沒有？夫預測儲有多少財物、聖也。打劫時率先衝入、勇也。搶後最末離開、義也。預知何時可以發動、智也。公平分贓、仁也。未具此五德而能稱為大盜者，天下未之有也。」

——秦・呂不韋《呂氏春秋》十二紀・當務

張由古錯説班固沒文章，李林甫弄麞之慶太荒唐；
秦始皇非與秦檜同一族，班孟堅不學無術待商量。

七二　高官欠學受譏評

東漢班固（西元三二—九二）著《漢書》費時二十多年，撰成一百二十卷，是我國第一部斷代史，爲後來史書的準則；其中有一部份則是由班昭（四九—一二〇）續成的。本篇今只對《漢書》中的一句評語略爲提出商酌。

（一）不學「無」術評霍光

談到《漢書》，請看「漢書第六十八卷·列傳第三十八」，在記敘「霍光」（霍去病之弟）事蹟完了之後，班固寫下了結語：

「贊曰（班固評贊說）：『霍光……受繈褓之託，任漢室之寄，擁幼君，摧燕王，匡國家，安社稷……然而霍光『不學亡術』（亡讀音爲吾，和無字音義相同）……死才三年，宗族誅夷，哀哉』。」

筆者趁著退休閒暇，想要找個小岔兒，來作商榷（拙小子敢於頂撞大史家，豈不就抬高了聲價？器小易盈，不知自醜，其斯之謂乎？一笑）。論辯之點是：班固說霍光是「不學無術」，我看似欠妥適。若是說不學「有」術，則似較接近。其故爲何？試看那霍光，做了大司馬、大將軍，掌理國政二十年，班固不也「贊」他「擁幼君，摧燕王，匡國家，安社稷」嗎？這些驚濤駭浪的大舉措，必都需要有卓見、有策略、有決心、有實力，來活用智術、權術、方術或詭術去一一達成才行，他權傾內外，威震人主，穩住了二十年之久，哪能說他無術？

這個小抬槓，由於班固班昭都已作古，無從申述解說，在缺席裁判之下，恐怕沒法駁倒我吧？但這一個字的差異，實無損於班固之榮光。

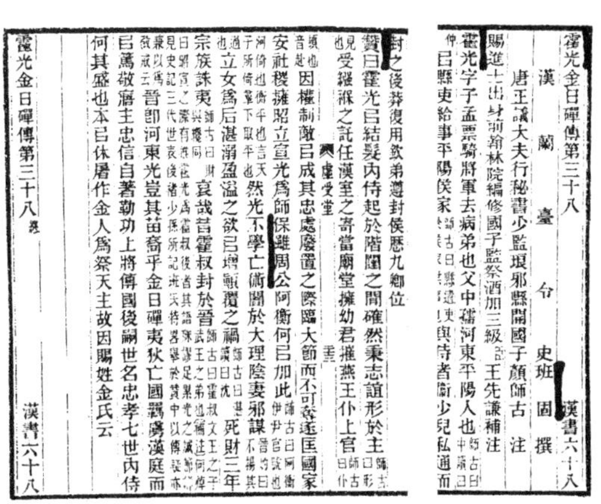
霍光金日磾傳第三十八　漢書六十八
漢　蘭臺令史班固撰
唐正議大夫行秘書少監琅邪縣開國子顏師古注
賜進士出身前翰林院編修國子監祭酒加三級　王先謙補注
霍光字子孟票騎將軍去病弟也父中孺河東平陽人也以縣吏給事平陽侯家與侍者衛少兒私通而
封之後莽復用欽弟遵封侯歷九卿位
贊曰霍光以結髮內侍起於階闥之間確然秉志誼形於主受襁褓之託任漢室之寄當廟堂擁幼君摧燕王仆上官因權制敵以成其忠處廢置之際臨大節而不可奪遂匡國家安社稷擁昭立宣光爲師保雖周公阿衡何以加此然光不學亡術闇於大理陰妻邪謀立女爲后湛溺盈溢之欲以增顛覆之禍死財三年宗族誅夷哀哉昔霍叔封於晉晉即河東光豈其苗裔乎金日磾夷狄亡國羈虜漢庭而以篤敬寤主忠信自著勒功上將傳國後嗣世名忠孝七世內侍何其盛也本以休屠作金人爲祭天主故因賜姓金氏云
霍光金日磾傳第三十八　漢書六十八

（二）弄麞之慶賀生子

從古到今，不學有術的倖進者似乎不少，他們由於欠學，難免鬧出笑話。卻因己身不自覺而不知羞，以致留供談助，也許可作借鑑。諸如《舊唐書‧李林甫傳》說：唐朝宰相李林甫，祝賀別人生了兒子，手書致意說：「聞有弄麞之慶。」客視之掩口偷笑。此事在宋代錢易《南部新語》中也載有：

「李林甫寡學（學識淺少），其中表（姑表姨表兄弟統稱中表）有誕子者（生了兒子的人），林甫以書賀之曰（用正式書信道賀說）：『知有弄麞之慶』……」

祝賀別人生了男孩，叫「弄璋之喜」。璋是圭璋，預祝他長大後做將軍或宰相，手執圭璋。《詩經・小雅・斯干》說：「乃生男子，載弄之璋。」是典之所出。至於麞則是野獸，大概很醜，故有「麞頭鼠目」的貶語。弄璋錯成弄麞，豈不太離譜了？無怪乎蘇軾《賀陳章生子詩》也有戲言說：「甚欲去為湯餅客，惟愁錯寫弄麞書」之句。《李林甫傳》又說：李無學術，見嚴迥用「杕杜」作判詞，李不識，問韋陟曰：這「杕杜」是何意，又大出洋像，因太深奧，此處不贅。

（三）孟子後代有孟獲

易宗夔《新世說・紕漏》有另一事記說：

「山東濟南府尹（府尹是首長）張若霈（張廷玉之孫）云：『孟子的後代，為何有孟獲（孟獲是南蠻夷族酋長，被諸葛亮七擒七縱，孟子是山東漢族）這種壞人？而那暴君秦始皇（秦是國號，始皇姓嬴名政）的後裔，竟然出了個秦檜。』旁邊還有人湊熱鬧接說：『孔子是聖人，所以後輩有個孔明（諸葛亮複姓諸葛，字孔明）』。」

這好像說：元太祖和元方是一家人同樣的不通。那元太祖姓奇渥溫，名鐵木眞，號成吉斯汗，是元朝開國之君，屬蒙古族。那元方是東漢時代陳紀的字號，與弟弟季方才德俱佳，有「元方季方，難分上下」之譽，屬漢族，豈可為一談？

但是有些高官，對大史學家兼詞賦家的班固都不熟，這就奇怪了。請閱清代康熙帝敕撰，允祿監修的《子史精華・卷七十一・不學》及唐・劉肅《大唐新語》「班孟堅」條：

（四）班固不是班孟堅

「張由古，有吏才（有做官的技巧）而無學術，累歷臺省（在尚書省、中書省、門下省都任高官）。嘗於眾中歎曰（當眾歎息說）：『班固大才，文章不入《文選》（指未納入《昭明文選》中）。』或謂之曰（有人提醒他）：『《兩都賦》《燕山銘》《典引》等並入《文選》，何為言無？』張由古曰：『此並班孟堅文章（班固字孟堅，竟然不知是同一人），何關班固事？』聞者掩口而笑。」

這段話既然兩書都記了，想必眞有其事了吧?究其實，《典引》篇第一句就是「臣固言」（作為臣子的我班固建議說），開宗明義已說清楚了，那張由古眞是荒唐。

我們讀罷本篇，多會萌生感慨。這些荒誕毛病，往昔未能斷絕，如今仍後繼有人。台北聯合報副刊「塔裡塔外」專欄，就曾刊出何寄澎教授的文章說：

「台灣大學外有傅園、內有傅鐘，但卻有許多台大人不知道傅斯年是誰?傅斯年不是家喻戶曉的人物，但台大人不知其人，委實不可思議……緬懷傅斯年校長的風骨，彷彿傅斯年就等同於台大……對台大人而言，不知傅斯年為誰?應是極端嚴肅的事。從台大的現象來看整個社會，是否更使人怵然心驚?」

傅斯年（一八九六—一九五〇）是前台大校長，他努力除舊革新，創建開拓，大大提高了台灣大學的學術地位。如果台大同學不知道，眞令人啼笑皆非，但願能引以為戒。

追隨大老為徒，潛心學畫；
廣邀名士觀禮，誠意求師。

七三　張道藩跟齊白石學畫

中國近代藝壇上負有盛名的畫家齊白石（一八六三—一九五七），湖南湘潭白石鋪出生，故自號白石山人。現今湘潭市闢建有「齊白石紀念館」，湖泊亭台輝映，且成立了「白石詩社」，每年都出刊詩集。崇仰齊老是位特殊人物。

（一）齊白石簡歷

齊白石與畫家吳昌碩（一八四四—一九二七）齊名。齊出生於農家，幼時在鄉間挑水種菜，放牛撿糞。十五歲學木匠，十六歲改學雕花手藝，及臨摹《芥子園畫譜》，在鄉間已小有名氣。後來跟蕭傅鑫學畫，跟胡且倬、陳作壎習文。卅七歲拜王闓運學詩。民國八年起住在北京，認識林琴南、徐悲鴻、梅蘭芳等人。民國十六年起，任北京藝術學院教授，歷時十年，民國三十五年移住南京，民國四十六年九月逝世。

齊白石先生 87 歲留影

（二）張道藩認師

在南京時，齊白石就住在當時的憲兵司令張鎮將軍的寓所。張將軍有次說：「白老，中華全國美術會理事長、張道藩想向你學畫，要執弟子禮，你就答應他吧？」

「這事我想過了。我是個畫畫的，與政治人物拉上關係不太好呀！」齊白石回覆道：「而且我有個條件，要做我的弟子，就得磕頭。」

「這不是問題，只要你答應，拜師禮好安排的。」張將軍笑著回答。

不久，張道藩（一八九七—一九六八，留學英法，習美術）寫給齊白石一信：

「白石先生尊鑒：本會（中華全國美術會）秘書蔣碧薇女士告我，先生已允許收我爲弟子，我非常榮幸，並承先生特別體諒我，在拜師典禮中，只要行鞠躬禮，不必跪拜，更使我感動。我已發出一百多份請柬，請五院院長、教育部長、中央大學、金陵大學校長、中央黨部秘書長、各報社社長參加觀禮及便餐。你未來的弟子中華全國美術會理事長張道藩（親簽）十一月十二日。」

中國人尊師重道，自古皆然。弟子拜師，早有儀典。但文化史上最隆重的一次拜師禮，要算張道藩拜齊白石爲師的這一次吧！

民國三十五年十一月三日下午六時，南京文化會堂，眞是車水馬龍，冠蓋雲集。當時參加觀禮的有吳稚暉，于右任、張繼、陳果夫、梁寒操、谷正綱、陳樹人、馬超俊、陳立夫、鄧文儀、羅家倫、余井塘、傅斯年等高官及名士一百多人。

典禮開始，齊老由張鎭將軍陪同到場，張道藩穿長袍馬掛，迎接並扶持老師入座。上排齊老師居中坐，兩側是吳稚暉、溥心畬、陳果夫、張溥泉、于右任諸老。首先由張氏向老師行三鞠躬禮，齊老起立，頷首示意。禮畢，張氏恭請老師就座，旋向觀禮諸來賓宣告此爲對老師崇敬的開始。及宣佈今後與齊老先生乃是師生關係，並報告求師的經過：

「吾人應有「學到老、學不了」的態度，故吾今年五十始拜師，並不足怪。白石老師今屆八十六高齡，是我國公認的藝術泰斗。我今年四月前往北京會晤齊老，就有拜師之念，這次齊老來南京，乃得達成此一願望。……」

儀式完畢，開始會餐，席間吳稚暉致賀詞，對張氏慰獎有加。餘興節目計有中西音樂演奏及大鼓詞等。

張氏拜師之前，且將此情簽呈蔣中正總裁，說明欲藉此一拜師事件，糾正現時一般青年以爲自己僅是交錢向教師買知識的錯誤觀念。

（三）楊隆生磕頭

上面說及張道藩是鞠躬拜師。有沒有磕頭

白石老人作畫時試紙及其刊印

拜師的？有！誰來磕頭？楊隆生是也。

楊隆生國畫原有造詣，他旅居日本二十年，與日本畫家聯合組成日華美術交友會，成立時，我國前駐日大使魏道明也曾以貴賓身分出席。楊隆生回國後，有意拜齊白石爲師，齊老應允，於是舉行磕頭拜師儀式。

儀式簡單隆重，齊白石堂中上坐，紅地毯鋪到齊老腳前，楊隆生自地毯尾端徐行緩步到老師面前，在觀禮者的注目下，向齊老恭謹跪拜行磕頭禮，老師毫不客氣的端坐接受。禮畢齊老親切地伸出右手拉起楊隆生，再拈著下巴的鬍鬚，回報大家以微笑，莊嚴中露有和靄。

本篇大半資料，是據馬璧所編著的《齊白石軼事·書畫》摘記的。筆者與齊白石也忝屬小同鄉，齊白石紀念館曾數度前往瞻仰，白石詩刊每期也都收到贈閱本，謹祝白石老人的藝範長存，流傳及於永遠。

唐太宗曰：「朕每臨朝，欲發一言，未嘗不三思；恐為民害，是以不多言。」給事中兼起居注杜正倫曰：「臣職司記言。陛下如有失言，臣必書之。豈徒有害於今，亦恐貽譏於後。」上悅，賜帛二百段。

——宋·司馬光《資治通鑑》卷一百九十二·唐紀八

偷買來到人間，千萬不可張揚；
慶壽驚動神鬼，怕抓陰司問斬。

七四　吳稚暉自閻王府偷身

吳稚暉（一八六五—一九五三），名敬恒，他考取舉人，留學英國，是同盟會員，德高望重。他不願做官，卻是中華民國之師保。

（一）偷來人世，切戒做壽

稚老是妙人，常講妙語，但不喜歡做壽。

他自稱爲「偷來人身」。民國三十三年（一九四四）三月當他晉八十華誕時，好友們籌劃爲他慶壽，他卻循例婉辭，寫了一封公開的謝函說：

「吾母方孕我，祖母夢吾曾祖父告之曰：『吾將在陰間買一小孩，已定價矣。唯秤時賣者將用秤鈎入肚臍而秤其重量』。且夢兩次。並言『已在左臂塗上硃砂作爲標記矣。』既而生我，左臂上有一顆紅斑如蠶豆大。父母深信不疑，相信係曾祖父瞞了閻王私下買來的。故切戒不可做壽，否則燃香點燭，拜天祭地，奏樂鳴炮，敬神宴客，驚動了土地公及閒神孤鬼去報知城隍爺，便會拘回陰間去了。

……」

以上請見近代人洪鵬《民國政海軼事》、及近代史學家吳相湘《民國百人傳》第一册第四二一頁「吳稚暉促進國家統一」諸篇。

(二)花甲慶生,歉難參加

此外,有關吳稚暉逃避做壽的趣事,又可見於一九九四年《大地》雜誌第六期,及一九九五年《讀書》雜誌月刊七月號(甘肅人民出版社出版)中有追記他六十歲誕辰之事:

「吳稚暉『生不做壽,死不開弔』。一九二五年他六十歲,無錫友人要爲他慶壽,佈置了壽幛壽燭,壽麵壽桃,卻不見壽星光臨。代替的是送來一通信函,宣讀如下:『諸位先生執事:弟因先母早逝,從不敢有所謂「誕」。……我最反對慶壽過生,所以我一直未曾有向他人去拜壽之事。這是一個硬的憑據,豈可以非之於人者又來有之於己?敬謝諸位先生,歉甚。』使得這場壽筵變成友好們的聚餐會。」

筆者按:吳稚暉留英年久,又曾於一九〇三年在巴黎主編《新世紀週刊》(La Tempoj Noval)七年。其後,在法國里昂創設中法大學,回上海廣州等地招生。他於一九二二年春,親自率領錄取的新生一百數十人乘船前往法國,因爲他是校長。一九五三年病逝台北,遺囑將骨灰海葬於金門島附近的海洋中。稚老一生沒有架子,玩世不恭,但其高山景行,令人仰慕。此其一也。

再者，國人喜好自己慶生，也常向別人祝壽，若深一層來探究一下，容或會有商榷之餘地。試想一想：別人祝我長命百歲，當然是美意好話。但是要知道：活得長久，仍然只是「手段」和「過程」而已（method, way, means,延長生命的方法），必須要弄清楚的是：活著究竟要幹甚麼？才是人生的「目標」和「鵠的」（aim, purpose, target,達到的結果或境界）。我是想要撈錢攫位、損人利己呢？還是想要扶弱濟困、幫助他人呢？前者是害人，活得愈久愈壞；後者是愛人，活得愈久愈好。退一步而論，即使我不好不壞，渾渾噩噩，安享高壽，那也徒然消耗了幾十年的糧食，對社會毫無助益，愈長壽會愈感慚愧吧？美國總統林肯說：「生命像文章，不在乎長短，乃在乎內容，要看活得有沒有價值。」宋・司馬光《資治通鑑・晉紀》記：「生無益於時，死無聞於後，是自棄也。」此其二也。能不警而勉乎？

吳稚暉

一個人的言談，就是他人格的表現，
也關係他一生的信譽。
——捷克斯拉夫格言

父子趕驢，進城售賣，路人多嘴，很不自在；
兒騎有錯，爹騎也錯，沒有主見，才是大錯。

七五　父子騎驢父上子下都挨罵

（一）騎不騎驢，全都不對

鄉下農人帶領兒子，牽著一匹驢，步行同往城裡去賣。

路上有一群閒人看見了，笑著喊道：「你們可曾看過這種事，兩人辛苦走路，空著驢子不騎，為何這般傻呵呵呢？」

鄉人一聽，覺得有理，便叫兒子騎上，自己後面跟著走。

路上碰到一群老年人，抱不平說：「這個懶小孩自己騎驢，讓他老爸徒步在後辛苦跟著，世間有這樣沒有孝心的兒子嗎？」

爸爸一聽，言之有理，就叫兒子下來，自己騎了，兒子步行隨後。

路上一群婦女看不順眼，喊道：「這個老頭子太自私了，自己騎驢，輕鬆愜意，卻讓小孩跟在後面費力地奔跑，為甚麼這樣狠心呢？」

爸爸聽了覺得不對，就叫兒子也上來，兩人共騎前進。

遇到一群愛護動物團體的團員，好心規勸道：「這驢子是你們自己的嗎？爲何這樣虐待它？它馱載著你們兩個人，哪可吃得消？甚至於你們兩人合著抬它，還比它馱著你們好些呢。」

兩人下得驢來，就依照著對方的話，合力將驢子臥倒，把驢腳分前腳後腳各別縛在一起，拿根竹桿，穿過腿腳縛處，兩人抬在肩上，合著步伐行進。

一群年輕人看到了，哈哈大笑道：「你們快來看新鮮怪事呀！路上有兩個大呆瓜，不讓驢子自己行走，卻硬要費勁共抬，這眞是百年難見的奇觀呀！」

父子兩人也都累壞了，只得停步，抽去竹桿，解開繩索，放掉驢子入山，任它自去。從此驢子沒有了，閒言閒話也就沒有了。

這是《伊索寓言》中的一則（題目是"The Man, His Son, and His Ass"）。它提示我們，做任何事，都該要有自己的主見。如果想迎合大衆，要使人人都說你好，那是很難辦到的。

（二）想建花園，猶豫難成

我們的《新百喩經》書裡，也有一則類似的寓言：

「**魯公治園**（魯大官人想要建一座新的大花園），**將鑿池**（花園中要開鑿一座大水池）。**父曰：『無地置土**（爸爸說：挖出的泥土無處堆放呀）。**』公遂止**（魯公不做了）。**或曰：『土可疊山**（有人說這些廢土可以疊成假山呀）。**』公善之，欲行**（魯公認爲這話很對，又想要動工了。）**妻曰：『不畏小兒女顚躓耶**（太太問道：你不怕那幼弱的小兒子小女兒上下假山跌跤嗎）？』公復止（魯公又停了）。或曰：『築徑通之，設欄護之，又何憂焉（又有人建議道：堆疊成假山時，開闢上山下山的通路，路旁裝上欄杆防護，又何必耽憂哩）？』公從之，又欲行（魯公聽從了這番話，又想進行了）。家人有止之者曰（家裡有阻止這事的人說）：『園成，必添僕婦，下房不足，甚可慮也（大公園建成之後，必定要多增僕人，有看門的、種花的、除草的、養魚的。目前下人的住房原已不夠，將來這批新的男女僕婦住在何處呢）？』公猶豫不能決，事又寢（魯公爲此而遲疑，不能下定決心，鑿園之念，終又打消了）。」

以上這些敘事，可能有欠眞實。但它啓示我們，凡事自己要有判斷。廣採衆議是應該的，但最後要由自己來做決策。司馬遷《史記・齊悼惠王世家》有言：「當斷不斷，反受其亂。」如果猶豫不決，恐將一事無成。

「非所言勿言，以避其凶。非所爭勿爭，以避其聲。明者視於冥冥，聽者聽於無聲。世之溷濁，而我獨清。衆人皆醉，而我獨醒。」

——漢・劉向《說苑》卷十六・說叢

服食丹砂保少年，顏如弱冠；
拒用丹砂顯老朽，體變傴僂。

七六　兒爹換輩兒老爹小想騙人

唐朝是李姓開國，因此也崇敬同姓的老子李耳，（唐高宗追尊老子爲玄元皇帝），以故道教盛行。一些道士就打著宗教招牌，騙人錢財。唐代王仁裕《玉堂閑話》（玉堂是翰林院的代稱，王仁裕長期任翰林學士）說了一個故事：

唐代首都長安市，人文薈萃，商務繁盛。有個自稱修煉成功的道人，誇說他獨得丹砂之妙，能長生不老。他也長期服食丹砂，得以青春永駐，臉面猶如二十多歲的弱冠之人，但他宣稱自己已經有三百多歲了。

長安人士對他深爲傾慕，主動向他送錢求丹的、或是向他拜謁請益的人，川流不息，門庭若市，幾乎把他看成活神仙了。

當時有幾位做官的人士，正在這位道士的府第訪談，一邊飲茶一邊吃點心之際，守門人進來向道士請示說：「令郎（你的公子少爺）從莊上來到城裡，在門口要來拜見您！」道士不喜歡被打擾，要守門人叱喝兒子逕行回去。可是有的客人勸道：「賢郎遠道而來，見見又有何妨？」

道士皺起眉頭，猶豫了一陣說：「既然如此，就叫他進來好了！」

不一刻，只見一位衰翁，鬚鬢頭髮都白了，體態昏弱，彎腰曲背，進得門來，向老爹道士叩頭請安。拜完了，道士命令他往中門內室歇息去了。

兒子這麼老，爲父的卻這麼年輕，豈非怪異？道士這時慢慢地向賓客們解釋道：「我這個兒子，生性癡呆，他不肯服食丹砂，以致衰老得很快。他還沒有到一百歲，可是精神枯槁，身體羸弱，在村里田舍間且常受人奚落，使我很失面子。」

賓客們眼見那兒子如此衰老，而這三百多歲身爲父輩的道士如此年輕，當然就是服用丹砂的神效，由此更加崇仰他了。

過後不久，有好事者私下去查問道士身邊的親人，欲知底細。聽到的實話是說：「那個曲背老人，其實就是道士的父親，但那次卻假扮成道士的兒子罷了！」

原文是這樣的：

「長安興盛之時，有一道人，稱得丹砂之妙，顏如弱冠，自言已三百餘歲。京都人甚慕之，至於輸貨求丹、橫經請益者，門如市肆。時有朝士數人，造其第，飲啜方酣，有閽者報曰：郎君從莊上來，欲參覲。道士作色叱之。座客聞之，或曰：賢郎遠來，何妨一見。道士顰蹙移時，乃曰：但令入來。俄見一老叟鬢髮如銀，昏耄傴僂，趨前而拜。拜訖，叱入中門。徐謂坐客曰：小兒愚騃，不肯服食丹砂，以至於是。都未及百歲，枯槁如斯，常已斥於村墅間耳。坐客愈更神之。後有人私詰道者親知，乃云：傴僂者即其父也。」

這事又見於宋・李昉《太平廣記・卷二八九》，雖然兩書都有記載，但仍然有疑惑存焉。例如父親年已三百多歲，兒子還不滿百歲，那就是父親兩百多歲之高齡，還能使老年妻子懷孕，兒子乃可出生，似乎難於置信吧。

但這個父子顛倒換輩之事，說得十分生動，可以悅賞。大凡誇言有道術的人，先得顯示他到底高明到何種程度，光靠嘴巴吹噓不是上策，必須找出人證物證才稱最妙。道士安排自己的「郎君」來拜謁，讓旁人兩相比較，來證明服用丹砂留住青春的靈效，進行得自然而合理。只可惜最後那句私下的話露出了馬腳，揭穿了道士的狡計。我們閱賞之餘，應有破惑之思。

「君子之言，寡而實。小人之言，多而虛。君子之聽言也，入於耳，藏於心，行之以身。」

——漢・劉向《說苑》卷十六・說叢

神仙鍾離問「道」，指天。呂祖問「天」，指心；足證皆已悟矣；宰相曹彬之「子」，無名。皇后之「弟」，無號；豈可全不曉乎？

七七　曹谷就並非曹國舅

諺語說：「八仙過海，各顯神通。」意謂那八位神仙，各人施展不同的特異神功，渡過瀛海，去爲王母娘娘慶壽。關於八仙的名字，傳述頗早，自唐宋元代以來，各說不同，直到明朝吳元泰《八仙出處東遊記傳》裡，才確定是鐵拐李、漢鍾離、藍采和、張果老、何仙姑、呂洞賓、韓湘子和曹國舅八位，居蓬萊仙島，法力無邊。

(一)仙姑、韓湘、鍾離，都有異說

不過八仙中卻有四位仙人，其身世頗有異說：例如何仙姑就鬧雙胎案。依據明代陸西星《道緣匯錄》所說：「考何仙姑有二，一係廣東增城人，何泰之次女；一爲湖南永州零陵人，父爲何英。」

又如韓湘子，考據也不是本人。韓湘是韓愈的姪孫，長慶三年進士，一生並無落拓不羈之事。倒是韓愈另有一位從姪孫名叫韓湘（音百，見康熙字典），《道緣匯錄》說他「受過神丹，飛昇成仙。世人知有韓湘而不知有韓湘，乃是因湘湘二字之訛誤也。」以上何韓二事，在清・李涵虛《呂祖年譜・卷二及卷三》中，都分別各有指正，可供查閱。

又如漢鍾離，姓名錯了，應當是鍾離權才對。《續通考》云：「鍾離權，號和谷子，一號正陽子，又號雲房。」《集仙傳》說：「鍾離權，字雲房，唐末入終南山。」《呂祖年譜・卷一》謂：「複姓鍾離，名權，字雲房。」《訂譌雜錄》則解釋說他：「鍾離權，嘗自稱『天下都散漢・鍾離權』（圓點是筆者所加。此語也見於《宣和書譜》）。今人誤將漢字屬下，乃訛稱為漢鍾離。」本篇在這裡要嚴肅的來糾訛「正名」一下。

（二）曹國舅實是曹谷就

八仙中還有位曹國舅，名字也大有疑問。在《呂祖年譜・卷之三・北宋三》中「同鍾祖度曹景休」條文中，有詳細記錄。今語譯如左：

北宋仁宗，嘉祐年間（一〇五六―一〇六三），有位名叫曹景休的儒士，才思清逸，氣質俊美。由於他稟賦超卓，親友們都勸他去應考科舉以獲取功名，俾臻富貴。但曹景休說：「我不願意遷就朝廷官府的約束，難忍那繁文縟禮的拘牽。只願意就近享受那幽谷清岩的閒澹，和長期保育那順天適性的悅樂，這才是我的心願。」為了實踐他的志趣，從此便改名為曹谷就（「就」是接近的意思，如移樽就教、就事論事、安排就緒）。

沒有隔多久，他果眞移居，避往深山茂林之中，遠離塵寰紛擾。戴葛麻頭巾，穿粗布衣裳，吃山果野菜。一心一意，修養純眞。

（三）二仙度化曹谷就

那八仙中的鍾離權與呂洞賓二仙，相偕雲遊四方，度化世人。有一天，尋勝來訪此山，有緣遇到了曹谷就，悅見他資質穎慧，又知悉他一直在潛心修道，鍾離權便試著探問：

「聽聞你正在修心養性，請問你所養的，究是何物？」

曹谷就答說：「我在養『道』！」

鍾離權接著又問：「『道』在哪裡？」

曹谷就沒用語言回答，逕自用手指天。

呂洞賓再追問：「『天』在何處？」

曹谷就仍舊不以言詞解釋，只是回手指心，一切盡在不言中。

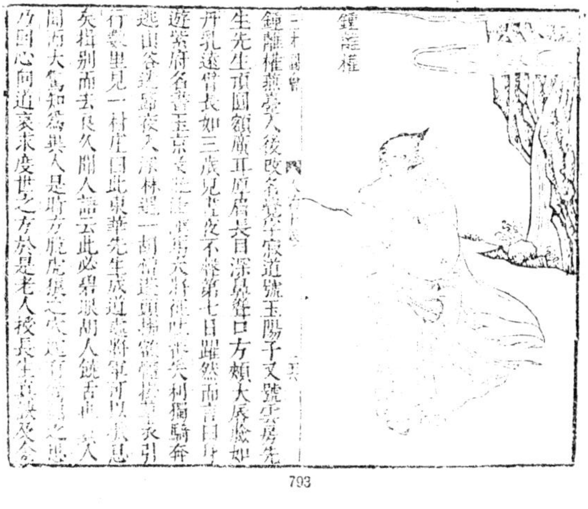

二仙笑謂：「心中印著『天』，天中含著『道』，你能悟得這個要領，已經通曉『道』的本旨和根源了。十分可喜。識天者、心也。養心者、道也。天心即是道心，道心同於天意。天也、道也，即一即二，即二即一，非一非二，非二非一。一二皆忘，無蹤無跡。」

又勉之曰：「你的悟性很高，如若依循此旨，再凝聚眞元，入於泰定，成道非難也。」

吾二人願助你一臂之力。」

於是將上乘道法「還眞秘旨」傳授給他，黽勉他繼續潛心修煉。曹谷就勤修力學，終於脫胎換骨，道行滿盈。對塵世間的紛紛擾擾完全看破了。他常帶著兩塊大拍板，打著拍子吟唱，漫遊各大都市，勸度有緣之人。其中一首「醒世道情歌」，內容是：

「歎人生，多忙亂，
火宅塵緣，日日相縈絆。
驀地喉中三寸斷，性魄神魂，自此俱消散。
任妻兒哀切喚，萬句千聲，更不回頭看。
饒你在生多計算，落在荒郊，失了惺惺漢！」

這是一首勸世歌，有似暮鼓晨鐘，震人心弦，叫人猛醒，莫待肉體靈魂全都衰竭之際，再來呼天搶地，那就來不及了。

曹谷就終於位列仙班，成爲八仙之一。以後還隨呂洞賓周遊，並自號「混成子」。那《呂祖年譜・度化曹谷就》原文是：

「嘉祐間，有曹景休者，清才俊質。或勸其出就功名，曰：吾不就朝市，願就崖谷，因改名谷就。隱跡山林，葛巾野服，矢志棲眞。一日，鍾呂二師來，問曰：聞子修養，所養何物？對曰：養道。曰：道何在？谷就指天。曰：天何在？谷就指心。二師笑曰：心印天，天即道，子親見本來矣。遂授以還眞秘旨，令其精煉。未幾，道成。即持大拍板，入都度世。唱道情曰：歎人生，多忙亂。火宅塵緣，日日相縈絆。驀地喉中三寸斷，性魄神魂，自此俱消散。任妻兒哀切喚，萬句千聲，更不回頭看。饒你在生多計算，落在荒郊，失了惺惺漢。曹以後每隨呂祖周遊，號混成子。」

（四）國舅訛稱不可信

這篇原文之後，還有一段附錄，是本篇的重點，今也譯爲語體（請見插圖）：

考《潛確類書》說得很清楚，提到那位曹國舅，在《苗善時傳》中不能舉其名字，只說是北宋丞相曹彬之子，皇后之弟。皇帝與皇后都器重他。後來曹國舅要出家，皇帝賜給他一面金牌。他到黃河坐船，船夫向他索取渡河錢，他身無零錢，就拿

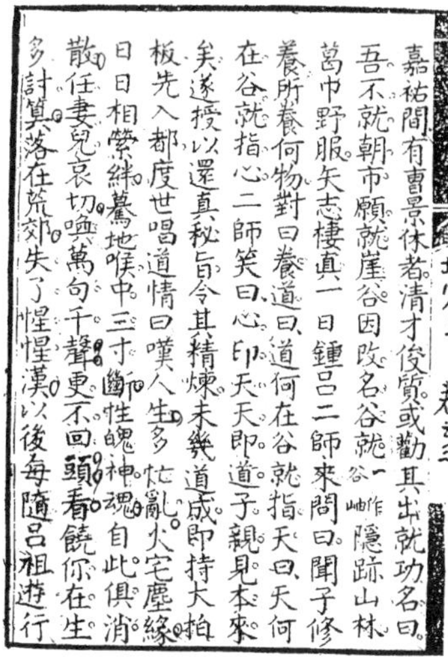

呂祖年譜　北宋三　卷之三

嘉祐間有曹景休者清才俊質或勸其出就功名曰吾不就朝市願就崖谷因改名谷號一（谷一作岫）隱跡山林葛巾野服矢志棲眞一日鍾呂二師來問曰聞子修養所養何物對曰養道曰道何在谷就指天曰天何在谷就指心二師笑曰心印天天即道子親見本來矣遂授以還眞秘旨令其精煉未幾道成即持大拍板先入都度世唱道情曰嘆人生多忙亂火宅塵緣日日相縈絆驀地喉中三寸斷性魄神魂自此俱消散任妻兒哀切喚萬句千聲更不回頭看饒你在生多計算落在荒郊失了惺惺漢以後每隨呂祖遊行

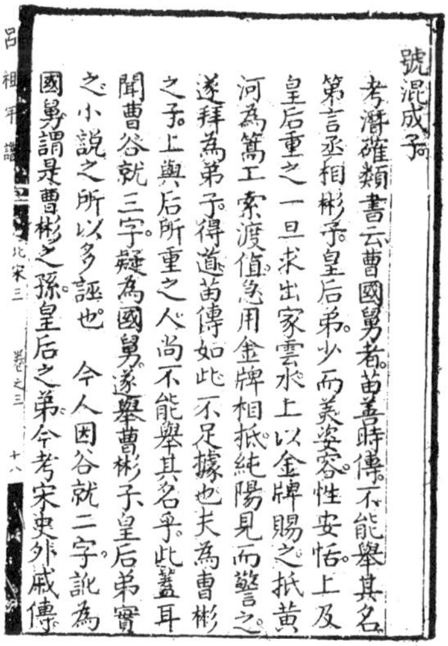

號混成子

考潛確類書云曹國舅者苗善時傳不能舉其名第言丞相彬子皇后弟少而美姿容性安恬上及皇后重之一旦求出家雲水上以金牌賜之抵黃河爲篙工索渡值急用金牌相抵純陽見而詈之遂拜爲弟子得道苗傳如此不足據也夫爲曹彬之子上與后所重之人尚不能舉其名乎此蓋耳聞曹谷就三字疑爲國舅遂舉曹彬子皇后弟實之小說之所以多誣也　今人因谷就二字訛爲國舅謂是曹彬之孫皇后之弟今考宋史外戚傳

呂祖年譜　北宋三　卷之三　十八

金牌作抵。呂洞賓見了，便收他爲弟子，得入仙班。

該書又說：以上是《苗善時傳》所記的，但不可信。何故？試問曹國舅既是曹彬（九三一—九九九。封魯國公，宋史有傳）之子，又是皇帝與皇后兩都器重的人，還會不知道名字嗎？這乃是耳聽曹谷就三個字，便誤以爲是曹國舅，再附會爲曹彬之子、皇后之弟來湊合充當，這證明小說中有多誣牽也。

後人不察，將曹谷就訛爲曹國舅，且說是曹彬之子，皇后之弟。今查考《宋史．外戚傳》中有個曹佾，但他並不懂得修煉，這正好比把杜拾遺（杜甫）錯誤作杜十姨（小說中的少女，淪爲妓女）。以及唐代李肇《唐國史補．下．語訛》所記：「舊說：董仲舒墓，門人經過時皆下馬，故謂之『下馬陵』。後來卻語訛爲『蝦蟆陵』」一樣的可笑。

（五）宗教終是勉人向善

筆者按：八仙中四位姓名有疑，似乎並非細事，提請大家公斷爲是。再者、綜觀本篇對話，雖很簡約，也近乎妙談。考查道教教理，也頗玄邃。但其用意，終是勉人向善。本篇談到了「養」「道」「天」「心」，內涵都極抽象。甚麼是「養」？就是養成正確的人生觀，謹守不渝。「道」就是眞理正道，信仰堅定。「天」就是無私無我，順合大自然之理。「心」乃是一切行爲的主宰，暫作好心端士。如果能夠養足善念，嚴守道義，大下爲公，慈心愛衆，就會胸寬意暢，活得愉快，不必要呂洞賓來度化，也自合於仙道了。

「史」筆流芳，雖未成名終「可法」（贊譽史可法）
「洪」恩浩蕩，不能報國反「成仇」（諷刺洪承疇）

七八　洪經略不是洪承疇

（一）遙祭招魂卻未死

清代有位王朝，撰有《甲申朝事小記》（甲申是崇禎十六年，此書紀錄明思宗崇禎年間到明福王弘光年間兩朝政事）。今譯述書中「洪承疇」條：

「洪承疇，明代萬曆年間進士，任陝西兵備道。那時張獻忠李自成叛亂猖獗，洪承疇奮勇剿殺，賊人望見他的軍旗就逃。明思宗聞其能，授以兵部尚書，經略關東。後來滿清爭奪江山，洪承疇兵至遼陽，想繞道清兵之後反擊，行至松山，受困被擒。承疇抗聲說：『我是明朝大臣，家在福建，不降。』終於放他南歸。在途中，不意遇到他的家人，都穿著素服趕路。洪問何故？家人驚問道：『主人尚在耶？皇上聽聞主人死了，在京城遙祭招魂。命我等來尋遺骸。於今主人若要回去，縱然皇恩寬恕，但滿朝文武，烏肯容納？禍且不測。』洪承疇不敢南歸福建，於是投降清朝。」

（二）天冷賜裘乃投降

《清史》有《洪承疇傳》，講到他的投降經過：

「洪承疇駐兵松山以抗清兵，糧盡被俘。清帝欲收承疇爲清廷效力，命范文程去勸降。承疇但謾罵，文程徐徐與語，泛及古今諸事。樑上塵埃偶然落下來，沾在承疇衣上，他用手拂拭乾淨了。范文程回報清帝說：『洪承疇必不會死，他如此愛惜衣服，何況是生命呢。』清太宗親自去看，主動脱下所穿的貂裘大衣，披在洪承疇肩上說：『洪先生你會冷吧？』洪瞪眼看他良久，歎口氣道：『你才眞是命世之主也。』於是才投降。」

（三）立碑贈卹竟偷生

又清代婁東無名氏《研堂見聞雜記》（商務輯印爲歷代小說筆記選），亦有洪總督事：

「洪承疇者，崇禎時總督諸道之兵，與與清軍交戰，敗潰，疑洪亦陷沒矣。天子震悼，賜祭九壇，且予立碑，所以議卹議贈者甚厚，而洪竟未死。當其戰敗，乃降清。及清兵平江南，飭洪鎭撫江寧（今之南京），人方知其不死。而黃石齋之起義也，逮至江寧，當面責斥曰：『汝豈洪承疇耶，洪承疇當年戰死，天子且爲祭九壇矣。汝自北方來，獨不見道旁之洪承疇碑，豈敢大膽假冒洪名耶？』斯時洪承疇汗簌簌下，幾乎不克仰視。」

（四）朗誦崇禎祭悼文

清代蒲松齡《聊齋志異》卷之十「三朝元老」篇，也有洪經略的記述：

「官拜經略的洪承疇，原是明朝高官，投降清朝後，奉命征伐雲南。打了勝仗，洪承疇班師回來，在南京設立祭壇，追悼作戰的陣亡將士。有位以前的老部屬來見他，行禮完畢，自口袋中拿出文章，請洪承疇評閱。但洪已經長久討厭文藝，就推辭說自己腦昏眼花，不便欣賞。這位舊屬說：『不妨事，只須煩請洪帥坐聽，由我朗誦就行了。』於是他攤開文頁，高聲朗讀，讀的乃是洪承疇爲明朝抵抗清兵，傳聞已經殉身，故由明思宗躬親主持祭悼，這正是崇禎皇帝（明思宗年號叫崇禎）親撰的祭悼洪經略承疇的御祭文。這位舊屬讀畢祭文，忍不住號咷大哭，逕行離去了。」

（五）洪承疇殉國久矣

清代錢泳，字立群，著作甚多。《履園叢話》中「沈百五」條亦記有洪承疇事：

「明末，有沈百五者，名廷揚，號五梅，家況殷富。曾遇洪承疇於客舍，是時洪年僅十二三，相貌不凡。沈以爲非常人，見其窮困，延之至家，並延一老儒爲西席，即課承疇。故承疇感德，呼沈爲伯父。後承疇已貴，沈亦任明朝光祿寺卿。不數年，承疇歸順清朝，百五獨不肯，脫身走海，爲清兵所獲。洪往諭降（洪承疇往見沈百五，勸他投降清朝）。百五故作不識，問曰：『吾眼已瞎，汝爲誰？』洪曰：『小姪承疇也，伯父豈忘之耶？』百五大呼曰：『洪公受國大恩，殉節久矣。爾何人斯，欲陷我於不義乎？』乃揪洪衣襟，大批其頰（抓他衣服，打他嘴巴）。洪笑曰：『鐘鼎山林，各有天性，不可強也。』沈被執，至江寧（今南京），戮淮清橋下。葬之虎丘東麓。」

（六）此人不是洪承疇

此外清代彭孫貽《嶺上紀行》書中，則說洪經略不是洪承疇，強調一股正氣：

「張天祿（明朝總兵，降清，官江南總督），爲清廷擒獲黃石齋（即黃道周，明福王時任禮部尚書，唐王時爲武英殿大學士，死諡忠烈）。此時洪承疇已投降清朝，想來見黃，先派使者來通候，石齋問道：『洪經略是何人也？』使者說：『他就是洪公名承疇的那一位。』黃石齋叱責說：『錯了，此人不是洪承疇，必定是姓名偶然相同罷了。至於我的同鄉那位洪公已經死了。那時朝廷的公祭文，祠廟裡立的碑文，都是我親手撰的，他哪能偷生而活在這裡？我倒願意看看他，他是何人？竟然膽敢與洪公同姓同名？』洪承疇聽了，終於沒有臉面相見。」

（七）未能報國反成仇

清人劉獻廷，又名繼莊，字君賢，撰有《廣陽雜記》，書中卻描述洪承疇見到了黃石齋，而黃石齋寫下對聯來罵他（以上（三）（六）（七）內容互有不同）：

「黃石齋先生，爲滿清政府拘禁，關在監獄中，洪承疇特意前去探視。但黃石齋閉著眼睛，不理不睬，洪承疇沒趣，終於辭去。黃石齋提筆寫一對聯曰：『史筆流芳，雖未成名終可法（指史可法爲國殉身），洪恩浩蕩，不能報國反成仇（指洪投降清朝，成仇與承疇諧音）。』以上這事，是楊于兩先生告訴我劉獻廷記下來的。」

（八）母親罵他何不死

前條這《廣陽雜記》中，還有一段洪母罵兒子的話：

「洪經略在北京清朝任官後，他母親洪太夫人尚健，洪派人從福建老家迎接母親入京，他母親見到兒子，大怒，用枴杖打他，罵他爲何不死？怒斥道：『你把我接來，要我來做滿清八旗下的老婢女嗎？我要打死你，好爲天下除害！』洪承疇趕忙避開，他母親不久仍坐船回到南方福建去了。」

（九）不引單于來入塞

又《甲申朝事小紀》尚有一短記：

「淮北閻爾梅（長於詩，有白耷山人集）與洪承疇爲舊友，赴楚見洪。承疇問及近況，答曰：『一驢忘命三千里，四海無家十二年。』洪又問有近作否？答曰：『有。曾閱李陵傳，我作有詩一絕，後二句云：「不引單于來入塞，李陵還是漢忠臣」。』承疇嘿然良久，遂謝別。」

（十）臣節重於山乎

近人李屹之《語林趣話全集》中述道：

「洪承疇曾親寫一副對聯：『君恩深似海，臣節重如山』，懸掛於中堂正壁。後來他投降清朝，有人便在該聯每句末尾各添一字，成爲『君恩深似海矣，臣節重於山乎？』」

筆者按：洪承疇（一五九三—一六六五）是福建南安人，明代萬歷年間進士，文治武勳都著，後來投降清朝。他的褒貶，本篇彙集了十則，留請大家公評。

他在明代建功不小，明朝待他也厚。倘若在明亡之時，能夠丟開名利權勢，隱姓埋名，甚至出家作和尚，或會更好。史學家繆鳳林說：「滿清之興，一以兵強，一以得明朝降將之力。」借漢人以制漢人。緬想洪經略在爲滿清爭地殺人得勝領賞之際，內心也恐將湧現賢佞向背之交戰吧？

孔子說：「始吾於人也，聽其言而信其行。今吾於人也，聽其言而觀其行。」說話的人和聽話的人都得注意了。你說的話是好是壞，就顯示你品學的高低；你聽到的話是懂或不懂，就代表你智商的聰和昧。

——《論語・公冶長第五》金句

對工商富豪大老，守住底線，奉行三不；
是鄉農清寒小子，晉至高位，勞瘁一生。

七九　孫運璿畢生勞心國事

（一）國內進小學六年：孫運璿（一九一三—二〇〇六），民國二年出生於山東省蓬萊縣的清苦農家。小時候就得下田拾麥穗填肚皮，收馬糞牛糞當肥料。後來，他在行政院長任內，到教育部舉辦的教師自強會中坦然說：「不怕你們笑話，我這個院長，只受了六年的小學教育，卻讓我受益無窮。」

（二）進俄文中學大學：十二歲小學畢業，父親對他說：「讀聖賢書，所學何事？現在國家有兩件緊要事：一是缺乏俄文人才；如去南開，是學英文，英文人才已夠多不必，跟我去哈爾濱學俄文。二是需要工程人才，要學些實在的本事。」如此這般，遠去關外，就進了哈爾濱俄僑實業中學，畢業後又進入哈爾濱工業大學，兩校都用俄文。孫運璿全心苦讀，得以第一名畢業。

（三）赴美學待人之道：廿三歲到南京，投身資源委員會工作，由於表現優異，選派赴美，在田納西河流開發局（TVA——Tennassee Valley Authority）實習，此期間也學到了如何對待旁人，他自述：

「TVA一位長官，看到我做了錯事，把我叫進辦公室，才告知我爲甚麼錯了。他還說：『管理部屬的第一章，就要記得：人的臉皮薄似一張紙，絕對不可以當眾撕破它。』以後我也不在大眾的面前指責任何人了。」

（四）背著一堆玻璃瓶：民國五十八年，經濟部長陶聲洋腸癌逝世，可能的接任者有蔣彥士、費驊、張繼正，最後卻是由交通部長孫運璿轉任，擔子很重。聽到以前的老經濟部長楊繼曾這樣表示過：

「我好像背著一大堆玻璃瓶，深怕一不小心，就會撞破它。」

（五）我的住房儘夠了：孫運璿住在台北市濟南路，保留了二十年前的舊家具。孫太太常對訪客說：「這沙發與我大兒子同年，這櫃子和我二女兒同年。」

有一天，蔣總統經國到濟南路孫家作訪客，談了幾點對他的家況和安全的意見。孫部長用山東腔婉釋說：

「總統，我夠住了。接見外賓都在辦公室，不到家裡來。也沒有人要來謀刺我。」

（六）我當部長有三不：工商界的眾多大老闆，當然都想和主控貿易與生產的經濟部長拉上關係，但孫部長宣告：

「我有三不：不應酬、不題字、不剪彩。公司老闆請吃飯，我跟他說：如有甚麼話，請到我辦公室談。」

（七）媽替爸爸補睡衣：孫運璿後來貴為行政院長，生活仍然節儉，二女兒孫璐筠提起一樁往事：

「我讀高中時，有次向媽媽吵著要買一套新衣服。媽那時正在幫爸爸補睡衣，她抬起頭，扶了扶眼鏡說：『你爸爸工作很辛苦，賺錢不容易。你這套衣服，硬是眞的一定要買嗎？』我一想，還是算了吧。」

（八）我願意分勞分憂：老蔣總統逝世，副總統嚴家淦接任，蔣經國是行政院長，孫運璿是閣員。蔣經國在服喪滿百日時，約孫到慈湖用早餐，餐後同登角板山，在一座亭子裡坐下，兩人一個多小時都未講話。我知道他和我一樣，在深思國家大政。孫運璿追憶：

「那天我對自己說：只要能夠爲他分勞分憂，即令叫我赴湯蹈火，我都得幹！」

（九）受命組成新內閣：曾任國民黨秘書長的張寶樹說：「通過重重觀察考驗，蔣經國開始培植孫運璿的聲望，帶著他一起赴南北巡視十大建設，到後期，甚至帶著他去看軍事演習，意義就更不尋常了。」

六十七年五月，蔣經國當選總統宣誓就職，同日下午，提名六十五歲的孫運璿接任行政院長，委他管轄四十萬公教人員、支配三千多億年度預算。他擬了一份內閣名單，去和蔣總統商量，沒有改動一個人，孫說：

「外交部長，我提了三位，請總統選一位。只有國防部長，我留著請總統提名。」

孫運璿想起：當他三十歲時，自己一生最大的願望是：如果能擔任山東省建設廳廳長，就志得意滿了。而今竟能以一介布衣，出身農家的貧窮小子，毫無靠山關係，竟然晉身卿相，哪不捨身報效？

（十）沒有班底找新人：這位以沒有班底著稱的最高行政首長，他有句名言：「全國能做事的人，都是我的人。」請看：他當交通部長時，前任部長沈怡留下的次長都繼續留任。自己的機要秘書嚴孝京是孫運璿調任經濟部長時前任部長陶聲洋留下來的，以後跟隨孫部長長達二十年。

孫運璿像

他提拔與他毫無淵源的人才，一是財政部長徐立德，一是研考會主委魏鏞，一是新聞局長宋楚瑜，都表現傑出。而孫更打破官場慣例，找一個和自己素不相識的人來當總務司長。每個月的首長特支費全做公用，從不拿回家去。

（十一）不幸過勞腦溢血：他當院長，遇到中美斷交，能源危機，美麗島事件，都能穩健度過。

七十三年二月廿三日，行事曆上記得密密麻麻，有行政院院會，有八批訪客，第二天要去立法院作施政報告，今晚要校正施政報告裡的各項數據。他漏夜還沒睡，凌晨，由於勞累過度，突患腦溢血，急送榮民總醫院開刀。

經國總統知道了，前往探病多次。那時正是冬季，天氣沍寒，蔣經國出了病房不遠，忽然摘下頭上的黑絲絨帽子，吩咐侍從說：「他頭會冷，你拿去送給他戴上。」

（十二）忠勤儉善好楷模：以上各點，是依據天下雜誌發行的《孫運璿傳》摘述的。孫先生這種真誠、踏實、勤勞、儉樸、擇善固執、當機立斷的精神，足爲後繼者的良範。

（十三）身後佳評愛人民：即使百年之後，仍然不會有爭議的評語應該是：在這段年代之中，曾經有這樣一位端士，他終生掛念中國、中國人、中國事、縈繞於懷。年年以清介、耿直、不二之心，奉獻了他的生命。他腦傷後，由俞國華繼任行政院長，孫受聘爲總統府資政，受頒文官中最高級的一等卿雲勳章。（本篇所述，都是小事，不涉大政，反顯親實）。

一九八九年孫運璿出席中華民國社會運動協會，在成立大會上致詞時，他以「一輛後輪陷入泥坑的大巴士」來比喻當時的社會。他無時刻不關愛千萬人民，直到二〇〇六年，才以高齡謝世。

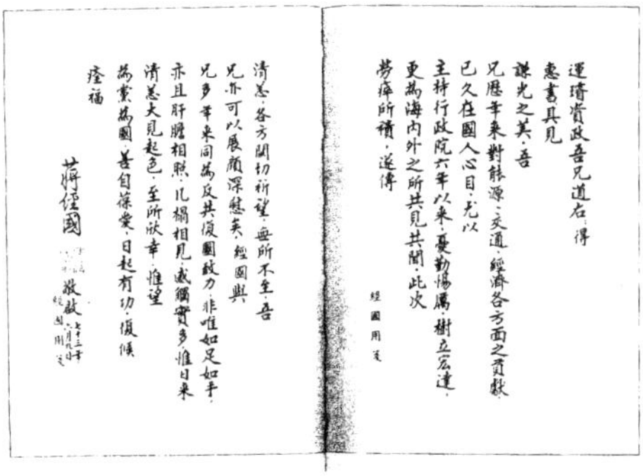
運璿資政吾兄道右：得
惠書具見
謙光之美。吾
兄歷年來對能源、交通、經濟各方面之貢獻
已久在國人心目，尤以
主持行政院六年以來，憂勤惕厲，樹立宏達，
更為海內外之所共見共聞。此次
勞瘁所積，遂傳
經國用箋

清恙，各方關切祈望，無所不至。吾
兄亦可以展顏深慰矣。經國與
兄多年來同為反共復國致力，非唯如足如手，
亦且肝膽相照，休戚相見，感佩實多。惟日來
清恙大見起色，至所欣幸。惟望
為黨為國，善自葆愛，日起有功，復頌
痊福
蔣經國 敬啟 七十三年六月九日
經國用箋

蔣總統經國 73.6.9 寫給孫運璿的信函

「孔子入后稷廟堂，見階前有金人（銅鑄之巨型人像），三緘其口（口上貼了三層封條），而銘其背曰（背上刻了字）：『慎言也，戒之哉！無多言，多言多敗。勿謂何害，其禍將大。』」

——三國・魏・王肅《孔子家語・觀周》

精神體力不窮，造就會說話的機器；把懶惰視為罪惡；發明專利無數，製出最耀眼的電燈；從工作獲得快樂。

八〇　愛迪生終身埋首發明

湯姆斯・艾華・愛迪生（Thomas Alva Edison 1847—1931）是美國電學家、發明家。幼時做過鐵路售報童子，後來獻身於發明，著名的有電報法、白熱燈，鎳鐵蓄電池、留聲機、電影等，被譽為世界發明大王。美國當代作家馬修・約瑟夫遜（marthew Josephson 1899—）寫有《愛迪生傳》，是著名的傳記之一，有關愛氏的妙言逸事，不當錯過。只是書中平淡直敘的冗長文章恕未摘取。

（一）自身孵蛋

愛迪生自小時候起，就喜歡不斷地提出疑問：

「媽媽，為甚麼鵝要坐在蛋上？」

「為了要溫暖鵝蛋。」

「為甚麼鵝蛋要暖？」

「為了要孵蛋。」

「甚麼是孵蛋？」

「孵蛋就是讓小鵝從蛋殼中孵化出來，小鵝就是受了大鵝身體的溫暖而出生的。」

「那麼使蛋保持溫暖，小鵝就會生出來嗎？」

「是呀！」

那天下午，愛迪生失蹤了，姐姐四處找他，原來他獨自躲在倉庫裡，坐在一堆鵝蛋和雞蛋上面，安靜的一動也不動，目的在孵蛋。

（二）新婚夜忘記回家

愛迪生和瑪麗・史蒂威爾小姐於一八七一年結婚。愛迪生自述說：

「婚禮剛過後不到一小時，我就一直在思考那『行市指示機』的事。我對新娘說：『有椿緊要事，我要到實驗室去一趟，晚飯之前會回來。』」

他便匆忙地走了。

愛迪生有個毛病，碰到任何問題掛心時，就把別的事情忘得一乾二淨。這次，他往實驗室也就一去不回，新娘在家又怕又氣，流淚到深夜。朋友馬灃跑去實驗室找到他，大聲問道：

「這麼晚了，你還在做甚麼？」

「現在幾點鐘了？」愛迪生心不在焉地回問。

「半夜十二點了。」

「十二點了嗎？」他好像還在夢中：「是嗎？那我該回家去了。」

（三）不知道自己的名字

愛迪生接到通知，假若第二天還未繳納不動產稅就要罰款。他隔天就去排隊繳錢。當前面的排隊長龍還有百來個人時，他腦中湧出那雙向電報發報機中一個艱困的技術難題，不覺就沉思冥想，把一切都忘掉了。直到輪由他站在窗口前，稅務員問他幹甚麼？他茫然不懂得如何回答。稅務員喊道：「喂，你怎麼了？你叫甚麼名字？」愛迪生後來追述：

「我忽然在慌亂中忘記了自己的姓名，呆呆地答說：『我不知道。』稅務員認爲我是白癡一個，揮手叫我讓開。後面的人馬上跳到我前面來。等他辦完後，下班了，窗口關了。」

我只好改天再去繳款，因此多付了百分之十二點五的罰金。」

（四）超時工作

愛迪生於一八七六年在美國新澤西州的夢羅園（Menlo Park）建了一座試驗所，也就是實驗工廠。那是一個小鄉村，有人戲稱爲「愛迪生村」。愛迪生說：「我們的娛樂：第一是發明，第二也是發明。」

助理們的工作時間很長，早上七點開始，有時忙到必須睡在地板上過夜。

美國發明家：愛迪生（Thomas Alva Edison, 1847～1931），78 歲時攝

青年人來找這位大發明家求職時，愛迪生毫不客氣的對他們說：

「來這裡求職的人，無論是誰，都不外想要知道兩件事——薪水多少？工作時間多長？但我可以告訴你：薪水是零，工作是整天。」

那就請問助理們的感受和想法如何？一位負責機械和繪圖的約翰‧歐特，跟著愛迪生工作將近五十年，到晚年吐露出他的心意：

「我的孩子幾乎不認識父親。我難得晚上回家，即使回家，也都在孩子睡覺之後。」

「為甚麼這樣呢？」

「因為愛迪生讓我們覺得這工作很有樂趣。他讓我們覺得大家一起在製作一種新的東西，而不僅僅是個無聊的技工而已。而且我們也都希望能和他一起發財。」

（五）會說話的—留聲機

一八七七年十二月六日，愛迪生對他的「能說話的機器」—留聲機（phonograph），感到滿意。他第二天，帶著機器到紐約去訪問「美國科學雜誌」。該雜誌報導說：

「那個機器首先很客氣的向大家問好，又問大家喜不喜歡留聲機？然後又說這個機器有這樣好、那樣好。最後向大家說晚安、再見。」

愛迪生將這獨創性的發明—留聲機的專利，在當月十五日提出申請，堆積如山的聯邦專利局的紀錄裡，從來還沒有類似這樣的發明，便在很短的時間——五十七天就核准了專利許可。

以往的愛迪生，被認爲是「實用的發明家之中最具有天才的人」，這次留聲機發明之後，更獲得美國與歐洲的喝采。《雷斯利週刊》說「這是十九世紀的奇蹟。」美國大報的社論說「愛迪生是當代最偉大的發明家。」

由於報紙一直有轟動性的報導，愛迪生不得不到首都華盛頓去，他出現在一個學術性的大會中，讓留聲機作自我介紹。他轉動把手，留聲機就用清晰的聲音說：

「本人、是、會說話的機器。今天能夠受邀出席科學協會，深感榮幸。」

（六）雖富卻不愛錢

那時用作照明的是弧光燈、瓦斯燈、汽油燈以及蠟燭，愛迪生想要發明電燈來照明。但這種創舉談何容易？他實驗了無數次，都沒有成功，但他不氣餒，他說：

「爲了達成一件事，花了很多時間與費用，嘗試了幾百種方法，雖然全部錯誤，最後卻因爲這些錯誤而走上成功之路。」

「爲了白熱電燈，我研究的最多，也不得不做最精密的實驗，我從來不灰心，也不放棄，可是我的同事們並不全跟我一樣。」

他要發明電燈來取代瓦斯燈的計畫爲大家所知曉時，一位新聞記者對他說：

「假如能夠取代瓦斯燈，你便輕易能夠獲得龐大的財富。」

「我對財富沒有太多的興趣，我的興趣是想跑在別人的前面。」

他的著眼點異於常人，就冷漠地回應如上。

實際來說，發明大王愛迪生，每年常有一百萬美元的收入。一九二二年，他在電影製片人的會議中演講，就說過「各位絕對不要只想謀利，應該不要忘記如何對大衆作貢獻。」對他而言，金錢並沒有甚麼意義，發明才是眞正的財富。他的好友，那製造平價汽車的福特，在一九三〇年也說道：

「美國的繁榮走在世界的最前端，這是因爲美國有許多像愛迪生的人，他的發明，帶動了好幾百萬人的新工作。對消除貧窮，愛迪生的貢獻比任何社會改革家和政治家的力量都要大。」

（七）驚人的體力和精力

一八七八年，愛迪生請了佛蘭西斯・R・阿普頓爲主任科學助理兼數學家，正好彌補自己沒有受過正規教育的缺憾。後來在研究白熱電燈的細小燈絲的過程中，大家都加倍工作，愛迪生更是不分晝夜盯著，輪班交替時也只睡兩三小時。佛蘭西斯・阿普頓有一番話說出了他的感受：

「愛迪生的精神和肉體的忍耐力，好像是無限的，所以他並不了解別人力量的極限。」

愛迪生每天都長時期投入工作，短暫休息時，也只是在長板凳上、或者實驗桌下，用電阻箱作枕頭假寐，而且交待助理們在必要時叫醒他。即使在短時間被叫醒，每次都可清楚地回答任何問題。例如，他甚至能把《溶解度字典》裡的頁碼正確記住，而他的記憶力並不隨年齡衰退。

他把懶惰視爲罪惡，而且認爲一天工作十八小時是一種快樂。他這個古怪而不知疲勞的發明家，常常要求助理們和他一起熬夜工作，來解決「討厭的」難題。他認爲想要搞清楚一件事情，最好的方法就是勤勞工作、花時間去研究。

大家最常問的話是：「你成功的原因是甚麼？」或者是：「人家都說你是天才，你的看法如何？」他的回答：

「天才是百分之九十九的流汗，另外加上百分之一的靈感。」

（八）發明與專利無數

愛迪生大大小小的發明，總計取得了一〇三九項專利權，不愧是一位科學怪傑。他自一八七三到一八八三年，也就是從二十六到三十六歲的十年之間，是他生命中最多產的時期。根據記錄，在一八八二年的一年之中，就申請得到一百四十一種專利，只是當他讀了德國的海因利西・赫爾茲爲他的電磁波作的實驗報告之後表示：「我並不是一個科學家，我只是一個實用發明家。」

不過，也有人評說：大凡有天分的發明家，多半都是孤僻而難以相處的，而且有些固執。例如愛迪生要找出改進蓄電池的最佳方法，他立誓：「甚至於要花上七年時間，付出一百七十五萬美元，也要一直完成這件工作。」

（九）廢話不必聽，退休無暇想

愛迪生耳膜受損，聽覺不靈敏。有人問他：「你的耳朶聾了，為甚麼不發明一種助聽器？一則方便自己，再則造福大家嘛！」他回答說：

「你在過去的二十四小時裡所聽到的，有多少話是非聽不可的呢？」

他年過古稀之後，仍堅持每天到實驗室去工作。有次記者問他：「您打算甚麼時候退休呢？」愛迪生回應道：

「眞糟糕！我活到現在，還沒有時間來得及考慮這個問題咧。」

（十）不信神

一九一〇年秋，愛迪生坦白地說：「關於宗教，我自己是一位自由思想主義者。」記者採訪他，問道：「你對神的看法如何？」他直率答道：

「神對我完全沒有意義。」

他反對一切迷信，並說他很遺憾許多人不可救藥的過分相信宗教。他也指出：「幾千萬遍的祈禱，也無法免除像大戰爭這類的浩劫。」

美國吉方斯樞機主教說：「愛迪生對『神』的概念和對『來世』的見解，不配做一位賢者或學者，只配做一個『單純的工人』。他的宗教觀念已經磨損了。」有人寫來激烈的信函，請他「不要從我們這裡奪走神。」他答道：

「我對別人的攻擊毫不在乎。人不能輕易地改變自己的信念。宗教家說有天堂地獄，可是我從來沒有看到眞實的證明。」

（十一）總統胡佛致贊詞

愛迪生八十歲以後，許多勳章及紀念品從世界各地送來。一九二九年十月廿一日，在底特律舉行愛迪生發明白熱電燈五十週年的大慶祝會，由愛迪生表演點亮電燈。只見愛迪生說「要有光！」就有光了。（《聖經・舊約，創世記・第一章一節》也說：「起初，神說：要有光，就有光了。」愛迪生似乎是學著上帝的口吻說話的）

總統胡佛先生（Herbert C. Hoover）致詞說：

「美國的總統參加慶祝會，對我們最偉大的美國人之一表達敬意，是理所當然的。愛迪生先生驅逐黑暗，帶給美國世界性的榮譽，我們每個人都深受其惠。」

一九三一年十月十八日，愛迪生逝世。之前有人問他「你有沒有想到來世？」他答：「那種事情不構成問題，因爲誰都不知道。」他妻子問「會不會痛苦？」他答：「不，我只在等待，那個地方很漂亮。」

全國都爲他致哀。

我不會聽到別人贊美我的話而得意，也不會聽到譏評話而不高興，
我完全依照自己的理念去努力。

——世界級畫師西班牙畢加索的話（Pablo Picasso 1881-1973）

單硯要賣三十千，為何如此高價？
每月能呵一擔水，又值幾多銀錢？

八一　售硯台請你呵氣就出水

有人喜愛希世珍寶，既能擁有，也可炫耀。反過來看，也有人摒棄物欲，超越了實體事物的拘縛，朝向精神層面昇華，無欲則剛。這大概就是《易經・繫辭上》所說的「形而下者謂之器，形而上者謂之道」的分辨，也就是大家人生觀的不同，使得思維境界各異。今且舉幾個短例

（一）寶硯呵氣就出水

請看看宋朝宰相王安石的識見，這是錄自宋代吳坰《五總志》（書名五總，取「龜生五總，靈而知事」之意）：

「有人獻硯於王荊公，云：『呵之得水。』公笑而卻之曰：『縱得一擔，能值幾何？』」

以上這段敘述，有人，有物，有動作，有言語，但只有二十六個字（標點是筆者所加，原文沒有），應是個極短篇，既有深度，而且可以接受，料想高明的讀者也會同意吧！

有趣的是，這個寶硯故事，竟然同樣出現在另外兩種書中，可見已經普受重視。只是主角由王安石換成了孫之翰（九九八—一〇五七，名孫甫，《宋史・第二九五卷》有他的傳記，當朝宰相杜衍稱他爲益友），白話敘述如下：

「有人賣磨墨的硯台，售價要三十千錢。孫之翰問道：『這硯有何特異，值得如此高價？』賣方解釋說：『這是奇石寶硯，石材特別有潤性者最爲珍貴。用嘴向它呵氣，就會出水。』孫之翰道：『就算一個月呵得一擔水，才值三文錢，買來有何益處？』沒有接受。」

此事所依據的兩種筆記，一種是宋代沈括《夢溪夢談・卷九・人事一》，另一種是宋代彭乘《墨客揮犀・最末篇》。兩書的敘述相同，原文是：

「孫之翰，人嘗與一硯，值三十千。孫問曰：硯有何異，而如此高價也？客曰：硯以石潤爲賢。此石呵之則水流。孫曰：一月呵得一擔水，纔值三錢，買此何用？竟不受。」

（二）玉帶繫腰多勞累

上面是不要寶硯。此外，以前大官（唐朝三品官以上，明清朝則限於一品官）穿的官服官袍，腰間都配有玉帶（因有「蟒袍玉帶」之慣語）。這事在明代曹臣《舌華錄・慧語第一・王旦》及清代畢沅《續通鑑・宋紀・眞宗》又清代趙伯平《續通鑑雋語・宋紀・眞宗・王旦七》都有不要玉帶之事，今引敘畢沅所述：

「王旦（北宋宰相）沖淡寡欲。有賣玉帶者（用玉片鑲嵌的腰帶，繫在官袍外，代表身分崇高的貴官），子弟以爲佳，呈旦（家中晚輩子弟，認爲很美，拿給王旦賞鑑）。旦命繫之（王旦叫他纏在腰間），問曰：『見佳否（你看見這美好的玉帶嗎）？』答曰：『繫之，安得自見（玉帶圍在腰間，自己哪能看得到）？』旦曰：『自負重而使觀者稱好，無乃勞乎（玉帶比較重，自身承受，求別人說美，未免太勞累了吧）？』命子弟亟還之（趕即送還不要了）。」

這是說玉帶雖然高貴亮麗，卻是要自己增加累贅，來博取別人的讚美，如此心態，智者蓋不屑爲之。

宋朝還有位呂蒙正（也是宰相）不要古鏡。事見《宋史・卷三六五・列傳第二十四・呂蒙正傳》的原文：

「朝士（朝廷中的士大夫）有藏古鏡者，自言能照二百里，欲獻與呂蒙正以求知（想要送給呂宰相以求取知遇之寵）。蒙正笑曰：『吾面不過楪子大（我的臉面不過碗碟般大小），安用照二百里哉（哪會用得上照兩百里的寶鏡呢）？』聞者歎服（聽到的人都歎賞佩服）。」（此事亦見於《五總志》，稱呂蒙正爲文穆公）

上述王安石、孫之翰、王旦、呂蒙正諸賢的言談，都是我們的好範例。質言之，我們的物欲要受到克制才好，《說文》《集韻》都說「欲者、貪也。」《禮記・曲禮上》則說「欲不可縱，樂不可極。」但願涉獵本篇之後，會有若干啓發，那就善莫大焉。

小兒自學校裡偶而偷來半枝，竟然就出事了！
老爸從辦公室經常拿回一把，難道還不夠嗎？

八二　偷鉛筆要我管束便罵人

不告而取叫「偷」。小孩子不懂事，只以爲是「拏」不是「扒」，這種稚齒行爲，糾正不難。倒是大人們順手牽羊的「牽」，近水得月的「得」，趁機就撈的「撈」，混水摸魚的「摸」，和不拿白不拿的「拿」，其實都皆叫「偷」，卻積習難改。可歎的是：這種大家視爲小不檢點的壞習慣，多半還誤認爲無所謂，可是本質上都「錯」了。（小時偷針，大時偷金）讀者的眼睛是雪亮的，請評斷下面這個爸爸訓兒的話：

「小強偷了同學的鉛筆，老師通知家長管束。爸爸罵小強：『我從辦公室拿回的鉛筆還不夠多嗎？』」

筆者註：（一）本篇不計標點只有三十八個字，連標點是四十六個字，可算是現代版白話文的極短篇之一。（二）上篇王安石不要硯台，全文只有二十六個字，（古文沒有標點），應是宋代版文言文的極短篇之一。（三）白話因用字較多，故句子長。例如第一句若改用文言，可以縮短爲「兒偷同學鉛筆」，便從九個字減少爲六個字了。（四）現代工業社會，人人都忙，長文無暇卒讀，精簡的短文才吃香。（四）本篇及上篇都具有正反面的啓示作用，似乎皆可視爲妙語之佳例。

補敘一則屬於正面的短訊：台灣大學天文物理教授孫維新，於二〇〇九年二月十六日在聯合報《名人堂》專欄中寫道：

「有位教授，也是我的學長，帶了一台收錄音機到教授休息室來，他開機聽廣播。那機子的電源是兩用的，他用電池，不用插電。我問他爲何不插電？他說：『這是我私人要聽，不能用學校的電。』這原是一句尋常的話，卻讓我深受震撼。我想：即使他用學校的電，沒人會知道；即使有人知道，也沒人會介意的。但是，他自己知道、自己介意，這就不一樣了。君子不欺暗室，此之謂也。」

請將這位教授與上段那位家長，作個比較吧。

從一個人所讀的書和所交的朋友，就往往可知道他的為人。

A man may usually be known by the books he reads as well as by the company he keeps.

——蘇格蘭作家斯邁爾斯（Samuel Smiles 1812-1904）

十次推薦，婁師德從未矜炫；
幾度排擠，狄仁傑好不羞慚。

八三　狄仁傑感佩婁師德

假如我暗中薦舉你十多次，使你做了京官，又升到宰相，卻不知是我薦的，我也從不說出來。但你卻不喜歡我，多次排擠我，我都坦然接受，從不反抗。我有如斯的好度量嗎？沒有！古人有嗎？有！誰？婁師德是也。有史爲證，且讓不才道來。

唐代婁師德（六三〇—六九九），胸懷廣厚，氣度恢宏。有容人的雅量，別人侵犯了他，總是自己謙遜。「唾面自乾」，便是他的嘉話（見《新唐書》婁師德傳、及元代吳亮《忍經》）。他總攬邊要，出將入相三十年，對事對人，一體安忍寬恕。

狄仁傑（六三〇—七〇〇），原在外地任巡撫使、刺史等職，是婁師德薦引入朝爲京官的，但狄仁傑並不知道。他後來又做了宰相，雖然史稱名相，但他始終排斥婁師德，多次指令他到邊疆去，或作戰，或屯田，每次差遣，婁師德都坦然受命，也幹得不錯。

那時是武則天女皇帝當朝，她察覺狄婁二臣之間好似有些問題，因而趁便探問狄仁傑道：「你看婁師德這位大臣賢良嗎？」

狄仁傑答奏道：「他統兵作戰，爲將爲帥，謹守軍律，常打勝仗（史載與吐蕃作戰，八攻八克），確是難得。至於賢不賢，我還不知道。」

武后又問：「他長於識拔人才嗎？」

仁傑回奏：「我曾和他一同在朝爲官，還沒聽說過他能識別眞才和薦引良士。」

武后復問道：「我之所以大力的起用你，你知道是甚麼原因嗎？」

狄仁傑恭奏道：「微臣任事，自問尚能稱職，雖然日理萬機，所幸似無隕越，以故陛下信任有加，使我得以展開抱負。我想自身尚非庸碌無能之輩，也不是憑藉人緣或關係來取得高位……。」

武后停頓了一陣，才說：「賢卿有所不知，朕以前並未聽聞有你這位狄卿，你之所以能自外地調爲京官，而且屢升高職，這些全然是婁師德極力保薦的，他前後十多通的推薦表章仍在，只是你自己不知道罷了。」說畢，叫左右侍者，自後殿取來文稾箱篋，拿出婁師德呈來的十多封推薦奏本，賜給狄仁傑審看。

狄仁傑看罷，十分惶恐，羞愧交加，即刻引咎請罪，武后並未責怪他。後來狄仁傑對別人表白道：「婁公德量，汪洋似海。我爲他所包容，卻一直不知，他也從未顯露得色。我還幾度排擠他，他也全無慍怨。如此看來，我比他差遠了。」

武則天像

請見原文之一，《新唐書》卷一百八・列傳第三十三：

「婁師德，有度量，人有忤己，輒遜以自免。仁傑未輔政，師德薦之。及同列，數擠令外使。武后覺，問仁傑曰：師德賢乎？對曰：爲將謹守，賢則不知也。又問：知人乎？對曰：臣嘗同僚，未聞其知人也。后曰：朕用卿，師德薦也，誠知人矣。出其奏。仁傑慚，已而歎曰：婁公盛德，我爲所容乃不知，吾不逮遠矣。」

原文之二是《舊唐書》卷九十三・列傳第四十三：

「唐・狄仁傑未入相時，婁師德嘗薦之。及爲宰相，不知師德薦己，數排師德，令充外使。則天嘗出師德舊表示之，仁傑大慚，謂人曰：吾爲婁公所容如此，方知不逮婁公遠矣。」

原文之三是宋・王讜《唐語林》：

「狄梁公（唐睿宗追封狄仁傑爲梁國公）與婁師德同爲相，狄公排斥師德非一日。武則天問狄公曰：朕大力用卿，卿知所自乎？對曰：臣以文章直道進身，非碌碌因人成事。則天

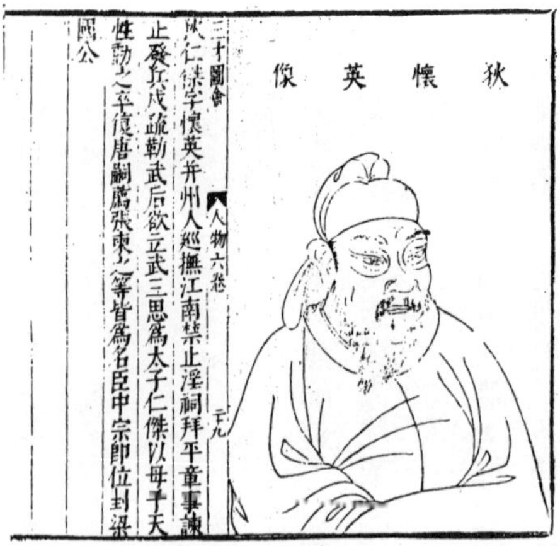

狄仁傑像

停頓久之，曰：朕原本不知卿，卿之進用，實係師德推舉之力也。因命左右，取來筐篋，得師德十許通之薦表，以賜梁公覽觀。梁公閱之，恐懼引咎，武則天不予責問。梁公出於外曰：吾不意為婁公所涵，而婁公未嘗有矜色。」

最後原文之四則是引自宋・孔平仲《續世說》卷三・雅量章：

「狄仁傑未為宰相時，婁師德薦之入朝，及仁傑為相，不知婁師德之薦己，數度排毀，令師德充任外使。武則天出師德之薦表以示仁傑，仁傑大慚，語人曰：吾為婁公所含如此，方知不逮婁公遠矣。」

或許《資治通鑑》中也該有記。以上引述的四篇原文裡，都只是武則天與狄仁傑的對談，說的卻是婁師德，但婁師德並未現身。婁的度量有似海深，他這種與人不爭，遇事輒讓的胸懷，確然叫人欽敬。

「我們容易在『聽』到贊美時停下腳步。所以唯一要做的事就是不『聽』，繼續工作向前走。」

——科學家愛因斯坦之佳言

初看以為浪得虛名，再觀認他算作高手；
三賞覺得形韻俱全，終於贊是此中翹楚！

八四　閻立本敬服張僧繇

國畫是我中華文化中一門精深的藝術。從事繪畫的人，依其造詣，可以稱之爲畫工、畫匠、畫手、畫家、畫師、以至畫聖。歷代都不乏名士，今舉兩位畫壇高人，請從小事來窺其大度。

閻立本（西元？—六七三），唐代人，善畫，在《宣和畫譜》中就收集了他的四十二幅畫。他能「變古象今」，尤精於繪人像，作品有《步輦圖》《蕭翼賺蘭亭圖》等。現今美國波士頓藝術博物館仍藏存他的《歷代帝主圖》，洵爲珍品。

張僧繇（四七九—？），南北朝時期南朝梁代的畫師，與顧愷之，吳道子等人齊名，尤其長於「沒骨畫」，又稱「沒骨皴」。他的畫風，對南北朝後期以及隋唐諸代的繪畫藝術，都有深遠的影響。

（一）張僧繇畫龍點睛

唐代張彥遠《歷代名畫記．梁》書中，記有「畫龍點睛」一事，就是張僧繇的典故。

書中說：「梁武帝崇飾佛寺，多命僧繇畫之（梁武帝篤信佛教，多造寺，壁繪彩畫，多要張僧繇筆繪）……金陵安樂寺繪四白龍，不點眼睛（張在南京的安樂寺壁間畫了四條龍，但眼腔內都是空白的）。每云點上眼睛，即將飛去（他說畫上了眼睛，龍就會飛走）。人以為妄誕，固請點之（旁人認為是胡說荒唐，堅決要他補畫眼珠）。須臾，雷電破壁，兩龍乘雲騰去上天（他補畫了兩條龍的眼睛，哪知一下雷轟電閃，牆壁破了，兩條已點睛的龍，乘雲騰空上天去了），另二龍未點睛者仍在（另外兩條尚未點睛的仍在原處）。」這個奇典，以後如果遇到在最重要的地方著上一筆，就能生動傳神的情事，就常用「畫龍點睛」這句成語來作比喻，會很洽切。

張僧繇繪「雪山紅樹圖」

東晉・張僧繇　絹本設色　縱 118 厘米　橫 60.8 厘米

（二）閻立本看張畫十日

再說唐朝有位做過宰相李德裕的從事、江陵少尹、義武軍節度使的韋絢，撰有《嘉話錄》（又名《劉賓客嘉話錄》，記述嘉言好話）一書，說了個有關閻張兩人的逸事：

閻立本長於繪畫，他在荊州（今湖北江陵），去觀看張僧繇留傳下來的繪畫作品。第一天去看，他以內行人的眼光觀賞了好久，覺得並沒有甚麼值得稱道之處，批評道：「張僧繇只是個浪得虛名的畫人，並無實學呀！」

第二天，他意猶未盡，又去細看，從鄙薄竟轉爲肯定了，改口說：「前朝的這位張僧繇同好，算得上是近代畫家中的一位高手，他的繪藝眞是不錯嘛。」

到了第三天，閻立本覺得還有再去欣賞的必要，於是三度前往。竟然進一步看出張僧繇筆端揮灑的工力，眞是形韻俱全，神情兼得，愈看愈使人愉悅，十分佩服，贊歎道：「既然他享此高譽，定然不是虛得。而且長期獲到皇帝的眷愛，確然是實至名歸。」

閻立本繪「歷代帝王圖」（局部）

唐・閻立本　絹本設色　縱 51.3 厘米　橫 510 厘米　藏美國波士頓美術館

閻立本觀畫三天，由不屑於盲目崇拜到衷心敬重，轉而捨不得離去，坐著來看，睡著來看，留宿其下，十來天還不肯走開。《嘉話錄》原文是：

「閻立本善畫，至荊州，見張僧繇舊跡，曰：定得虛名耳。明日又往，曰：猶近代高手。明日又往，曰：名下定無虛士。坐臥觀之，留宿其下，十日不能去。」

我們看，原文精短而曲折，連標點六十八字，不連標點只有五十四字（古文原就沒有標點），寫出內行看內行，內行評內行的三次心情變換，語和文都很難得，兩者都已臻妙境了。閻立本也是位聲名顯赫的「畫師」，唐高宗時且官拜右相，他的標準必高，眼光必也十分銳利，竟由不屑而轉到折服，啓我深思。

若問我國繪畫的種類，大約可分爲人物、宮室、龍魚、山水、翎毛（鳥獸）、花卉（花竹）、蔬果等多門（請參看《宣和畫譜》）。

至於相關的書籍，大略有南齊謝赫《古畫品錄》、宋徽宗御序《宣和畫譜》、宋代米芾《畫史》、元代夏文彥《圖繪寶鑑》、明代朱謀垔《畫史會要》、明代李日華《畫媵》、清代張庚《畫徵錄》、清代彭蘊璨《畫史彙傳》、清代王毓賢《繪事備考》等可作代表。

（三）一年繪一幅才佳

繪畫是一門非常邃密的藝術，要進步到精深程度還很不容易。今且引述一位國外畫家的言談作爲補充：

有一位年輕畫家，去拜訪十九世紀德國著名畫師阿道爾夫・門采爾（他的全名是 Adolf Friedrich Erdmann Von Menzel 1815—1905）。年輕畫家向大師抱怨說：「我眞不明白，爲甚麼我繪一幅畫，只消一天功夫，可是賣掉它卻要等上一年？」

「請你倒過來試試看吧！」門采爾認眞地回應說：「要是你能花一年功夫去畫它，那麼不必要等上一天就準能賣掉！」

妙語嘉言都是寶，本書收集已不少；
你如抽暇看幾篇，定會説它真正好。

逼我小女孩逃家，要使吉爾達家音樂演奏沒法辦好；跟你大個子垂釣，卻說克利夫蘭總統選舉不會成功。

八五　蒲府小女孩羞辱大總統

偶在舊書櫃中發現一本《Modern Selected English Readings》（現代英文精選）Book Two（第二冊），其中有「Fishing With a President」（跟總統去釣魚）一文。作者是蒲特蘭女士（Nina Wilcox Putnam）。內容頗有可讀性（Readability），且具眞實感（Authenticity），因且嘗試翻譯如下：

當我還是個小女孩時，我媽和我每年夏天都消磨在美國麻州的遜玲瀚谷度暑假。我們夏季別墅的右邊是鄰居吉爾達。吉家有六個子女，年紀比我略大，都受了良好的教養，尤其熟諳音樂。他們的造詣，令我欽佩。

在我家左邊遠處，則住著一位高瘦而看來粗笨的新來主人，我不知道他的姓名，就只好叫他大個子。

吉爾達的子女們，每年都要舉辦一場暑期演奏會。今年他們想到我已夠大了，要我加入當鼓手。但我在練習之際，難免時有生疏，他們就常嘲笑我，讓我又羞又惱，眞希望今年這場演奏會根本辦不起來。

不料有一天晚飯時，媽媽命令我說：「明天晚上，他們吉家要先辦一場預演，你是鼓手，務必準時參加。」

我說：「我一直不想去當打鼓手嘛！」

媽不理睬我，只叫我早點去睡，養足精神明晚好上場。她還警告我，如果我不放棄這個愚蠢的不肯參加的想法，就要重罰我。

我眞的不願意去，但不去又會挨揍，怎麼辦？腦袋一轉，興起了「逃家」的念頭，決定一走了之。第二天清早，我提前起床，帶了一包小點心，就偷偷溜出了後門，獨自邁向那廣闊的世界，成心要讓我媽和吉爾達家人感到歉疚。

我大約盲目走了四分之一英里了吧，聽到背後有馬嘶之聲。我回頭一瞄，只見住在左鄰的那個大個子，駕著一輛敞蓬馬車趕來。我隨即避往路邊，好讓他先走，還希望他沒有注意到我才好。

「啊呀！這不是蒲家的小女兒嗎？」他認出了我帶著笑臉問道：「這麼一大早，你要到哪裡去？」

我說：「我要去費城。」這是我所知道的、也是第一個自心底直覺湧出的地名，很自然的就隨口溜了出來。

「費城？」他複述著說道：「那距離蠻遠呀！你要不要搭我的便車走一程呢？」

LIBRARY OF CONGRESS

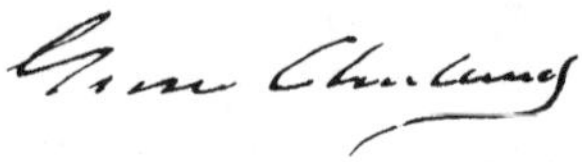

22d and 24th President of the United States
(1885–1889; 1893–1897)

Born—March 18, 1837, in Caldwell, N. J.
Higher Education—None.
Religion—Presbyterian.
Marriage—June 2, 1886, to Frances Folsom (1864?–1947), in the White House.
Children—Ruth Cleveland (1891–1904); Esther Cleveland (1893–); Marion Cleveland (1895–); Richard Folsom Cleveland (1897–1974); Francis Grover Cleveland (1903–).
Political Party—Democratic.
Position When Elected—Governor of New York.
Principal Writing—*Presidential Problems* (1904).
Died—June 24, 1908, in Princeton, N. J., at age 71.
Burial Place—Princeton, N. J.

克利夫蘭（Grover Cleveland）
第 22（1885—1889）和 24 任（1893—1897）美國總統
出生——1837.3.18 於新澤西州卡德威爾市
較高學歷——無
宗教——長老會教友
婚姻——1886.6.2 與佛蘭西斯在白宮結婚
子女——露斯·克利夫蘭，伊斯塔·克利夫蘭，瑪麗安·克利夫蘭，理查·克利夫蘭，佛蘭西斯·克利夫蘭
政黨——民主黨
當選時職位——紐約州長
主要著作——總統的困難
逝世——1908.6.24 於新澤西州普林斯頓市
年歲——享年 71 歲
葬地——新澤西州普林斯頓市

（按：從作者的麻州去賓州的費城，要經過康州、紐約州、新澤西州才可到達，路程遙遠。以前費城曾經是美國的首都，很有名）

大個子一提醒，我才初次驚覺到這個「距離」怪物我還沒法對付，我只好點了點頭。大個子拉我上車，在他身旁坐下，打馬繼續前進。他問我：「到費城去，準備做甚麼？」

我只好編著夢說：「我打算去學舞蹈。我本也想做個打鼓手，但我做不好。」

他溫文地追問：「你爹媽知道你要去費城嗎？」他的眼光直瞧看我，看透了我，使我沒法迴避，只得老實低聲回答：「我是偷偷『逃家』，一個人跑出來的。」

他寬慰著說：「這也難怪。我看得出你一定是對你家裡大人的安排感到不滿意吧。只是，你離家時，有沒有對誰感覺到難以分捨呢？」

「有，莫瑞爾。我向她吻別才離開的。」

「莫瑞爾？她是誰？」

「是莫瑞爾。這是我替她取的暱名。她是那頭母牛生的小女兒。」我解釋說：「當她生下不久，傅雷德說如果我願意幫忙照顧她，我就可以替她取個名

字。」

馬車默默地走了好一陣，大個子才又說：「我可不可以問問你爲甚麼要逃家嗎？」

「就是爲了那音樂演奏會的事。」我答道：「媽要我去當鼓手。」

「你不願意當鼓手嗎？」

「我是很願意的。但吉家兄姐們和音樂老師都怕我打不好，以前就時常嘲笑我，我自己也心虛害怕，只好逃家躲開算了。」

大個子似乎充分同情我，他附和著說：「我從前也是這樣。記得有一回，當我第一次上台演講時，也是好生害怕，一看到那麼多對眼睛瞪著我，我就嚇到了。但我又很想完成那次演講，我估算如果我能夠順利地開個頭，就好辦了。」

「你那次『逃家』了嗎？」

「沒有！」他答：「我一想，那些聽講的人，並不會知道我心中藏著害怕，何必自己嚇唬自己？我就這樣勇敢地開始，還接著講下去。這樣直到終場，都沒有出任何差錯。人家還說我講得並不算壞啦。」

他又接著說：「如今，假若你去了費城，吉家兄姐永遠不會知道你是個有進步的好鼓手，你不覺得可惜了嗎？你看，我並不是要你改變主意，這要由你自己決定。至於現在，我正要去湖邊釣魚，假如你喜歡跟著去，我會高興有你這個好同伴。你還要知道：釣魚時，它常常會讓我們有最好的時刻來靜思。」

我本想說不去，但前面湖邊的風景太美，吸引了我，完全忘記了先前的煩惱。

我們在湖邊下車，上了一條小船，划向湖心。大個兒給我一根釣竿，教我如何來揮竿和起竿。他還教我兩個要領：第一「要保有耐心」，第二「要不斷嘗試」。這兩句扼要的金言，讓我謹記在心頭，直到現在沒忘。

這是我第一次學釣魚，我甩出釣竿，笨笨地等了好久。突然奇蹟出現，水面冒出了一圈水花，有甚麼東西拖著我的釣魚線向前蹦。大個子喊道：「起竿，快起竿！」我竟然釣到一條大魚。大個子也成爲我最可親的好朋友了。

由於釣魚快樂，時間便在忙碌中度過了。到了中午，兩人吃點心時，大個子隨口問我：「你到費城，事情安頓好之後，會不會再回麻州家裡來看看呢？」

這才提醒我幾乎忘記了先前隨口講的要去費城的話，又猛然記起了此刻我仍舊正在「逃家」，哪會想到將來要不要回來？不可能的。在一時衝動之下，我逞口放肆答道：「永遠不——我敢說，我要回來的可能性，比那個克利夫蘭再度競選總統會競選成功的可能性還要小！」

大個子凝望著我，好一陣奇怪的沉默。良久，他才問：「爲何你要說甚麼競選不會成功？」

我坦直回答他道：「因爲我父親告訴過我，這是堅定表示『絕不可能』的一種比喻。我父親說：『一個總統，他競選連任失敗下了台，就永遠不可能再次競選成功，因爲在美國歷史上無此先例』。」大個子沒有再接話了。

釣魚完畢，我倆再坐馬車回程。今天太愉快了，在微風拂面，暖陽沐身之下，我心境寬鬆，懶然思睡。我把頭靠在大個子的肩上，很快進入夢鄉，竟然不知道馬車駛到了我家門口。

車停了，我也醒了，媽媽在門口等著。因爲傅雷德在湖邊看見我跟大個子在一起釣魚，他告訴了媽。

大個子扶我下車，對媽說：「你的女兒學會釣魚了，將來是個好釣手。」

我站在媽身旁，終於找到一句話，趕忙回問大個子說：「下次我還能不能再跟你一起釣魚呢？求求你嘛！」

他答道：「有何不可，一定會的。」他回轉馬車駛離，還轉頭對我補講了一句：「我相信克利夫蘭還是會決定要再度競選的。」

馬車去遠了，媽媽告訴我：「這位大個子就是前任總統克利夫蘭先生。」「哇！甚麼？他就是克利夫蘭？」我一陣錯愕，驚駭得張大了嘴，久久不敢合攏。天啦！我犯了甚麼錯？說了甚麼話？我闖了甚麼禍啊？我該如何補救？

我似乎長大了不少。這天晚上，我充滿了勇氣，參加了吉爾達家的預演會，我的擊鼓表現，顯得十分完美，自始至終，我沒有絲毫差錯、畏縮和害怕。

由於這次意外的遭遇，我成了總統之友。他告訴我不少有用的珍言，讓我終生奉行不懈。

筆者略作附記：

（一）這篇文章，首刊於《Reader's Digest》（英文讀者文摘）一九五六年二月號。

（二）克利夫蘭（Grover Cleveland 1837—1908）於一八八五—一八八九年就任美國第二十二屆總統。任滿競選連任失敗。隔了四年，再度競選總統成功，又續任四年。

（三）文章裡這位小女孩，可能就是作者蒲特蘭眞實的自述。當她年幼時，天眞又任性，在不懂世事的情況之下，當著克利夫蘭之面，大聲直說克利夫蘭競選總統絕無希望。卻不知聽話的大個子就是克利夫蘭本人。

（四）克利夫蘭總統休休有容，第一次總統卸任後，悠然自適，善用閒暇，享釣魚之樂，也可在垂綸時靜心思考未來。倒不是外國的月亮一定更圓，請只看克氏邂逅了鄰居小女孩，接納她、諒解她、安撫她、化解她，把危局轉爲順局。他自視爲一介平民，全無半點高官架子（在台灣，卸任總統仍會有一批特勤幹員在身邊衛護保駕）。即使在談話中聽到小女孩難堪的羞貶之詞，他也不生氣、不解釋、不反駁、不辯論。僅只在臨別時回頭補充一句，仍會繼續出馬爲民服務。這是何等的修養抱負和氣概，這才是我們該效法的榜樣。反看台灣，近年戾氣高漲：貪污、買官、打架、殺人，這豈是禮義之邦？我們的祥和到哪裡去了？也正是筆者譯述此文的用意所在。

太陽剛出大如輪，升上天頂小如盤，這是視覺之異；日光初起涼似水，行到正午熱似火，此乃感覺不同。

八六　誰家幼齡仔問倒老聖人

智慧最高的稱爲聖。《書經·洪範·傳》說：「事無不通謂之聖」。又《白虎通義·聖人》說：「聖者通也。道無所不通，明無所不照。」因此我們特尊孔子爲聖人。溯自唐朝開元廿七年，追謚孔子爲文宣王；宋朝大中祥符元年，加謚爲元聖文宣王；五年，因避諱改爲至聖文宣王；元朝大德十一年封爲大成至聖文宣王；明朝嘉靖九年改正祀典，題爲至聖先師孔子；清朝順治二年，定謚爲大成至聖文宣先師孔子。稱先師者，以孔子爲萬世師表也。（見台灣中華書局《辭海》下冊「至聖先師」條文）。

孔子既是至聖，當然無所不知，無所不曉。可是聖人也會有偶然受窘的時候。《列子》書中便記述有這樣一樁老聖人被幼齡兒童問倒的趣聞：

孔子（公元前五五一—前四七九）到東方去遊歷考察。東方是太陽升起的方位，是觀賞日出的正向。他周遊途中，見到不知哪一家的兩個稺齡幼童在路邊辯論，似乎各不相讓。孔子也正好想要暫息，就停下車來，問他倆爲何爭執？

甲童說：「我認爲太陽在早晨初升時離我們最近，而日中當午時離我們最遠。」

乙童說：「我認爲正好相反，太陽在早晨初升時離我們最遠，而日中當午時離我們最近。」

甲童說：「早晨太陽初升時，看到它大到有如車輪；等到日中當午時，看到它小得像個盤盂，這豈不是說看來大的距離近，而看來小的距離遠嗎？」

先師孔子行教像

乙童說：「早晨太陽初升時，感覺它的溫度清清涼涼；等到日中當午時，感覺它的溫度灼熱難當，這豈不是證明感覺涼時的距離遠，而感覺熱時的距離近嗎？」

甲乙二童一齊轉向孔子問道：「這位老夫子，你看來似乎滿腹經綸，應該甚麼都懂。請你評評看，我們兩人誰對誰不對？」

孔子聽了，一時也不知如何決斷。

甲乙兩童笑道：「人家都說你是飽學，那豈不是無所不曉，無所不通嗎？連這件小事你都不能斷定，誰說你是一位智慧淵博的聖者呢？」

前面一大段對話，末後用誚語收尾。請看《列子．湯問篇》原文：

「孔子東遊，見兩小兒辯鬥，問其故。甲兒曰：我以爲日始出時去人近，而日中時遠也。乙兒曰：我以爲日初出遠，而日中時近也。甲兒曰：日初出，大如車輪；

及日中，則小如盤盂，此不爲遠者小而近者大乎？乙兒曰：日初出，滄滄涼涼；及其日中，如探湯，此不爲近者熱而遠者涼乎？孔子不能決也。兩小兒笑曰：孰謂汝多智乎？」

我們不得不欽佩前賢思想的高深玄邃，藉著幼童的對話，提出這項妙談。原文撰者列禦寇，《辭海》說他是周代人，《大辭典》說是春秋時代人，距今已有兩千三四百年了，竟然能寫出這篇文字淺近而含蘊精微的寓言來，眞是了不起。初步來看，似乎很難解答，這就是它的引人入勝之處。若以現代科學眼光來分析，這似是屬於物理學的範疇。

甲童乃是依「看見」的大小來決定，亦即以視角（Visual angle）來推斷，這個視覺卻有平視（早晨）與仰視（正午）的分別，對同一物件所看到的（形體）會不相同。

至於乙童則是依「感覺」的冷熱來決定，亦即以熱幅射（thermal radiation）的強弱來推斷，這個感覺也有正對著幅射的直射面（正午）與旁側面（早晨）的分別，對這同一股能量（熱能）的感受（感覺）也會有差異。**質言之**：太陽只有一個，它隔地球約十五萬公里（距離）表面溫度約爲攝氏六千度（冷熱），它的直徑約一三九萬公里（大小）。太陽是恒星，它的大小不會改變，只是我們的視覺因平視或仰視角度不同而誤以爲有大小之別而已。同理，它的熱度也不會改變，只是我們的感受因正面直射或側面旁射而誤以爲有冷熱之分而已。這兩種論述，似乎不宜攪在一起來比較的。不過，即使到今天，這個題目仍可拿來作爲談助，也該敬服先哲超人的智慧。我們欣賞了此篇，能否有所啓示呢？

雨神豈敢落京城，只因害怕稅重；
松枝不准進都市，更要禁止月明。

八七　建議李氏岐王何妨併禁明月

從前收稅的名目繁多：《宋書・孝武紀》有雜稅，《宋書・帝昱紀》有㞗稅，《北史・周宣帝紀》有入市錢，《南史・齊武帝紀》有逋城錢，《唐書・食貨志》有搨地錢，《宋史・食貨志》有頭子錢，《金史・食貨志》有舖馬錢。都似乎是巧立名目，征收不樂之稅。

且說那殘唐「五代十國」時期，有位李茂貞，自稱岐王（他建立岐國，在今陝西省鳳翔縣，立國十八年，自公元九〇七至九二四年，應是十國之外的第十一國，亡於五代後唐李存勗），也有一件征稅的事：

（一）不准月兒有亮光

李茂貞做岐王，他的治國政策還算落實於寬仁愛民，老百姓感受頗爲安順。但因國土狹小，稅捐收入不多，爲了開源，李茂貞下令要開征點燈的油稅；而且禁止人民把那含有油脂的松枝帶入城裡。因爲那種含油松枝可以點燃作爲火炬，用來照明，就省下了燃油。實施此禁之後，老百姓就只能買油來點燈，政府的稅收就增多了。

有位演戲的伶人，針對這一措施，故意在戲裡穿插一段對話來借題發揮。他在戲台上譏誚地建議說：「我也是納稅人，我認爲禁止松枝入城還不夠，應當一併禁止那明亮的月光升起來，如果要升起來，也得禁止它發光，那才更加徹底。」

李茂貞聽了笑一笑，倒也沒有動氣。

這可不是杜撰胡言，而是根據北宋大文學家歐陽修《五代史記・第四十卷・雜傳第二十八・李茂貞》傳中的敘事。原文是：

「李茂貞但稱岐王，以妻爲皇后，出入擬如天子。居岐（即今鳳翔），以寬仁愛物，民頗安之。嘗以地狹，賦薄，下令榷油，因令城門無納松薪，以其可爲炬也。有優者誚之曰：臣請並禁月明。茂貞笑而不怒。」

（二）雨怕抽稅不入城

上述「禁止月明」的提議，乃是挖苦的話，李茂貞一笑置之，沒有計較。哪知天下之事，常是無獨有偶，同五代十國時期，又出現了「雨怕抽稅」的趣典。這事見於宋代鄭文寶《江表志》（長江以南地區稱江表，志通誌，就是記事）書中說的（見《四庫提要・史部・載記類》），以及近代鄧拓《燕山夜話》第五集「生活和幽默」中。

五代十國中有個南唐（建都在南京），有位會吹三孔笛的人，叫申漸高。那時國家征稅的項目多，稅金高，老百姓都吃不消。有一年，南唐首都南京市久旱不雨，君民都很焦慮。皇帝烈祖李昪（音便。他的孫兒就是南唐後主李煜）舉辦宴會，召申漸高來吹曲助宴。由於久未下雨，烈祖說：「首都四郊之外都有足夠的雨水，爲何都城裡許久了就不下雨？」申漸高以詼諧話作戲語說道：「因爲雨怕抽稅，所以不敢降雨入京城嘛。」烈祖大笑，次日就下令免除多項額外的稅捐。

宋代鄭文寶《江表志》及現代鄧拓《燕山夜話》原文同是：

「申漸高嘗因曲宴，天久無雨。烈祖曰：四郊之外，皆言雨足。唯都城百里之地亢旱何也？申漸高云：雨怕抽稅，不敢入城。異日，市征之令，咸有損除。」

國家爲推行政務，要設官分職；爲保國衛民，要建立軍備；爲發展交通，要修路造橋；加之要振興工商，要扶貧賑困，在在都需經費，因此必須徵稅。如果涉於浮濫，便是苛捐。據聞在民國初年，軍閥劉湘（一八八七—一九三八）統治四川，任川軍總司令兼省長，不時向人民重覆徵稅，說是預徵明年的某某稅款，竟有超收到民國一百年的。繳稅者敢怒而不敢言。若與本篇所述相比較，聽到「併禁月明」而笑受，親聞「雨怕抽稅」而免徵，其氣度反倒寬宏多了。

引敘悠悠求雅
言談粲粲生花
讀來識見定增加
只怕託詞無暇

一生無所希求，請看犬儒學派戴奧奇尼斯；
甚麼也不需要，回答希臘國王亞歷山大帝。

八八　婉請亞歷大帝不要遮住陽光

古希臘有位哲學家戴奧奇尼斯（Diogenes 412—323 B.C.），他是犬儒學派（Cynicism,有人譯爲昔匿克學派）。這個學派由蘇格拉底（Socrates 470—399 B.C.）的弟子安提斯特尼斯（Antisthenes 444—371 B.C.）所創，提倡有品德就是幸福，排斥名利、藝術、禮節、教化的束縛，祛除耳目口腹的慾望，變成極端的苦行主義，主張快樂是一種罪惡，而要刻苦修行。當時人們用「窮犬」稱呼他們，故名「犬儒。」

風行全球的《泰西五十軼事（Fifty Stories）》，書中第三十五篇故事，題目是「聰明人戴奧奇尼斯（Diogenes, the Wise Man）」。簡譯如下：

希臘（Greece）哲學家戴奧奇尼斯，住在希臘境內的科林斯（Corinth）地方。他是一位非常聰明的人，但他對物質欲望極爲漠視，不要求比他實際生活所需的更多事物，因而他不必住在房屋裡，晚上就睡入橫躺的大圓木桶中，白天經常晒著陽光取暖，同時向四周的鄰人和朋友講述一些聰明的故事。

一天中午，他提著一盞點亮的燈籠，在街上到處搜尋。有人問他在大白天提燈尋找甚麼？他答道：「我正在尋找一位誠實的人，但還沒有找到。」

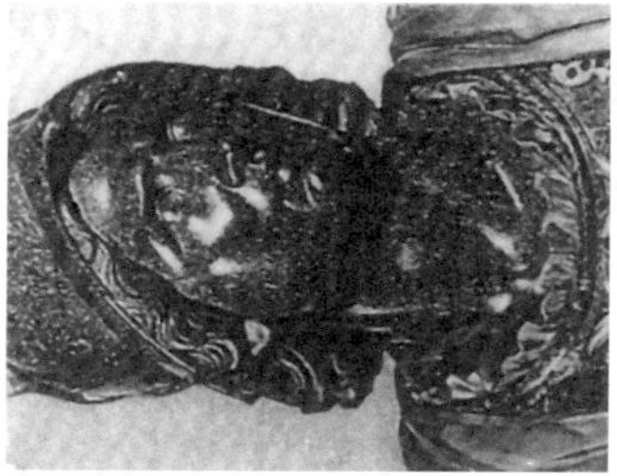
亞歷山大大帝

當希臘國王亞歷山大大帝（Alexander the Great 356—323 B.C.）來到柯林斯時，城市裡所有的著名人物都來拜見帝王，獨有戴奧奇尼斯沒有來，亞歷山大大帝就屈尊去看他。只見他躺身在木桶旁的地上，正在享受那柔柔煦陽的溫暖（若據林語堂的敘述，則是說他仍舊坐在大圓木桶裡晒太陽）。

亞歷山大大帝謙遜地問道：「戴大師，我聽到許多人說起你高超的智慧了，今天我來看你，有沒有我可以幫你做的事情呢？只要你提出來，無論甚麼事我都會答應你。」

「有。」戴奧奇尼斯答：「只有一件事。我想，能不能請你靠旁邊站過去一點，就不會擋住我的太陽光了。」

這段一問一答的原文有兩種版本，意同而文詞略異：

〔一〕甲版本是：

“Diogenes, I have heard a great deal about your wisdom. Is there anything I can do for you?”

“Yes,”said Diogenes.“You can stand a little on one side, so as not to keep the sunshine from me."

〔二〕乙版本是：

"Is there anything you want from me? I will give you whatever you ask."

"Yes, there is one thing.Please step aside a little and get out of my sunshine."

這個回答與亞歷山大大帝所想像的有很大的落差，卻讓他更加欽佩。他回程時對隨員們吐露道：「說說吧！你們各人的心願是想做甚麼樣的人兒呢？至於我嘛，如果我不是亞歷山大，我倒願意做戴奧奇尼斯哩！」

筆者按：故事到此結束了。一般來說：寒士窮儒有幸承蒙國王垂問，所要的應不外是爵位、俸祿、宮室、僕役等待遇和享受，但戴大師一無所求，僅只請他站偏一點，不要擋住陽光就夠了。這句逸言雋語，妙答佳話，眞是別有胸懷，令我神舒心曠。

唐代高僧寒山與國清寺和尚拾得對話：

「寒山問：世間有謗我、欺我、辱我、笑我、輕我、賤我、騙我、損我的人，如何處置？

拾得答：祇要你忍他、讓他、由他、避他、耐他、敬他、不要理他、再過幾時，你且看他！」

撤去樓梯：上不接天，下不接地；言出你口，聽入我耳；請賜開導；
引來生路：申生在內，逼得自殺；重耳在外，安返登基；足可啓蒙。

八九　「去梯言」諸葛亮解困

有句順口溜：「說的人稍露口風，聽的人一點就通。」諸葛亮兩言出口，妙解劉琦殺身之危。這事記在明人羅貫中《三國演義》第三十九回「荊州城公子三求計」之中，不妨引來閱賞：

三國時代，荊州刺史劉表（一四二—二〇八，刺史又叫州牧，就是州長），是漢朝皇室宗支，任鎮南將軍，封成武侯，家大業大。只因江夏打了敗仗，就請同宗的劉備（一六〇—二二三）和軍師諸葛亮（一八〇—二三四）來荊州商議國事，住在貴賓館裡。劉表的大公子劉琦私下來造訪，哭著對劉備拜懇說：「我的繼母蔡氏，憎我恨我，只愛她的親生兒子劉琮，一心要置我於死地，尚望叔父憐我救我。」

劉備說：「這是賢姪家內私事，哪能問我？」

諸葛亮在旁，面帶微笑。劉備轉頭請教，他也答道：「這是劉刺史府中的家務，我怎麼可能參加意見？」

寒暄了一陣，辭別時，劉備送劉琦出館回府，附耳小聲說道：「明天，我會請諸葛亮先生回訪你，你可如此如此，他應該會有妙計告你的。」劉琦對諸葛亮本就十分敬佩，領受了囑咐，道謝離去了。

第二天，劉備借口肚子痛，請諸葛亮代爲回訪劉琦。諸葛亮去了。劉琦請入後堂，獻茶畢，劉琦說：「我是繼母的眼中釘、心中刺，她決意要我就死。求請先生賜言相救。」（第一次求計）

諸葛亮答道：「我在你父親府上作客，怎敢談論你家骨肉之間的事，萬一風聲走漏，後果會不堪設想呀！」就想起身告別了。

劉琦忙說：「你既然光臨來我這裡，我怎能怠慢貴賓，仍請小留片刻才好。」因請諸葛亮轉入密室共飲。劉琦忍不住還是懇說：「我的性命只在旦夕之間，務請先生賜救。」（第二次相求）

諸葛亮只答：「這不是我可以隨便出主意的事呀。」又想告辭了。

劉琦說：「先生不言也可以，何必馬上就離開呢？」諸葛因復就座。劉琦改換話題，提議道：「我有一册古籍奇書，珍藏在高樓上，你有興趣要看看嗎？」於是引他登上後院高樓，坐定後，諸葛亮問道：「古書在哪裡，我倒想看一看。」

劉琦又哭了，拜倒在地，說道：「繼母視我如仇，我早晚就會沒命，先生怎可忍心不指引我一條生路呢？」（第三次懇請）

諸葛亮不便說話，有意下樓，起身一看，才發覺那樓梯已經由劉琦吩咐下人悄悄撤去，上下不通了。劉琦說：「我想求你指示，你說恐怕洩密。今在此樓，只我兩人，『上不挨天，下不接地；言出你口，聽入我耳』，可以賜告了吧？」（第四次請求）

諸葛仍未鬆口，回說：「古語道得好：『疏不間親』（見《韓詩外傳》第三）。我哪能幫你謀策？」劉琦失望了，最後悲聲歎道：「先生終久不肯教我，我命遲早不保，不如就死在先生面前好了。」抽出寶劍，打算自刎。諸葛趕緊阻住他，勸道：「好方法也不是沒有呀！」

劉琦轉憂爲喜，問道：「怎樣做才好？請先生即刻教我。」

（第五次請求）

諸葛終於說到正題：「公子，難道你沒聽說晉國的申生和重耳的事嗎？那申生願意留在家裡，死了；那重耳避身在國外，安了。這不就十分明白了嗎？」

筆者按：在春秋時代，晉獻公寵愛後妻驪姬，後妻屢進讒言，晉獻公便要殺掉前妻生的申生和重耳兩人。太子申生沒有逃走，被迫自殺，可見在宮廷之內是危險的；重耳則避往北方的翟國，安全躲過生死關，後來返國，即位稱晉文公，後來成爲春秋五霸之一。請參見《史記》卷三十九・晉世家。

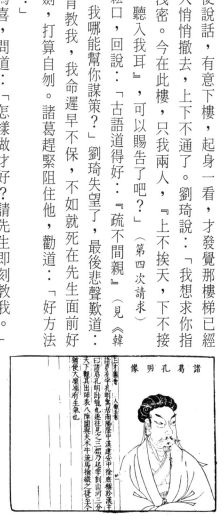

再說劉琦，聽後猛然大悟，拜謝諸葛先生的開示，乃命人取梯架妥送諸葛下樓。接著便籌謀離開京城調任外職。恰好江夏（即今武漢）乏人守禦，就請求前往。劉表允准，派他作江夏太守，難題便順利克服了。

這段對話，稱爲「去梯言」。唐朝學士詩人韓偓（八四四—九二三）有《感事詩》贊曰：「去梯言必盡，仄席意彌堅」之句。

以上是《三國演義》的敘述，或許有些渲染。依據陳壽《三國志・卷三十五・蜀書・諸葛亮傳第五》所記，則較爲簡潔如下：

「劉表長子琦，深器亮。表受後妻之言，愛少子琮，不悅於琦。琦每欲與亮謀自安之術，亮輒拒塞，未予處畫。琦乃邀亮遊觀後園，共上高樓。飲宴之間，琦令人『去梯』。因謂亮曰：今日上不至天，下不接地。言出子口，入於吾耳，可以言未？亮答曰：『君不見申生在內而危，重耳在外而安乎？』琦感悟，陰規出計，遂爲江夏太守。」

此外，後來由南朝宋・范曄撰的《後漢書・列傳第六十四下・劉表》傳中，也有「去梯」的記載，似乎更爲簡略見下：

「劉表愛琮而惡琦，毀言日聞於表。琦不自寧，嘗與諸葛亮謀自安之術。初不對，後乃共升高樓，因令『去梯』，謂亮曰：今日上不至天，下不至地；言出子口，而入吾耳，可以言未？亮曰：『君不見申生在內而危，重耳居外而安乎？』琦意感悟，遂求出爲江夏太守。」

我們看：複雜的大官家，每多利害恩怨衝突，這些公侯府內的家庭糾紛，局外的客人豈可隨便表示意見？但劉琦求救心切，施展「去梯」巧計，不回答已不可能了。

諸葛亮智商特高，只說了兩句話：以前的申生如何，重耳如何（申生在內而危，重耳在外而安）。他沒有批評劉府的家教，也沒有離間劉家的親情，更沒有明示劉琦的方向；他只是介紹一個往昔的歷史事實，未曾正面作答，留下讓對方自己去決定的空間，初聽像是虛言，細究卻是實話。我們在近兩千年後的今天聽來，仍舊覺得是高招妙語，這眞是最佳的說話技巧。

附記諸葛亮《心書・知人篇》說怎樣去識別他人的「知人之道」（了解別人的方法）：

問之以是非而觀其志（問他是非對錯，了解他的志趣）

窮之以言詞而觀其變（與他正反辯駁，考究他的機變）

咨之以計謀而觀其識（請教他的規劃，測驗他的識見）

告之以禍難而觀其勇（警告他有災殃，觀察他的勇氣）

臨之以財利而觀其廉（讓他接觸金錢，試探他是否貪婪）

期之以事物而觀其信（跟他預作約定，檢視他有無信諾）

這就使那些表面逞強而實際膽怯的、百事通曉而識見淺陋的原形都遮不掉了。

滅燭致小官偷摸香裙，酒筵中犯死罪，
絕纓要大家扯破冠帶，戰場上報宏恩。

九〇　「絕纓會」楚莊王示恩

大人物對部屬偶犯的小不檢點，要能寬容、饒恕，這才叫氣度恢宏。倘若錙銖必較，以察察爲明，那只是小家子氣而已。《論語・堯曰》篇中說：「寬則得衆」，這話確有見地。請看下述兩事：

（一）絕冠纓武臣報恩

且說楚國是個大國，楚莊王（元前？——元前五九一，他是五霸之一）平定了國內之亂，班師回到國都郢都，由於大勝，心情格外歡喜，便在皇宮漸臺的大殿上廣開筵席十幾桌，大宴群臣，名之曰「太平宴」。

宴會中文武衆官齊聚共有一百多位。庖人進肴，琴師奏曲，飲到傍晚，天已暗了，興尚未已。莊王命燃燭繼續，而且命後宮的美姬蒞場，巡行席間，每桌添酒。

忽然起了一陣大風，燭光全都吹滅了。大殿中一片黑暗，席間竟有人起意摸扯美姬的長裙，想必是見到美女穿梭筵席之間，客人趁著燭滅天黑，酒酣膽壯，暗地裡難免就毛手毛腳吧。

兩千五百年前，男女之防很嚴，尤其在皇宮裡放肆，是要處斬的。這是誰呢？所幸美姬十分矯捷，她左手護著長裙，右手順勢就扯來了客人的冠纓（官帽兩邊各有絲帶下垂，繫在領下，將帽子束緊的叫冠纓）。她急步來到莊王跟前，附耳奏道：「賤妾遵大王之命，巡行於賓客之間添酒，暗中有人無禮，牽扯我的裙擺，我順手也扯斷了他的冠纓。請大王下令點燭，查出那缺了官帽帶子的人是誰，賜他死罪。」

可是楚莊王制止那掌燈官立刻燃燭，並即高聲宣告說：「今日之會，大家都很快樂。為了讓全體盡歡，我要將這場大宴稱之為「絕纓會」，請各位都把冠纓扯掉，官帽也該摘下，放膽尋樂，開懷暢飲，不扯斷的不能叫興豪！」直到百官的纓帶都扯掉了，才許點燭，如此一來，當然就不知道牽裙的人究竟是誰了。

重燃巨燭，再放光明，百官喝了個夠才散。回宮後，美姬奏道：「妾聞『男女不瀆』，何況還有君臣之分？大王要賤妾獻酒，這是對百官示恩示敬。今不追究牽裙之罪，豈不是未能整肅上下之禮嗎？」

楚莊王笑著開示道：「這件事你不了解是很自然的。本來君臣飲酒，按禮只有三杯。這次我為了大家盡歡，從白天喝到黑夜。酒後失態，這也是人情之常嘛。而且是我容許大家喝夠喝醉的，錯的是我呀！我不便為了要彰顯像你這樣一位淑女的清白，而使某位大臣遭到羞辱，這不好吧？」

美姬聽了，心也服了。由於國政繁忙，舊務剛告完結，新猷又待展開，這樁絕纓會酒宴之事，大家也就慢慢淡忘了。

過了三年，晉國興兵攻打楚國，楚莊王被迫應戰。有一位楚國武臣，屢次勇敢的擋在楚莊主的身前，五次與晉人接戰而五次奮身殺退強敵，最後楚國獲得勝利。

楚莊王心生疑異，問這位立功的臣子說：「我作國君，自愧才疏德薄，對你也沒有給予特殊的優遇，爲甚麼你竟這樣毫不遲疑的五次捨命來出死力衛護我呢？」

這位臣子回稟道：「我本當早就該死的。從前我酒醉失禮，大王容忍我，不曾追究，我一直深懷大恩，三年來亟想找機會報答大王。我屢次發誓要肝膽塗地、願意頭頸濺血來殺敵報恩，這番心意，蘊蓄太久了。我就是那次大宴會中燭光熄滅之夜，被扯掉冠纓的那個酒臣呀！」

此事見於漢代劉向《說苑》卷六•復恩。又見於漢代韓嬰《韓詩外傳》卷第七（此書更述及這位武臣斬下敵軍統帥之首，獲得大勝）。今引《說苑》原文供作參證：

「莊王賜群臣酒，日暮酒酣，燈燭滅，乃有人引美人之衣者。美人援絕其冠纓，告王曰：今者燭滅，有引妾衣者，妾援得其冠纓，持之。趣火來，上視絕纓者。王曰：賜人酒，使醉失禮，奈何欲顯婦人之節而辱士乎？乃命曰：今日與寡人飲，不絕冠纓者不歡。群臣百有餘人，皆絕去其冠纓，而後燃燭，卒盡歡而罷。居三年，晉與楚戰，有一臣常在前，五合五奮首卻敵，卒勝之。莊王怪而問曰：

寡人德薄，又未嘗異子，子何故出死不疑如是？對曰：臣當死。往者醉失禮，王隱忍不加誅也。臣終不敢以陰蔽之德而不顯報王也。常願肝腦塗地，用頸血湔敵久矣。臣乃夜絕纓者也。遂敗晉軍，楚得以強。」

漢代劉向給予評語說：「有陰德者，必有陽報。」（這話出自《淮南子・人間訓》，下句是「有陰行者必有昭名」），當初種下善因，如今乃得善果。也無怪乎後來楚莊王成為春秋五霸之一也。

（二）賜侍兒屬官救主

至於和這「絕纓會」類似的情事，還有「賜侍女」一樁，這是明代馮夢龍《增廣智囊補・卷上・上智》中所記，語譯如次：

「漢代袁盎，在吳國當丞相時，有位屬官，與袁盎的侍女私通。袁盎知道了，未予追究辦罪。另有人故意恐嚇那屬官，他害怕，就逃亡出走。袁盎派人把他找回來，還將那侍女賜給他為妻子。這事久後也就不記得了。

後來到漢景帝時，袁盎自吳地回到首都京城任太常官，又因事出使前往吳國。此時吳王正要謀反，想殺袁盎滅口。暗中派了五百兵卒包圍著他，袁盎沒有發覺。

從前那位屬官這時已任職為吳國的校尉司馬，他備辦了兩百石（石是容量單位）美酒，邀飲那五百人，使他們盡都醉倒了。他趁夜晚把袁盎喊醒說：『你快走吧，吳王要殺掉你呀！』袁盎不認識他，反問道：『你是何人？爲何救我？』答道：『我是你以前的屬官，蒙你把侍女嫁給我的那個人呀。』於是袁盎才平安脫身歸國。」

上面所述各節，說奇也不算奇。喝多了酒，拉一下裙子，甚至與府中侍女兩相愛悅，這或者都是尋常慣見易犯的錯誤吧，不奇。但是拚死打仗護君，或巧計解圍救主，這該是罕見了吧。

宋代蘇東坡有「絕纓會」詩說：

「輕狂牽袖醉中情，玉手如風已絕纓；見說君王江海量，養魚水忌十分清。」

好一句養魚水忌十分清。引述之餘，筆者也有感觸，獻湊「分教」曰：

「暗夜微醺，戲拉長裙，美人護身，扯去冠纓；
楚王聖聰，暫不點燈，大家絕纓，免究元凶。」

「三年之後，楚晉交兵，有人拚命，殺敵戰勝；
問他何因？始吐眞情，昔日牽裙，今日報恩。」

由此事例，可得啓示：我們處事待人，小節方面，若能寬諒一二，應是善莫大焉。

勿鄙視他人之短，勿驕恃自己之長。匡正吾者是吾師，奉承吾者是吾賊。

——陳光天《資治通鑑嘉言》宋紀．宋太宗．端拱元年菜根滋味知君慣，潭水交情愛我深；
一別竟傷春去也，幾時流盡六朝春。

九一　遺意對聯供你賞

對聯的緣起，可能是由詩詞中或駢體文中的對句，如李商隱《馬嵬》詩句「此日六軍同駐馬，當時七夕笑牽牛」；或是溫庭筠《蘇武廟》詩句「回日樓臺非甲帳，去時冠劍是丁年」的駢儷排句演化而產生的。雖然對聯的字數沒有一定，但用字必求精當，聯意務要切題；上下兩聯尤須平仄協韻，左右對仗嚴謹，才是佳構。

相傳殘唐五代後蜀君主孟昶，撰「新年納餘慶，佳節號長春」聯語貼在寢門，後世就廣爲效法了（見清・梁章鉅《楹聯叢話》）。孫髯翁撰「昆明大觀樓」聯計一百八十字，號稱長聯，後來鍾雲舫撰「四川江津臨江城樓」聯長一千六百字，超越多了（兩聯都見近代劉暢《名勝楹聯選》星光出版）。至於其他像杭州西湖岳王廟聯、台灣台南市鄭成功祠聯，都已耳熟能詳，此處不擬贅述。茲另摘引若干趣聯，錄供大家遣興。

一、明・俞弁《山樵暇語》：秦少游在蘇東坡集會座中，有人戲謂他鬍鬚又長又多，秦少游反問道：「君子多乎哉（編按：出於《論語・子罕》篇）？」蘇東坡笑答道「小人樊須也

（此爲《論語．子路》篇之語。與繁鬚同音）。這不失爲趣聯。

二、明．曹臣《舌華錄．謔語第八》說：宋代大學士蔡襄，字君謨，戲謂官任郎中的陳亞曰：「陳亞有心終是惡（亞加心是惡字）！」陳亞應聲反嘲曰：「蔡襄無口便成衰（襄字去口就像衰字）！」都拿對方的名字用壞話諷嘲來取笑。

三、清．黃協塤《鋤經書舍零墨》「科場對」曰：謝金圃主持江南考試，副考官是吳玉綸。有落第學生撰聯譏之云：「謝金圃抽身便討（謝字抽去身字成討），吳玉綸倒口即呑（吳字可分作口天，若將口天顛倒，即是呑字。）這是謔聯。

四、明．俞弁《山樵暇語》：俞弁的同鄉解元（鄉試得第一名）賀恩，字其榮，與友人陳策、字嘉謨，兩人見面。陳曰：「恩中解元，禮合賀其榮也。」賀其榮對曰：「策登進士，職當陳嘉謨焉。」互相把對方的姓名字號嵌入，而且都是好話。

五、清．顧公燮《消夏閒記雜鈔》「聯對佳句」：朱竹坨太史題「施粥廠」聯云：「同是肚皮，飽日不知饑日苦；一般面目，得時休笑失時人。」此聯又見於清．梁章鉅《歸田瑣記》「楹聯賸話」中，溫情溢於言表。

六、上條《歸田瑣記》「楹聯賸話」又載：「余小霞贈汪西芝巡撫對聯云：『菜根滋味知君慣，潭水交情愛我深』皆切其姓。」（編按：宋儒汪信民云「常咬菜根，百事可成。」又李白贈汪倫詩云「桃花潭水深千尺，不及汪倫送我情。」上下聯都嵌汪姓典故）聯意醇厚，對仗穩當。

七、清．梁紹壬《兩般秋雨盦隨筆》「對聯」條中曰：李太白酒樓聯云：「我輩此中惟飲酒，先生在上莫題詩。」又黃鶴樓聯云：「樓未起時原有鶴，筆經擱後更無詩。」西湖月老祠聯云：「願天下有情人都成了眷屬，是前生注定事莫錯過姻緣。」按：首聯坦訴謙懷，中聯識見高卓，末聯則是愛深禱切之語。

八、清・陳康祺《郎潛紀聞》：大學士紀曉嵐自撰一聯云：「浮沉宦海如鷗鳥，生死書叢似蠹魚。」此聯也見於紀氏撰著的《槐西雜志》中，乃是回顧一生自評之聯語。

九、明・鄭瑄《昨非庵日纂》「貽謀第五」記載：唐代房彥謙，乃房玄齡之父，官任刺史，清白傳家，自述一聯曰：「人皆因祿富，我獨以官貧。」這是最好的修身齊家之範聯。

十、清・梁章鉅《浪跡叢談》「巧對」曰：「近人吳文溥有聯云：『我自注經經注我，人非磨墨墨磨人』。」又謂：「有一上聯『無錫錫山山無錫』，久無屬對，朱蘭坡先生以『平湖湖水水平湖』應之。」原文說：這都對仗極爲佳妙。

十一、明・鄭瑄《昨非庵日纂》「冰操第二」：白樂天歷次任官，俸祿多少，都有對句。如爲左拾遺時記聯曰：「月慚諫紙二千張，歲愧俸錢三十萬。」爲蘇州刺史曰：「十萬戶州尤覺貴，二千石祿豈言貧。」這都是寫實之聯。

十二、宋・釋惠洪《冷齋夜話》：有位老儒，年屆七十，買得一妾，請蘇東坡賜聯。蘇問知妾年三十，乃書聯曰：「侍者方當而立歲（三十年華稱而立），先生已是古稀年（人生七十古來稀）。」又蘇東坡說：世間事沒有不能作對者，有人出上聯：「我見魏徵嘗嫵媚（語見《舊唐書魏徵傳》），則可對曰：「人言盧杞是姦邪（見《通鑑雋語》唐德宗）。」這要背熟古文古事，才可立成即答。

十三、明・徐樹丕《識小錄》「巧對」說：蘇東坡奉陪遼國大使，遼使唸出對聯上片曰：「三光日月星（編按：日月星總稱三光，見西漢劉安《淮南子、原道訓》又見《白虎通・封公侯》）。」蘇東坡對曰：「四詩風雅頌（詩經的「雅」分大雅小雅，與風頌合稱四體）。」時論認爲是絕對。這同一「巧對」中又說：元代丘機山多智，某次在福州，有秀才出一上聯，強他續對，聯曰：「五行、金木水火土（按係《書經・洪範》語）。」丘機山才思敏捷，即對曰：「四位，公侯伯子男（按《孟子・萬章下》云：子男同一位。五種爵位，只分四等）。」這若非腹笥滿滿，哪能捷答？

十四、清・黃協塤《鋤金書舍零墨》「集句聯」說：有文士集成語作楹聯，例如「此地有崇山峻嶺，茂林修竹（按係王羲之《蘭亭集序》文句）；是能讀三墳五典，八索九丘（按係《左傳昭公十二年》之語）。」毫不牽強，是集句中不可多覯者也。

十五、清・林紓《畏盧瑣記》「四書對」說：文人喜用四書成語作對，如「以至仁伐至不仁（見《孟子盡心下》）；殺無道以就有道（見《論語顏淵》）。」然不如紀曉嵐所作「伯夷非其君不事（《孟子公孫丑上》），孟子致爲臣而歸（《孟子公孫丑下》）」之渾成。另有輕薄子作俏皮對聯，如「孟孫問孝於我我（《論語爲政》），賜也何敢望回回（《論語公冶長》）。」這卻是耍歪而有褻聖言了。

十六、清・葉廷琯《鷗陂漁話》「古人姓名配對」之條中說：古人姓名，西門豹可對以南宮牛或東方虬。韓擒虎對以李攀龍。王十朋對陸萬友。張紅紅對薛素素。……這要多記熟記古人名姓才能匹配。又早年清華大學入學國文試題有「孫行者」屬對，有人對以「祖沖之」。又「有酒不妨邀月飲」，何淡如對以「無錢那得食雲吞」。又「公門桃李爭榮日」，有人對以「法國荷蘭比利時」。堪稱妙對。

十七、清・黃軍宰《金壺七墨》「贈聯」說：贈妓聯多以名字屬對。周沐潤贈如意聯云：「都道我不『如』歸去，試問卿於『意』云何？」又孫茂才贈秀卿聯云：「由來『秀』骨皆仙骨，或者『卿』心似我心。」均極秀倩。編者寫到這裡，不禁想起那撰聯聖手曾國藩，他早年曾經戲撰湘鄉縣粉頭「大姑」的冠名聯「『大』抵浮生若夢，『姑』從此處銷魂。」以及他輓小妾陳「春燕」的嵌名輓聯「未免有情，對帳冷燈昏，一別竟傷『春』去也；似曾相識，悵梁空泥落，何時重見『燕』歸來？」曾文正公三不朽之餘，竟然還有這番蜜意柔腸，寫出又愛又憐的溫婉心聲，眞是才情橫溢也。

十八、明・兪弁《山樵暇語》錄述：有位老儒，晚年收納兩位小妾，請文士代爲取名，文友命名爲忠奴孝奴。老儒問道：「忠孝本是佳好，但以之名妾，妥適嗎？」友人答曰：「這有依據，君不聞『孝當竭力，忠則盡命』乎？」聞者爲之絕倒（竭力費勁，爲性服務；太貪過度，則將斷送老命也）。

十九、明・鄭瑄《昨非庵日纂》「內省第十三」說：宋代趙抃，謚清獻。他在四川統兵爲主帥時，見一位歌妓髮上插著杏花，一時高興，含笑贊道：「髻上杏花眞有幸。」不意那位歌妓竟然回應道：「枝頭梅子豈無媒。」說她具有柳絮才，亦當無愧。

二〇、清・梁億《遵聞錄》：明太祖朱元璋有「贈陶安（飽學，官參知政事）聯」云：

「國朝謀略無雙士，翰苑文章第一家。」是抬舉陶安的褒語。

廿一、清・王士禎《池北偶談》「方伯公遺事」：先祖方伯公，讀日不輟，嘗書一聯於廳堂云：「紹祖宗一脈眞傳，克勤克儉。教子孫兩行正路，惟讀惟耕。」聯意是讀書矢勤，耕種守儉的恭謹家訓。

廿二、清・左宗棠於某年除夕間，閒步經過某家，見該家大門只貼掛上聯「十年宦比梅花落」。左宗棠回府後，續製了下聯送去，聯云：「一夜春隨爆竹來」。傳爲佳聯佳話。

廿三、近代・李屹之《語林趣話全集》：清末光緒年間戊戌政變後，主角康有爲亡命日本。後來民國成立，康有爲卻堅決反對共和。到張勳復辟時，康出而擔任廢帝溥儀小朝廷的院長。復辟失敗，康又倉皇出逃。當時有人看不起他，撰一聯云：「國之將亡必有，老而不死是爲。」將「有爲」二字，嵌入得天衣無縫。上聯引自《中庸》「國之將亡必有妖孽」，下聯出於《論語・憲問》「老而不死是爲賊」，卻隱藏（歇後）了「妖孽・爲賊」的譏罵，聯語工而貶意深。

廿四、《名勝楹聯選》：南京莫愁湖爲有名之勝蹟，文人撰聯者多，其中有麓山樵客撰聯云：「世事如棋，一著爭來千古業；柔情似水，幾時流盡六朝春」。深有感慨。

廿五、文人興之所至，有留下諧聯的，例如廁所聯云：「得大解脫；有小便宜」。將

「大解・小便」分藏上下聯中，令人會心一笑。

廿六、近代劉暢《名勝楹聯選》：黃道讓撰湖南長沙岳麓山雲麓宮聯：「西南雲氣來衡岳，日夜江聲下洞庭（集杜甫詩句）。」上海天然居酒樓聯：「客上天然居，居然天上客。」是妙語迴文聯，順唸倒唸都是原句。江蘇蘇州網師園聯：「風風雨雨，暖暖寒寒，處處尋尋覓覓。燕燕鶯鶯，花花葉葉，卿卿暮暮朝朝。」疊字聯他處也有，錄此一幅作例。清代兩廣總督張之洞自撰養生聯：「無求便是安心法，不飽眞爲卻病方。」上句使精神安定，下句保身體老健，應屬佳對也。

筆者不才，也曾東施效顰，邯鄲學步，撰過一些尚待斧斲的聯語。如自書自雕自賞的廳堂竹聯「龍騰雲化雨，虎嘯谷生風。」又如五十年前官位晉階，刻聯於戒指以自警「寸德未進，一技無長。」又如寄美國女兒南玉冠名刻竹聯「南天觀海闊，玉宇插雲高。」又如賀湖南文史館冠名聯「文藻耀湘資沅澧（湖南有四水，湘江資水沅江澧水，注入洞庭湖），史蹟仰曾左彭胡（清代中興名臣曾國藩左宗棠彭玉麟胡林翼都是湘籍）。」又如贈梅影女士閨號雅琴雙嵌聯「寒梅饒雅範，清影伴琴音。」又如應徵湘省「國際竹文化節」詠竹聯「千竿染遍湘妃淚，百曲吹殘子胥簫。」又如六十賤辰自況聯「未改癡頑慚拙魯，何妨坦蕩致恢弘。」等等。以上這些，僅是約略舉例。只因功力不深，火候欠足，以致語淺意陋，貽笑方家。乃是想引起同好的興趣而大膽獻拙，藉以拋磚引玉。只慚拋出的不夠資格叫磚，僅是碎瓦破片而已。唯願今後多多學習，徐求寸進才好。

目字加兩點，不作貝字猜。四個口皆方，十字在中央；貝字欠兩點，不作目字猜。四面不透風，十字在當中。

九二　慧心謎語耐君猜

謎是隱語，南梁劉勰《文心雕龍・諧讔》說：「謎也者，迴互其文，使昏迷也。」乃是指話不明言，用意義含蓄的說詞或文句作爲謎面來供人猜射其謎底之意。巧妙的謎語，能引人會心一笑，有神情開爽之功，不必以爲這是小道而忽略它的啓聰益智之能。今概舉若干字謎，作爲正語之餘的調濟。

一、明・兪弁《山樵暇語》記載：王安石作字謎云：「目字加兩點，不做貝字猜。貝字欠兩點，不作目字猜。」──目字上部增一「加」字，下部增添「兩點」，謎底就是「賀」字。後兩句：貝字之上增一「欠」字，欠字左邊增添「兩點」，謎底便是「資」字。這是慧心妙用。

二、兪弁《山樵暇語》又說：王安石又云：「四個口皆方，十字在中央；莫作田字猜，不作器字商。」──謎底是「圖」字，含有四個大小不同的「口」，中央有個「十」字。

三、《山樵暇語》另有一字謎云：「一月復一月，兩月共半邊；上有可耕田，下有長流水；六口共一室，兩口不團圓。」──謎底是「用」字，由兩個「月」字合併而成。上半部是「田」

字，下半部是「川」字，是長流的水，用字有六個「口」，只是下兩口底部是空的而已。

四、宋．彭乘《續墨客揮犀》有「四句謎」說：「王安石戲作四句謎給吉甫（按即呂惠卿）看，謎面是：『畫時圓，寫時方，冬時短，夏時長。』吉甫也寫出四句來解謎曰：『東海有一魚，無頭又無尾，更除脊梁骨，便是這個謎。』」——兩個謎底都是「日」字。畫太陽是圓形，寫日字是方形，冬天日短，夏天日長。又魚字去頭去尾，只剩田字，田字抽除中央直豎，便只餘留「日」字了。

五、謎底是「一」字的謎面有二：一是「春雨綿綿妻獨宿」，解釋是：「春」字因爲「雨綿綿」，沒有太陽，便是無「日」，只剩「夫」字，繼而「妻獨宿」是「夫」不在，就僅餘「一」字了。二是「李字去了木，打一字」，解釋爲「李」除去「了、木」，就只餘「一」字而已。

六、請猜：「一鈎斜月帶三星，打一字」。謎底是「心」字。

七、打一個字：「四面不透風，十字在當中，莫作田字猜，不是甲由申」。謎底是「亞」字，中央有個空心的「十」字。另有一謎：「存心不善，有口難言」，也是「亞」字。亞加心是惡，不善也；亞加口是啞，難言也。更有一謎：「一橫一豎，一橫一豎，一橫一豎。一豎一橫，一豎一橫，一豎一橫。」也是「亞」字，依其筆劃順序而作成此一謎面。

八、以「田」字作謎底的謎面有多種：

1.「魚肚」——魚字中部是「田」。

2.「沒心思」—思字沒有心，剩下「田」字。
3.「旱天雷」—旱天響雷不下雨，雷字除掉雨字剩「田」字。
4.「打雷不下雨」—解釋同上條。
5.「橫衝直撞，四面包圍」—有橫有直，四邊框住。
6.「三橫三直，生產糧食」—田字三橫三豎組成，田地裡產糧。
7.「四面不透風，十字在當中」—田字外框由大口圍住，中有十字。
8.「四面有山不顯，二日碰頭相連」—田字由左右上下四個山字複疊組成，也是兩個日字粘連一起。
9.「四山縱橫，兩日綢繆，富字它爲腳，累字它起頭」—田是富字的下半，是累字的上半。
10.「四座高山山對山，四張小口口對口，四個十字翻又翻，四條河川川對川」—田字從上下左右四個方向來看，各有山口十川四個字。

九、「上無畫，下也無畫，打一字」—書法上的橫筆叫畫，上字下字都缺橫筆，謎底便是「卜」字。

十、早安的英文是「Good morning」。今以這句英文作謎面，請猜打中文字一個——謎底是「譚」。由於譚字是「西言早」合成，乃是「西」方人「言」說「早」安也。

十一、「半推半就，打一字」—謎底是「掠」，由推就各取半邊組成。

十二、以「白」字作謎底的是「枯泉」「百無一是」或「自無一是」—泉字沒有水，百字去掉一，自字減少一，都是「白」字。

十三、請猜一字：「有水能養魚蝦，有土可種桑麻，有人不是你我，有馬可走天下」。謎底是「也」字。也加水成池，可養魚。也加土是地，可種桑。也加人是他，是第三者。也加馬爲馳，馳騁於海內外。

十四、「左邊不出頭，右邊不出頭，猜一字」—謎底是「林」，左右都是不字出頭成爲兩個木字。

十五、「三個不出頭，猜一字」—「不」字出頭是「木」字，三木合成謎底「森」字。

十六、「去，一直去，猜一字」—「去」字去掉一直謎底就是「云」字。

十七、「向前一直走，打一字」—「向」字的一直走掉了，便是「句」字。

十八、清•胡澹庵《解人頤》中有字謎：「唐虞有，堯舜無，商周有，湯武無，古文有，今文無」—謎底，爲「口」字。唐虞商周古諸字中都有「口」，其他各字中則無「口」。（這個「口」的謎面，另有類似的是哭者有，笑者無，罵者有，打者無，活者有，死者無或啞巴有，聾子無，君子有，小人無，和尚有，道士無）

十九、打一字：「半放紅梅」—將「放紅梅」三字各取一半，便組成謎底「繁」字。

二〇、「二畫大，二畫小」—謎底，是「秦」字。秦字上半是二橫畫加一個大字，下半是二橫畫加一個小字。

廿一、「先寫了一撇，後寫了一橫」謎底是「孕」字—先寫上半部，一撇加了字成爲乃；後寫下半部，了字加一橫成爲子。乃與子合爲「孕」字。

廿二、「何可廢也，以羊易之」這是《孟子．梁惠王上》章句，謎底是「佯」字—解：何字將可廢去，剩下立人；換入羊字，就成爲「佯」字了。有位智者倒過來，把「佯」作謎面，猜射《孟子》二句，底面對換，竟是一謎兩用。

廿三、「走在上邊，坐在下邊，堆在左邊，吐在右邊，掛在中間，打一字」—謎底是「土」字。土在走字之上，坐字之下，堆之左，吐之右，掛之中。

廿四、相傳清代乾隆皇帝曾製一串連續字謎，命飽讀詩書的大學士兼四庫全書總纂官紀曉嵐猜射，謎面是一首女人哀怨的絕情詞兒：

「下珠簾焚香去卜卦／問蒼天，儂的人兒落在誰家／爲甚王郎沒有一貫說出眞心話／欲罷不能罷／吾把口來壓／論咱倆交情不差／染成皂難講一句清白話／分明一對好鴛鴦，卻被刀割下／抛得奴力盡手又乏／細思量，口與心俱假。」

紀大學士悟出來了，回奏道：「皇上此謎，謎底應是從一到十的各個數字。依卑職猜度：下字去卜是一／天字脫落人爲二／王字沒有一豎剩三／罷字不要能餘四／吾字壓丟了口成五／交字減除乂得六／皀字去掉白留下七／分字割下刀餘八／抛字沒力沒手只存九／思字缺心缺口乃十也。」

廿五、有人把上述謎面略加修改，成爲：

「上長街，去卜卦（上去掉卜剩一）／問蒼天，人在誰家（天沒有人是二）／恨王郎，無半點直心腸（王字無直是三）／欲罷不能罷（罷不要能爲四）／將吾口來啞（吾字減去口成五）／論交情一點不差（交不見乂餘六）／染成皂，說不出清白話（皂出掉白留下七）／痛分離，如刀割下（分字割下刀存八）／抛得我才窮力罷（抛字無才無力剩九）／思王郎，心口都是假（思字缺心缺口餘十）。」

廿六、文人競相以筆墨作文字遊戲，那撰有《斷腸集》的宋代才女朱淑眞，也曾把上述的字謎寫成「斷腸謎」一則如下：

「下樓來金錢卜落（下字脫落卜字是一）／問蒼天人在何方（天字無人爲二）／恨王孫一直去了（王去掉一直餘三）／詈寃家言去難留（詈字除言是四）／悔當初吾錯失口（吾失去口爲五）／怨交誼大有落差（交字落去乂剩六）／皂白何須問（皂字不須要白餘七）／分離不用刀（分字不用刀是八）／從今莫把仇人靠（仇字無人留下九）／千里想思一撇消（千字消除一撇剩下十字）／」

廿七、以前商人做買賣談價值，常把一到十的數目字用隱語說出，目的是不讓旁人猜到：一叫「平頭」（或叫「旦底」）／二叫「空工」／三叫「橫川」／四叫「側目」／五叫「缺丑」／六叫「斷大」／七叫「皂底」／八叫「分頭」／九叫「未丸」／十叫「田心」（平字頭上是一，工字中空是二，川字目字橫臥側看便是三和四，丑缺半劃成五，大字中斷是六，皂的底部爲七，分的頭上是八，丸未加點是九，田字中心爲十），附此存照。

口說好話，心想好意，身行好事，腳走好路；
慎言免怨，行善濟世，謙卑律己，慈愛待人。

九三　證嚴上人珍言多啓示

佛教慈濟會創會比丘尼證嚴上人（一九三七—　），從無到有，竟能朝著慈善、醫療、教育、人文四大方向，齊頭並進，燦建出不朽的功業。除了在國內普立了近百個駐點之外，也在國際間拓展了廿多個國家的慈懷濟世基地，讓善心照耀全球。但祝願上人身體康強，慈恩廣被，爲頌爲禱。

筆者閱及上人《靜思語錄》中，有不少的珍言妙語，指引我們上進，深具啓示性。今摘錄其中一部分警句，惠請同賞：

一、話要講得恰到好處，多一句、少一句，都不合度。
二、以清淨的耳根，來聽取清淨的語聲；以圓通的耳聞，吸取世間的善音。
三、一言爲重，千言無用。言重則信重，信重則有大用。
四、面對惡言惡語，也是一種修行。
五、說話要謹愼，要分輕重。面對知音，不須說得太明顯，他就懂了。不是知音，你說得句句露骨也沒有用。

六、嘴巴不好，你雖心地再好，也不能算是個好人。

七、講話是聲，態度是色。與人講話，聲音要輕言細語，態度要微笑寬柔。

八、聽話、說話都要完整。不要只揀前一句或只聽後一句，合起來剛好尖尖地刺進人心，這就難以彌補。

證嚴上人肖像

九、不必聽太多。若能身體力行，簡單的一句，就能啓發眞正的善根。

十、有些人常常惹生煩惱——由於他人一句無心的閒話，你卻有心去接受。

十一、口說好話，心想好意，身行好事，腳走好路。

十二、世間的海，可以填平，但是小小一個嘴巴，卻永遠填不滿。

十三、愼言可以免怨，讀書可以醫俗，行善可以濟世。

十四、人往往很容易忘失東西，可是偶然被別人說幾句不中聽的話，常常一輩子也忘不了，這種人即是凡夫也。

十五、人最難看清楚的，就是自己。

十六、人生若能降低欲望，便沒有甚麼值得計較的事。

十七、以愛待人，以慈對人，則不惹人怨，又能善終結好緣。
十八、有人點燈求光明，其實眞正的光明在我們心裡。
十九、甚麼都沒做，就是空過的人生。
二〇、人的心地就像一畝田，若沒有播下好的種子，也長不出好的穀子來。
廿一、所謂看開人生，並非甚麼都不做，而是要及時行善；也不是甚麼都沒有，而是甚麼都能知足。
廿二、任何事都是一個決心、一粒種子開始的。
廿三、知足的人，心量開闊；心量開闊，對人對事就都不會計較。
廿四、人生幾十年的成就，都是由每一天的言語行動累積而成，所以要照顧好每一天的言行。
廿五、不要小看自己，因爲人人都有無限的可能。
廿六、別人因爲「沒有」，才要佔我的便宜，我卻因爲「有」，才有便宜讓人佔。
廿七、每天無所事事，是人生的「消費者」；積極做事，才是人生的「創造者」。
廿八、賺了錢，就要會用錢；如果不會利用錢，就會被錢利用。請你向「前」看，不要向「錢」看。
廿九、對人：普天之下，無我不信任的人，無我不關愛的人，也無我不可原諒的人。原諒別人是美德，原諒自己是損德。

三〇、每一天，要在人生的白紙上，寫下一篇人生的好文章。

卌一、時間何等寶貴！若去計較小事，不是太浪費、太可惜了嗎？

卌二、「得」的後面是「失」，「利」的後面是「害」。

卌三、一句好話，能度人往正確方向；一念單純，能淨除自心煩惱。

卌四、人之大患，在於自以爲了不起，恃才而驕，瞧不起別人，這會失敗。最好是：說話要謹守口德，無私無我，尊重他人，這才會成功。

明代翰林院士聶大年《座右銘》說：

「短不可護，長不可矜。」

清代申居鄖《西岩贅語》說：

「好說己長便是短，自知己短便是長。」

劈柴偷空啃法律，屋子裂開站不牢；
競選只花七角五，蓋保演説最雄豪。

九四　林肯總統實話顯熙怡

筆者曾數度訪遊美國首都華盛頓（Washington D.C.），也幾次在林肯紀念堂（Lincoln Memorial）內那尊巨大的石雕坐像前徘徊瞻仰，不勝欽敬。

美國第十六任總統林肯（Abraham Lincoln, 1809—1865）是位高智偉人，他有許多佳話。筆者寫過一篇《林肯的小故事》蕪文，刊登在民六十三年四月八日《中央日報》第十版。下面另外引述一些有關他的妙語：

（一）三天苦工賠舊書

林肯上學不滿一年，但極想讀書。他步行了三十多哩，向克勞福先生借到一本《華盛頓傳》，在回家的路上就開始翻看，晚上映著柴火光焰續讀。半夜了，他順手把書塞在床邊那漏風的木板墻間的空縫裡，好等天一亮時，便馬上可以抽出來再看。

那知後半夜一場大雨，把書淋透了，林肯不安，帶著書去見克勞福。克氏說：「這本書很貴，要值七角五分錢。你恐怕賠不起。這樣辦吧，你做三天工，就算抵償，書也歸你好了！」

林肯說：「好。」賣力做了三天苦工，高興的擁有了這本書。由於是第一次用勞力換來，竟把它讀了無數遍。激發了他的高尚意志，力爭上游，最後也做了總統。

（二）劈柴偷空啃法律

林肯開過小店，失敗了，只好四處去找雜工來做，但也從未忘記隨時讀書。一次，農場主人高伯雇他去劈木材，工地很遠。到了下午，高伯順便去看一看，只見林肯倚坐在木樁上，出神地在看書。高伯不高興，認爲林肯在停工偷懶，問道：「你在看甚麼書？」

「法律——高伯先生，我正在看法律！」林肯答。眼睛還一直沒有離開書本。

高伯一陣驚奇，不明白這個窮小子竟然能讀那艱深的甚麼法律，眞是怪事。低頭一看，那劈好了的木柴，也比別人劈的還多，一點也沒有偷懶。高伯就更加賞識他了。

由於林肯不斷努力進修，果然不久之後，就成爲一位著名的好律師。

美國首都華府林肯紀念堂
正廳石雕林肯坐像

（三）競選只花七角五

一八四六年，林肯受到朋友的擁戴，競選伊利諾州衆議員，但他仍舊是個窮漢子，競選經費毫無，朋友們湊了二百塊錢給他花用。選舉揭曉，林肯當選了，他寄還多餘的錢，在信中說道：

「競選沒有用掉的錢，應該退還。此次我只用了七角五分錢，剩下的一百九十九元二角五分，全都奉上。我跑遍各處，騎的是我自己的馬，不花錢。我的熟朋友在各地招待我食宿，也不必花錢。僅只用了七角五分錢，分幾次買了些蘋果酒，在鄉村中請農人朋友們喝喝談談，如此而已。」

由此可證林肯是一位節儉、誠實、一絲不苟、又廣得人緣的端人君子。

（四）裂開的房子站不住

一八五八年，林肯又參加伊利諾州參議員的競選，競爭對手是號稱「小巨人」的史蒂文生・道格拉斯（Stevenson Douglas）。兩人辯論政見時，林肯針對道格拉斯提出的把美國分成自由州（北方各州反對販賣黑奴）和蓄奴州（南方各州買賣黑人當奴隸）的主張，在一次著名的演說中，林肯反駁：

「一棟裂開的房子是站不住的。這個國家不可能永遠保持一半奴隸和一半自由的狀態。我不期待聯邦解散，我不期待房子倒塌，但我確實期待它停止分裂。」

這段話淺顯易懂，簡單明白。許多報紙全文刊登了林肯的演說，大家最感興趣的是開頭的這一段如上述。這篇演講便是以「裂開的房子」而聞名。林肯終於是位解放黑奴的好總統。

（五）看窗外林肯上當

林肯當選總統不久，在他辦公室，有位鄉下人來求見，說是經過華府，現在要到印第安納州去。鄉下人投了林肯的票，所以來這裡見見他。林肯很自然的接待著。談不多久，那鄉下人問道：「總統先生，你看，那窗外是棵甚麼樹？」

林肯將頭扭向窗口，說：「那是一棵柏樹。」

「不、不是指的那棵」鄉下人接著說：「我指的是房子左邊拐角上的那棵，你得把身子伸出窗外去看才行！」

林肯像

林肯將上半身伸出窗外，看了看說：「那邊沒有樹呀！」

「沒有，本來就是沒有嘛。」鄉下人開心笑了：「可是，你看見停在拐角的大篷車旁邊的那個女人和三個小孩嗎？她們是我的妻子和孩子。我跟他們說了，我要讓她們看看新當選的美國總統是個甚麼樣子——現在、我做到了，再見，總統先生。」

（六）漂亮馬車是誰的

林肯總統住入白宮不久，林肯夫人想到自己已是美國第一夫人，應該有一輛漂亮的有篷四輪大馬車。林肯政務太忙，夫人就自行交辦完成了。

隔天，為了依順林肯夫人的意願，林肯答允和她一起坐車出遊。林肯在白宮門前發現

停了一輛有高級豪華車篷和漆花閃光車壁的漂亮四輪大馬車，他仔細的打量了一番，問林肯夫人道：「喂呀！這輛『出租馬車』是誰家的？」

（七）蓋堡講詞傳不朽

美國南北戰爭打仗五年，以賓州蓋第斯堡（Gettysburg）之戰傷亡四萬人最爲慘烈。戰後舉行追悼大典，特請曾任哈佛大學校長、麻州州長、後任國務卿、公認是大演說家的愛德華・艾威瑞特（Edward Everett）擔任主要演說人，也請林肯蒞臨。

典禮中，那位大演說家口若懸河，滔滔不絕，講了兩個小時，掌聲不斷，精彩極了。最後，基於禮貌，也請總統林肯以國家元首之尊致詞。他拿出一份講稿，是臨時在火車上於途中寫的，開頭直說：

「八十七年前，我們的祖先，在這大地上創建了一個新國家，他們懷著自由的思想，獻身於『人人生而平等』的理念。」

這是蓋第斯堡講詞的第一句話。整篇講詞一共只有十句，三分鐘就講完了。

在場的文字記者，掏出紙筆，想作筆記；而攝影記者，也在調整相機，對好焦距，要拍照片。哪知還沒擺好架式，林肯已經講完下台了。大家都認爲是一次短命的演

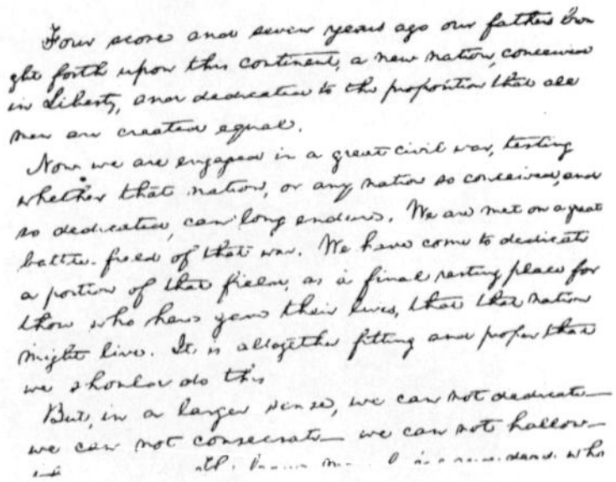
Four score and seven years ago our fathers brought forth upon this continent, a new nation, conceived in Liberty, and dedicated to the proposition that all men are created equal.

Now we are engaged in a great civil war, testing whether that nation, or any nation so conceived, and so dedicated, can long endure. We are met on a great battle-field of that war. We have come to dedicate a portion of that field, as a final resting place for those who here gave their lives, that that nation might live. It is altogether fitting and proper that we should do this.

But, in a larger sense, we can not dedicate— we can not consecrate— we can not hallow—

林肯總統手書
蓋第斯堡演說原稿

講，隔天報紙刊的全是主要演說者的新聞，對林肯僅作簡略敘述而已。

這篇《蓋第斯堡講詞》（Gettysburg Address），事後再由官方公佈，大家一看，才敬佩它的文詞之簡練、敘論之純樸、思維之高尚、和立意之懇摯，吐露出一股遠矚宏觀的偉大理念：要而不煩，精而不蔓，確是不朽的名言。

全篇講詞，已用大號字體（便於遠觀）雕刻在林肯紀念堂的高牆上，天天有遊客賞覽。其中「人人生而平等」（all men are created equal）一語，已流行爲世界名句了。只是這裡不便引錄全文，讀者如有興趣，請查閱《英文百科全書》（The Encyclopedia）中的 Lincoln, Abraham 和 Gettysburg Address 這兩章。可喜者、好的演講詞，會流傳久遠；可憾者、那位大演說家艾威瑞特究竟說了些甚麼話，早已被人忘光了。

（八）民有民治及民享

我國憲法第一條明文揭示說：「中華民國基於三民主義，爲『民有民治民享』之民主共和國。……昭示全國，永矢咸遵。」究其實，這裡就借用了以前林肯蓋第斯堡講詞中的話。林肯說：

「The government of the people, by the people, for the people.」

如照原意直譯，大約是：

「這個政府，是屬於人民（爲人民所有）的，由人民所選出（受人民管治）的，替人民服務（成果讓人民享受）的。」

這太囉唆冗贅了，不好。孫中山先生早於民國十三年六月在廣州市中國國民黨特設辦事處演講《三民主義之具體辦法》講詞中就提到林肯這句話，他說：

「美國大總統林肯這句話的中文意思沒有適當的中文譯文，兄弟就把他譯作『民有、民治、民享』，就是兄弟所主張的民族民權民生主義。以前我在海外的時候，外國人問我甚麼是三民主義？我那時苦無適當的譯語回答，就引用林肯的這段話來說明，他們就完全了解了。」

孫中山先生

孫中山先生簡譯出來的這六個字，眞是扼要練達信實文雅又傳神。請比對著看：林肯說出三個people，孫先生講出三個民（民族民權民生）字，眞是兩相巧合，嵌得天衣無縫，而且最能彰顯其精髓，令人敬佩。林孫二位，都是大偉人，各自閃耀出俊萃敏慧的光芒，自有其超越之處，我們是否也當自勉自勵，求取上進呢？

孔子曰：「良藥苦口利於病，忠言逆耳利於行。故周武王諤諤而昌，商紂王嘿嘿而亡。」

——漢・劉向《說苑》卷九・正諫

韁繩繫匪腳，施妙計贏來活命；
剪刀刺馬腹，憑險招拖走死人。

九五　韁繩繫足剪刀刺馬求保命

婦人避兵戎，獨自小徑行。強盜驟追來，吆喝要她停。
就地欲姦淫，只好假意從。勸他照顧馬，腿踝綁韁繩。
智婦抽利剪，猛刺馬腹中。馬痛急狂奔，拖死強盜身。
危險安然解，拾得滿囊銀。覓路家人聚，巧智傳到今。

以上這段俚句，權充贊譽，贊的何事？請觀下述：

且說清朝咸豐年代，洪秀全（一八二四—一八六四）自稱太平天國天王，定都南京，以武力與清廷對抗。此期間，還有捻匪，有回亂，各地都不平靜。

有位陶姓婦人，仗著一雙天然大腳（那時女人都纏足，成爲三寸金蓮，卻不良於行。少數未纏足者叫天足，謔稱大腳仙），跑路很快捷。那時太平天國戰亂迅速蔓延，眼看兵災就來了，她叫丈夫帶著兒女先行逃難，自己待家當收撿後隨即跟來。

哪知亂兵馬隊一忽兒就跑來了，她無暇從容收拾，匆忙間順手拿了一把鋒利的剪刀就急速跑出大門逃命。她避開官道，繞走鄉間小路，卻被一個賊軍頭目看到。這軍酋馬鞭一揮，追了上來，喝住陶婦，不得逃跑。陶婦也很鎮定，聞聲站住，並不害怕。那賊日下得馬來，把陶婦推倒在地，放下背包，就要強姦她。

在這四下無人的空郊野地裡，一個獨身女人，抗拒只會送命的。陶婦很沉著，一面假意依從，慢慢解鬆衣裳，一面咧嘴露齒，嗤嗤發笑。賊酋問她有何可笑？陶婦說：「我看你太不曉事了吧？你是打仗的戰將，進退全靠騎馬。如今不管馬兒栓了沒栓，萬一馬跑走了，你也就沒輒，完了！」

賊頭目覺得此話有理，但四下一瞧，沒有一棵樹或一塊大石可以來繫住韁繩，不知如何是好之際，陶婦說：「我倒有個主意！」問她甚麼主意？她說：「你的韁繩夠長，何不暫時綁在自己的腳脛上，不就萬無一失了嗎？」

賊頭目認爲此意也好，就坐下身子，拉馬靠近腳邊，伸出左腿，低頭把韁繩環繞在腳踝上，扯緊免得鬆開，當然還要打個死結，才不會散脫。

就在這時，陶婦在他背後，乘他不備，暗中摸出利剪，用盡大力，猛然戳進馬的肚腹裡。馬兒受了極痛，狂咆怒哮，拖著那賊軍頭子，拉腿急奔。剪刀刺入腹肉中，愈跑愈痛，愈痛愈飆，跑了十多里吧，可能還未停止。那軍酋早就腦破骨折，拖死了。

陶姓婦人慢慢整理好衣裳，撿起賊酋留下來的金銀背包，尋到丈夫兒女，團聚了。

原文請看清・宣鼎：《夜雨秋燈錄》「大腳仙殺賊」原文：

「陶姓婦，自恃足大善走。太平軍戰亂將及，囑良人先挈子女逃逸，自己則摒擋後趕來。不意，兵馬已四至。無已，僅取一利剪出門，覓小路避走。忽一賊酋揚鞭上，喝之止。婦亦不懼，賊目下馬，推婦于地，將淫之。婦佯解衣帶，笑而嗤之。賊問云何？曰：我惜汝愚也。汝等跳梁，全賴驥足；設馬遽逸，奈何？賊思頗近理，然四顧無一樹一石可以轡。女云可獻一策。賊求計，女曰：盍以韁繩繫於汝足乎？賊稱善，乃彎腰繫縛，不稍鬆。陶婦潛取剪刀，乘不意，驀以剪猛刺馬腹，馬負痛，遽咆哮，拖賊疾奔。剪刀在馬腹肉中，愈奔愈痛，痛則狂飆，十里外猶不輟，而賊已頷爛骨折死矣。陶婦徐整衣裙，拾賊所遺銀錢背囊，覓路尋得丈夫子女重聚。」

這位陶婦，大腳之仙。態度沉著，言談在理。向酋獻計，刺馬殺敵。救了性命，撿到財錢。闔家重聚，妙語可傳。

我不贊同你說的話，但是我將至死捍衛你說話的權利。

I disapprove of what you say, but I will defend to the death your right to say.

——法國哲學家伏爾泰又稱福爾特爾（Voltaire 1694-1778）名言

雞籠眼冒充龍眼，試橘子都可穿透透；
旱菸斗權當米斗，量穀粒僅得一些些。

九六　雞籠穿橘菸斗量穀得解圍

聽到一個普通名詞，如果習焉不察，讓歪哥另作解釋，便成爲騙人的陷阱。近代人隱名氏撰的《古今妙事》書中，就有一樁趣例：

鄉農李誠，在市集裡賣橘子。無賴漢卜兆威故意來搗局，找岔說：「你這種小橘子拿來賣，還沒有我家的龍眼大，你眞好意思要錢？」

李誠是果農，誰也知道龍眼是甚麼（龍眼俗名桂圓，又叫福圓，是龍眼樹上結的球形果實。圓圓的小小的像龍的眼睛）？橘子無論如何比龍眼大多了。李誠罵他亂講，卜兆威反激他，問道：「你敢不敢同我打賭？如果你輸了，怎麼賠？」

李誠太有把握，回他說：「如果我輸了，賠你一百斗穀子好了！」

卜兆威一聽，這個賭資很高，就請在場的好幾個人作證。他回家拿來一隻雞籠（竹條編的關雞的篾織籠子，因爲要輕，竹條間都留有飯碗大的空隙），把橘子一個個都穿過那雞「籠眼」孔，說道：「你輸了，你的橘子都沒有籠眼大，快拿穀子來，不准耍賴！」

李誠駁道：「你說的是龍眼，怎麼可以用雞籠來比？」

卜兆威說：「我原本說的就是籠眼，快量穀子給我，不然的話，我會沒完沒了！」

李誠沒法，他從家裡端來一小盆谷子，拿出一桿旱菸槍來（旱菸槍較長，前端有一彎形凹斗，將菸絲塡塞在凹斗中點燃吸用，這個頭叫菸斗，槍管中空，另一端是吸嘴）。李誠就用這菸斗一斗一斗地量穀子。

卜兆威問道：「你怎麼可以用菸斗來量？」

李誠說：「我本來就說的是菸斗的斗嘛！量出來的穀子你要不要？不要就拉倒！」

對話到此爲止，想必雖不歡而散，但無賴漢終未得到好處，鄉下人也沒有受到虧蝕。

此事妙的是：各人都用假話解說，卻也言之成理。鄉下農夫自己本是受騙的被害人，卻能夠即以其人之道，還制其人之身。施妙語巧計解困，由輸家變成無損，使贏家未佔便宜，這是大智慧，閱後歡然感獲愉慰。

《論語・里仁》篇中說：

「君子欲訥於言（謹慎少說）而敏於行（快點去做）。」

《論語・憲問》篇中又說：

「君子恥其言而過其行（說得多而做得少乃是羞恥）。」

善亦説好，惡亦説好；卿之説也大好；
一者言佳，二者言佳；汝此言亦復佳！

九七　司馬徽見人儘説好話

我們不宜隨便議論他人的長短，這是一種修養，更何況身居亂世。《詩經・大雅・烝民》說：「既明且哲，以保其身。」晉代大儒傅玄《口銘》也說：「禍從口出，病從口入。」《釋氏要覽・下》同樣強調：「禍從口生。」少講壞話是做人處事的方式之一，以免沾惹無謂的是非。

東漢末期，有位司馬徽（西元？——二三八），字德操，是一位隱居的賢士，他識得諸葛亮和龐統，而且將他二位推薦給劉備，並謂「伏龍與鳳雛，得一可安天下。」事見《三國志・卷三十五・蜀書・諸葛亮傳》又見於《三國演義・第三十七回・司馬徽再薦名士》。

（一）卿言亦大好

在明代馮夢龍所撰《古今談概》書中，就有司馬徽的一段談話，原文說：

「後漢司馬徽，不談人短（不議論他人的長短對錯）。與人語，善與惡皆言『好』（和別人談話，不論美事醜事都以「很好」回答）。有人問徽安否？答曰『好』（來客問你司馬徽安康嗎?他回答「好呀」)。有人自陳子死,答曰『大好』(有人來陳述兒子死了,司馬徽也回答「太好了」)。妻責之曰:『人以君有德,故此相告(大家認爲你品德高尚,才與你談話)。何聞人之死,反亦言好(爲甚麼聽到別人說兒子死了,你反而說「太好了」呢)?』徽曰:『如卿之言,亦大好(像你這樣說我的這一番話,也是大好話呀)』。」

(二)汝言亦復佳

這段佳話,也見於另一書中。南北朝時代的南梁,有位孝元皇帝蕭繹,廟號世祖。他撰了《金樓子》一書,在該書卷六雜記篇第十三上,同有「汝言亦佳」的記述:

「有人以人物就問於司馬徽者,徽初不辯其高下,每輒言『佳』(司馬徽不追問人物的優劣善惡,每次都說「好」)。其婦諫之曰(他太太糾正他說):「人以君善士,故質疑問於君。君宜論辯,使各得其所(別人敬佩你正直善良,所以問你的意見,你該論斷辯駁一下,使好的歸於好,壞的本就壞)。而一者言佳,二者言佳,豈人所咨問君之意耶(而你卻一也說好,二也說好,這哪是別人請問你的原意)?」徽曰:『汝此言亦復佳(你這段話也是說得很好)。』此所以避時也。」

東漢之末,外戚宦官鬥殺,賢良之士,多遭黨錮之禍(逮捕二百多人,或被斬,或死獄中,或禁錮終身),人人自危,加上又有黃巾賊作亂,社會紛擾,民不聊生,如欲在衰世中求自保,或許這也是一種免惹麻煩的處世態度吧?

恕我直言：官位大不一定學問大；
請你諦聽：讀書多才會使智慧多。

九八　令狐綯問事且聽箴言

名氣高不等於智識高，官位大不必然學問大。草野村夫或多淵博之士，廟堂卿相也有淺薄之徒。古今例子很多，今只摘述一事。

唐代令狐綯（七九五—八七二，令狐是複姓，名綯）字子直，是令狐楚的兒子。唐宣宗時，官拜司空，唐僖宗時，任鳳翔節度使，權大勢雄，等於藩鎮。《新唐書・卷一六六》有他的傳記。

（一）典故出自南華經，非僻書也

話說令狐綯有一次曾因某樁古事不知道記載在哪本書裡，爲此特意去訪問舊朋友溫庭筠（八一二—八七〇），請他指教，典出何處？

那溫庭筠，字飛卿，長於詩詞，才思敏捷，和李商隱（字義山，號玉谿生）齊名，時人並稱溫李。《舊唐書・文苑》有溫庭筠傳。

他答覆令狐綯說：「這個典故，乃出自《南華經》，就是《莊子》書中，這該是普通讀物，並不是冷僻罕見的書籍。」臨別時又補說了一點建議：「希望令狐公你在日理萬機之餘，仍要抽點時間，多多翻閱一些古籍，以免荒疏才好。」

這幾句話，說得太直了吧。使得令狐綯怒從心起，轉說溫庭筠雖有文才，卻無品德，以致溫考進士，始終沒有上榜。

（二）請大官抽暇多看書籍

依據南宋・計有功《全唐詩話》說：溫庭筠每入試，押官韻作賦，凡八叉手而八韻成，時人稱他爲「溫八叉」或「八叉手」云。

以上的話，請對看清・張宗橚《詞林紀事・卷一》原文：

「令狐綯，唐人，拜司空。僖宗時節度鳳翔。令狐綯曾以舊事訪於溫庭筠。對曰：事出南華，非僻書也。或冀相公燮理之暇，時宜覽古。綯怒，奏庭筠有才無行，卒不登第。溫才捷，凡八叉手而八韻成。」

（三）金步搖對玉條脫，蒼耳子對白頭翁

又北宋・孫光憲《北夢瑣言》尚有一相關之事：

「唐宣宗嘗賦詩，上句有『金步搖』，未能對。溫庭筠乃以『玉條脫』對（就是腕釧），宣宗賞焉。又藥名有『白頭翁』，溫庭筠以『蒼耳子』爲對，甚佳。」

這是小事一樁，姑且以分教作結：「高官有錯，不宜直講，戳他痛處，會起反感。你雖有理，他不歡喜，對你報復，吃虧是你。」請參看清代朱秋雲《秋暉雲影錄》的話：「人有不及者，不宜以己能而病之。」

「妙」趣大家賞，「語」絲舒又爽；
「啓」開智慧門，「示」我深且廣。

九九 偉哉妙語多啓示

（一）何謂妙語

何謂「妙」？明代張自烈《正字通》說：「妙者、精微也。」三國魏人張揖《廣雅・釋語》說：「妙者、好也。」何謂「語」？語者、言也。唐代王維《畫學秘訣》說：「妙語在妙，不在多言。」可見妙語就是美妙雋永的佳話，精切簡練的雅言。

蘇軾《雪後與同僚尋春詩》有句曰：「知君苦寂寞，妙語嚼芳鮮。」他的另一首《次韻范淳文送秦少章詩》也云：「贈行苦說我，妙語慰蹉跎。」又黃庭堅《次韻文潛同遊王舍人園詩》：「掃地坐晚吹，妙語益難忘。」可見妙語能解寂寞，慰蹉跎，有益於人，使對方一生難忘。

（二）何謂啓示

何謂「啓」？啓是導引、啓發、開悟；何謂「示」？示是告知、表白、顯示。啓示就是由某些事物的引發而產生領悟。本書引述許多實例，希望對讀者諸君子稍有益助。

（三）怎樣説話

《易經・頤・象》說：「君子愼言語。」明代朱用純號柏廬，撰《朱子家訓》又名《朱子治家格言》說：「處世戒多言，言多必失。」東漢崔瑗《座右銘》說：「無道人之短，無說己之長。」聖嚴法師說：「話到嘴邊想一想，不是不說，而是要愼言惜語。」因此會說話的人，常是「妙語、語超言外；巧舌、舌在筆先。」

《增廣》說：「好言難得，惡語易施。」所謂「美言一句三冬暖，惡語傷人六月寒。」另有諺語云：「道人短長，一句話也偏多，勸人向善，千萬言也嫌少。」《鄧析子》也指出：「惡言不出口，苟語不留耳。」

亞聖孟子早已告諭我們，有四種話是不能講的，講了就露出自己的錯失。他在《孟子・公孫丑上》啓示大家說：「詖辭（偏頗的話）知其所蔽，淫辭（放蕩之言）知其所陷，邪辭（荒謬之談）知其所離，遁辭（逃避之語）知其所窮。」這也正是與釋迦牟尼在《金剛般若波羅密經・離相寂滅分・第十四》所說的「不誑語」「不妄語」的戒條相合。

說話人人都會，原則是要用眞心講眞話，用好心講好話。《論語・憲問篇》說：「時然後言」，該講的時候才講。以故英國文學家卡萊爾（Thomas carlyle 1795—1881）有言：「說話是銀，沉默是金。」英國詩人彌爾頓（John Milton 1608—1674）亦曰：「說一尺不如行一寸。」花言巧語不可取，胡言亂語更不行，要端言正語，要剛中帶柔，例如責備的話，要委婉些，帶點撫慰；批評的話，要含蓄些，帶點贊揚；訓誡的話，要圓融些，帶點推崇；命令的話，要溫和些，帶點尊重，就可以通行於天下了。

（四）怎樣聽話

明代鄭瑄《昨非庵日纂》「口德第十二」說到怎樣作個聽衆：

「聞暖語如挾纊（聽到溫暖的話，好像穿上了絲綿衣）

聞冷語如飲冰（無情的冷言譏語，有如寒天喝到冰水）

聞重語如負山（聽到沉重的話，好像揹著一座大山）

聞危語如壓卵（驚駭的話，好像泰山壓在雞蛋上）

聞溫語如佩玉（暖和的話，有如佩戴著溫馨的美玉）

聞益語如贈金（有益的話，好似贈我以金銀）」

漢代司馬遷《史記・淮陰侯傳》說：「聽者、事之候也。計者，事之機也。」

晉代傅玄《傅子》說：「聽言不如觀事，觀事不如觀行。」同書又進一步說：「聽言必審其本，觀事必校其實，觀行必考其迹。」

唐代皮日休《耳箴》說：「聽誤多害，聽妄多敗。」

明代薛暄《讀書錄・觀人》說：「聽人之言，便識其學之深淺。」

聽人說話的原則應當是：聞妙語可以增慧，聞智語可以破惑，聞壯語可以勵志，聞清語可以滌心。聽到惡言不必爭，聽到贊語不必喜，聽到謗言不必嗔，聽到譏語不必理。總之說是主動，聽是被動。說前應三思，否則是「失言」；聽時要省察，否則是「盲聽」，言若犯失，聽若孿盲，這都不好，千萬請勿違誤！

只恐採擷不週，必有遺珠之憾；
試學野人獻曝，敬請哲士賜評。

一〇〇　惜乎拙筆欠圓通

筆者不才，每在偷閒之暇，蒐集一些古今名人的嘉言懿語，作爲參閱學習之借鑑。唯因識見譾陋，以致採擷難週。應予蒐錄者多有遺珠，不該錄選者卻又濫竽充數。此爲所憾者一也。

每篇都列有實際事例，其引述的目標何在？應有導釋，把它解說清楚才是。但描敘未見暢明，原旨時有隱晦，這就顯得筆者功力欠深，詞鋒不銳，以至有時好似狗尾續貂，有時又像畫蛇添足，文筆欠精純，表達不理想，此爲所憾者二也。

醜媳婦總得見公婆。本書草率輯成，獻請大家參覽，瑕疵定然不少。唐代詩人朱慶餘《近試上張籍水部》詩說：「粧罷低聲問夫婿：畫眉深淺入時無（不

畫眉深淺入時無？

是要奉請讀者評鑑）」也。筆者同樣的窘況是：本書內容之良窳，自己無由測知，忐忑的端知道打扮是否美好）？」爲的乃是「洞房昨夜停紅燭」，因此今晨要「待曉堂前拜舅姑（硬

了出來，此爲所憾之三也。

若蒙垂問有無差強人意之處，也不妨略予一敘，祈請高明諸君子鑒正：

本書所述，都係實事，不敢無中生有，或逕憑空揑造。爲證明確有依據，因都註明來歷。且同時引敘原文，以憑對看。雖不免有累贅之病，但爲尋根溯源，似仍有其必要。而且讀者階層，諒非齊一，淺嚐者常滿足於閱讀語體，但資深者多眷戀於樂賞文言。這猶如許多人愛喝咖啡，有的歡喜加糖添奶，以增甜潤；另有人則偏好原汁苦味的黑咖啡，以求純正。本書應可各適所需，此其一也。

坊間衆多書籍，記事大多平舖直敘，難免單調乏味，讀來想打瞌睡。西諺說：「敘事最好穿插對話，乃顯親切生動。」此言有理。因此本書力採對談方式，互相詰詢問答，掀起波瀾，增添變化。使你我好似身臨其境，親炙其身教言教，這就溫馨而有情趣多了。此其二也。

本書對話，有莊有諧，但篇篇健康，絕不誨淫誨盜。莊言有助奮發，諧語可增情趣，兩都有益。我們處世做人，假如一輩子全都正經八百、板著面孔儘說仁義道德，似很乏味，實也何必？偶而放鬆一下，或許也正是必要的潤滑劑，此其三也。

現今工商科技各業，爲衝績效，群相猛競。大家爭分奪秒，時間就是金錢，光陰不容

虛耗。一些長篇偉論之宏文，多數人都無暇卒讀。故本書只取短篇，以應時代需要。而且篇篇獨立，三五分鐘即可看完一篇，既便且省，此其四也。

每篇題目之取名，筆者嘗試將兩篇列為一組，仿用對仗之聯語方式予以命題，但願能提供一些餘趣，增添若干可讀性。請看從前的章回小說，不論是《紅樓夢》《水滸傳》《西遊記》《三國演義》都是如此。本書敢於東施效顰，勉求邯鄲學步，此其五也。

每篇內容的重點，都用兩行文字摘要簡述於題目之右方。請先花五秒鐘掃瞄。倘如萌生興致，請續閱本文；若無吸引功能，則不妨跳脫可也。覽其精華，捐棄糟粕，庶不虛耗精力，此其六也。

總之，筆者歡喜接近古今賢達，親其謦欬，藉以自勵自娛。為了尋覓資材，曾經翻閱過一些古典叢書，涉獵了若干掌故筆記。遇有偏愛之處，輒予摘抄備忘。這本拙作，提到各類書籍三百種，古今人物六百餘。今以野人之愚，獻曝於哲士方家座前，請不吝指教批評是幸。

篇末，且引佛教《百喻經》之言作結：

「佛家的話，一介可以『語』須彌，剎那可以『諭』萬劫。」含意夠深了。

附錄一　佳言索引

右邊數字是指篇數

附錄二　書名索引（書名下數字是指篇數）

＊ ＊ ＊

好書不厭百回讀
妙語連緜聽未足
奉請抽閒唸幾篇
諸多啓示全都錄

《妙語啓示錄》篇末敬白

十九畫

二十畫

廿一畫以上

十七畫

十八畫

十六畫

十 四 畫

十 五 畫

十三畫

十 二 劃

十一畫

十畫

九　畫

八　畫

六　畫

七　畫

五畫

附錄三　人名索引（數字代表篇數）

二～三畫

四　畫

人名索引

國家圖書館出版品預行編目資料

妙語啓示錄 / 朱培庚編著. -- 初版. -- 臺北
市：文史哲, 民 99.03
頁： 公分. .--（文史典故；8）
含索引
ISBN 978-957-549-890-0(平裝)

813.6 99003482

文史典故 8

妙語啟示錄

編著者：朱 培 庚
出版者：文 史 哲 出 版 社
http://www.lapen.com.tw
登記證字號：行政院新聞局版臺業字五三三七號
發行人：彭 正 雄
發行所：文 史 哲 出 版 社
印刷者：文 史 哲 出 版 社
臺北市羅斯福路一段七十二巷四號
郵政劃撥帳號：一六一八〇一七五
電話886-2-23511028 · 傳真886-2-23965656

實價新臺幣五六〇元

中華民國九十九年（2010）四月初版

ISBN 978-957-549-890-0 80308